李计忠解《周易》系列

易界名家 独门首传

周易

八卦与阵法

李计忠 著

团结出版社

图书在版编目（CIP）数据

周易八卦与阵法 / 李计忠著 . -- 北京：团结出版社，2010.7（2023.8 重印）

（李计忠解周易系列）

ISBN 978-7-80214-242-8

Ⅰ . ①周… Ⅱ . ①李… Ⅲ . ①周易－研究②八卦－研究 Ⅳ . ① B221.5

中国版本图书馆 CIP 数据核字 (2010) 第 134755 号

出　版：团结出版社

　　　　（北京市东城区东皇城根南街 84 号　邮编：100006）

电　话：（010）65228880　65244790（出版社）

　　　　（010）65238766　85113874　65133603（发行部）

　　　　（010）65133603（邮购）

网　址：http://www.tjpress.com

E-mail：zb65244790@vip.163.com

　　　　tjcbsfxb@163.com（发行部邮购）

经　销：全国新华书店

印　装：三河市东方印刷有限公司

开　本：170mm×230mm　16 开

印　张：19.5

字　数：249 千字

版　次：2010 年 7 月　　第 1 版

印　次：2023 年 8 月　　第 5 次印刷

书　号：978-7-80214-242-8

定　价：49.00 元

　　自伏羲画卦、文王演易以来，《易经》就被看成经典中的经典，哲学中的哲学，智慧中的智慧。道学专家萧天石先生曾说：《易经》"由无入有，由简入繁，由无极而太极、而阴阳、而四象、而八卦、而六十四卦、三百八十四爻，以至于无穷之象，无穷之数，无穷之变，无穷之理，均可推而得之，籍而用之。由一本而万殊，由万殊而复归一本；本一而无穷"（萧天石：《道德经圣解》）。不仅如此，《易》还是中华民族几千年文明的根源，为诸子百家之所祖。对中国文化影响最大的儒道两家，其中心思想无不以易为体，仅法易有别而已。儒法乾，道法坤。易之要在乾坤，以乾坤为门户。《系辞上传》曰："乾坤其易之门邪。乾，阳物也；坤，阴物也。阴阳合德，而刚柔有体。以体天地之撰，以通神明之德；其称名也，杂而不越，于稽其类，其衰世之意邪？"儒法乾，乾为纯阳之卦，法乾之"天行健"，而主"自强不息"，主先、主动、主上、主刚、主强、主进取，主张积极作为，是入世之学；道法坤，坤为纯阴之卦，法坤之"地势坤"，而主"厚德载物"，主后、主静、主下、主柔、主弱、主顺应，主张消极无为，功成身退，为出世之学。也就是说，儒家学说以周易中的第一卦乾卦为自己的逻辑起点，立论乾卦刚健特性，以此推演出自己对人生、社会、国家以至于万事万物的看法；而道家学说以坤卦为自己的逻辑起点，立论坤卦厚德品性，以此推演出对人生、社会、国家以至于万事万物的看法。然乾阳极而阴生，泰极而否至，物不可极，极则必反；坤阴极而阳生，无为而无所不为。儒道虽立论不同，然异曲而同工。"两家思想之所以相反而又能终相合者，不穷通乎《易》，便无以得其几微矣"（萧天石：《道德经圣解》）。及至现代，中国科学教育最权威高校之一——清华大学的校训"自强不息"、"厚德载物"也出自《周易》乾坤两卦卦辞，即"天行健，君子以自强不息"（乾卦），"地势坤，君子以厚德载物"（坤卦）。意谓：天（即自然）的运动刚强劲健，相应于此，君子应刚毅坚卓，奋发图强；大地的气势厚实和顺，君子应增厚美德，容载万物。"自强不息，厚德载物"精辟地概括了中国文化对人与自然、人与社会、人与人的关系的深刻认识与辩证的处理方法。中华民族历经几千年时间的考验和兴衰变化，而一直能稳固地凝聚在一起，并保持一个伟大民族的生机与活力，是同这种深刻认识分不开的。事实上，"自强不息，厚德载物"已构成中华民族的民族精神与民族性格的重要表征。（徐葆耕：《关于校训的解释》）。由此可见，《易经》对中华文化影响之巨大、之深远！

古有三《易》，曰"连山易"、曰"归藏易"、曰"周易"。连山易属神农（也有认为属伏羲），归藏易属黄帝，周易属周。前二易已失传，独周易仅存，经孔子等人发扬光大而更加流光溢彩。周易是一部集理、象、数为一体的特殊的哲学专著。虽"《易》本为卜筮而作"（《朱子语类》），其中却包含了深邃的哲学思想，其卦形、卦爻辞无不渗透着深刻的哲学道理，经孔子（孔子对周易的哲学提升主要见诸"十翼"，即《彖上传》《彖下传》《象上传》《象下传》《系辞上传》《系辞下传》《文言传》《序卦传》《说卦传》

《杂卦传》）、王弼、朱熹、程颐等人的发展，已上升为体系完整的哲学著作，由此产生了专以阐释周易哲学大义为主要内容的"易理派"。而周易之要在理、象、数，其奇特之处、运用之妙几尽在其象数。离开象数，周易也就不再是周易，而仅仅是一部普通的哲学著作了。因此，只有"易理"、"象数"相互掺用，才能辨明周易大旨。南怀瑾先生也曾说："理、象、数通了，就能知变、通、达，万事前知了"（南怀瑾：《易经杂说》）。就易理而言，可以说，各有各的理，正理只有一条，歪理可有千条（南怀瑾语，见《易经杂说》）。正如《系辞传》所说，"仁者见之谓之仁，知（智）者见之谓之知（智）。"然而周易的象数，却是科学，科学只有真理与谬误之分。

周易的魅力在于其蕴涵的深刻哲理性，周易的哲理性又依附在卦画的无穷变化上，而卦画的变化又是基于数的严密推演。因此，作为一部博大精深的哲学著作，周易中还包含着其他哲学著作没有的以象、数为基本要素的特殊逻辑推演体系。《系辞上传》中就有专门阐释"大衍之数"的内容。辞曰："大衍之数五十，其用四十有九。分而为二以象两，挂一以象三，揲之以四以象四时，归奇于扐以象闰，五岁再闰，故再扐而后挂。天一地二，天三地四，天五地六，天七地八，天九地十。天数五，地数五，五位相得而各有合。天数二十有五，地数三十，凡天地之数，五十有五，此所以成变化而行鬼神也。"这是对周易著筮推演程序的介绍，但具体如何断卦，则没有说明。其实，古今易学专家皆精于象数和筮法。孔子及其周易传人梁丘贺、丁将军、孟喜以及西汉的焦延寿、京房等，都是以善占而名流史册。仅以孔子为例，孔子晚年酷爱周易，常爱不释手，读《易》韦编三绝，还说"假我数年，若是，我于《易》则彬彬矣。"也就是说，再给几年时间，就能够把周易融会贯通了。不仅如此，孔子还常常自筮。《孔子家语·好生》中就记载孔子自筮情况。原文如下：

孔子常自筮，其卦得贲焉，愀然有不平之状。子张进曰："师闻卜者得贲卦，吉也，而夫子之色有不平，何也？"孔子对曰："以其离耶！在周易，山下有火谓之贲，非正色之卦也。"

意思是孔子常常自己占卦。有一次占得贲卦，脸色变得很难看，显示出不高兴的样子。孔子的弟子子张，走上前来问道："我听说占卜得贲卦，十分吉利。老师，您的脸色为什么显得不高兴呢？"孔子回答说："因为它偏离我意。在《周易》上，山下有火叫贲卦，不是正色的卦。"贲卦，内离外艮，《象·贲》曰："文明以止"，也就是说内离明而外艮止。孔子本打算行道于天下，没有遇见乾龙等卦而得到贲卦，止以《诗》《书》，所以不高兴。这一案例说明，孔子晚年学易以后非常看重占卦。

周易象数及占卦方法随着历史的发展而不断丰富完善，并派生出了门类繁多、异彩纷呈的各种流派，诸如八卦六爻、四柱命理、梅花易数、奇门遁甲、大六壬、小六壬、紫微斗数、铁板神数、手相、面相等。这些流派虽各具特色，各有自己的逻辑体系和预测技法，其皆根源于周易八卦。近代易学专家尚秉和先生曾总结不同历史阶段周易占卦方法的区别，说："盖《易》之用代有阐明，而其别有三：伏羲以来察象，周用辞而兼重象，至西汉乃推本辞象而益以五行。五行明而筮道乃大备矣。是以汉之焦、京，魏晋之管、郭，唐之李淳风，宋之邵尧夫，其筮法之神奇，有非春秋太史所能望见者。则以春秋太史局于辞象，后之人能兼用五行也"（尚秉和：《周易古筮考自叙》）。也就是说，伏羲时期，占卦主要看卦象，以卦象推吉凶；周朝时期，虽也兼用卦象，但已重视根据卦爻辞判断吉凶；到西汉时期，已经把八卦和五行配合起来，按照一定的逻辑关系进行推演预测。所以，才出现西汉焦延寿、京房，魏晋管骆、郭璞，唐朝李淳风，宋朝邵尧夫等人的神奇占筮技法。这些技法是春秋时期专管占筮的太史们所无法企及的。

记得恩师曹宝件先生曾对我说："要想进入易学的殿堂，八卦是必修课。只有学好了八卦，才能起卦断事，明辨吉凶祸福。"还指出："学好手面相，可以识人面而知人心，又是为人排忧解难最快捷、最方便的门径；四柱命理易学难精，但必须要掌握，因为四柱和八卦是打开一切术数大门的两把钥匙，要为人解灾就离不开事主的四柱八字；奇门三式可学可不学，但要成为易学专家，至少要弄懂奇门遁甲术。易学专家的必精之术是地理风水，但要切记，十年之内不可研习风水之术，必须待到有一定生活阅历后，才可以深研风水，而且必须在研读十年风水之后，把玄空、三合、八宅等几个大门派的风水技法综合掌握，才能进行独立操作。因为风水术不同于其他术数，应用其他术数稍有误差只是误事，而应用风水术出了差错会损人家性命，甚至会损害人家的子孙后代。切记！"从此以后，我一直沿着恩师指导的这条道路往前走。如今，已过知天命之年的我，深感周易八卦之精妙，习之愈深，愈感其"洁静精微"，妙不可言、神不可言。

在长期的断卦实践和总结前人的基础上，我首创了"一卦多断"独门技法，并创新发展了"八卦断风水"、"八卦配十二宫"、"大小限断流年"、"三飞"、"一卦断终生"等技法，以化煞、解灾、调理、改运等方法为人化解灾难，常有奇妙效果。断卦和化解灾难的实践使我深信周易八卦的科学价值。然而，易学知识博大精深、易学典籍浩如烟海，使人如站在易学殿堂之外，遥望宫殿的锦楼翠阁而望洋兴叹。

长期以来，我希望把自己几十年来学习积累的这些宝贵的周易八卦断卦技法公之于众，献给社会，造福于百姓，使中华民族易道发扬光大。2010年1月，我出版了《周易·一卦多断入门》《周易·一卦多断点窍》《周易·一卦多断精解》《周易与家居环境》四部著作，深受广大读者的喜爱，在4个月内销售一空，5月份又再次印刷。

之后，我又整理撰写了《周易·家居环境入门》《周易·家居与人生》《周易·家居与调理》《周易·环境与建筑》《周易·八卦与阵法》《周易·八卦健康案例精典》《周易·八卦案例通解》《周易·玄空大卦例解》等八部易学著作，以飨读者。这些书以周易八卦为理论基础，结合现代社会现实情况进行创新，源于古法而不拘于古法；在学理分析上，力求由浅入深、层层剖析、循序渐进、通俗易懂。

当然，周易之用，圆融活泼、运舞无休，由于本人才学有限、时间仓促，在撰写过程中难免有错漏之处，欢迎广大读者批评指正。

李计忠

庚寅年壬午月于海口

目　录

第一部分　阳宅风水

第一章　六爻断阳宅风水基础知识

第一节　阳宅概述

阳宅风水与阴宅风水，其法理基本相同，阳宅风水比阴宅风水较为繁杂，内容也多，与人生存生活的关系更为直接和重要，对人的生存生活所起到的作用力量也比较大，直接影响到人的生存，所以古人选址造屋，相宅卜居必定选择山水大聚会之处。从古至今，世界各地，都是在山水大聚会之地建都修筑城池，山水大聚之地一般都是风水宝地。人杰地灵，阳宅建于此，对人的生存生活起到大吉大利的作用。

山水大聚指的是秀山之处和江河交汇之地，并不是指一般的山谷和平川之地。山水大聚是以来龙结穴，比一般的平旷之处好，宽阔而不空旷，四面拱卫，虽有空缺而不凹陷，藏风得气，依山不压迫，傍水无洗濯。山地阳宅以藏风为美，平川阳宅，以水绕为佳；山地藏风为福地，平川水绕为吉居。

鸟无巢不栖，神无庙不灵。阳宅是人生存生活的栖息之处，它直接关系到人的生存生活，因此，阳宅的兴衰对人的运气吉凶有着不可否认的直接影响。它的一砂一水，脉气的流行都起着吉福，凶祸的作用。筑建房舍，填沟塞井，开门立向，都必须合法。气局两全，水口得位，为大吉之宅。

阳宅纳气，不专以地气为主，必须兼看门向。门为水口，气从门而入，入宅之气与地气相遇，往往是地气衰入宅之气旺，或者是地气旺入宅之气弱，很难两者均衡。入宅之气与地气均衡俱旺，才是招福纳祥的吉宅。如何才能营造出招福纳祥的吉宅呢？这就必须在开门取水口上做文章。开门立向取水口纳气，以九宫八卦五行生克来论气。气从生方来，五行相生则宅受生，宅内之人亦沾吉气，运气佳则健康无病无灾。气从克方来，五行相克则宅受克，宅内之人亦染凶气，运气不好，多灾多难。纳气好比人体的呼吸，吸进吉气，荡涤五脏六腑，沁肝润肺，激活生命力，促进新陈代谢，有益健康。吸进凶气，即污气，对人体不利，还会引发许多疾病，这就是灾难和不顺。阳宅之气，即指阳宅外面的河沟和道路。论气是以阳宅的门为基点，门外的道路即为气。道路当面朝宅门而来，作来气论，道路横截者，作止气论；朝路比之为来水，横路比之为界水。阳宅的前后左右邻近有建筑物、古寺、大树、铁塔、电线杆、烟囱者，称为护卫。护卫有吉有凶，护卫也叫砂。判断砂的吉凶也是以生旺九宫之法来定夺。一所阳宅的兴旺衰废，用八卦九宫五行生克之法，以三元的运气衰旺来判断。虽然宅基固定，三元的运气之势影响阳宅的风水不能改变，但门可以随元运之势而进行调解，使失运之势，改一旺门，以合元运，便能起到趋吉避凶的效果。阳宅的荣枯，门非常重要，气生路上，一开门即从门而入，不论正门偏门旁窗侧户，均须纳本元生旺之气；宅内的门窗，也须步步从旺方引入卧室，再在吉位之方安床放桌。阳宅与阴宅是有区别的，阴宅力深而缓，阳宅是人直接得育天地之气，其力浮而速，阳宅若得地之贵气，上天之旺气，其宅之人必然富贵双全，福寿绵长。

一、阳宅的气色与祸福

阳宅的祸福，观其气色也能辩出吉凶。当然有此功底的人，必须静心，才能独具慧眼。观阳宅的气色，不论新旧屋宇，必须以气色论定。一座阳宅，屋宇虽旧，气色明亮有彩，其宅必定兴发；反之，屋宇虽新，气色灰暗淡然，其家必定败落。以厅论气色，厅内无人，人静却感觉有闹哄气象，似有多人在内吵闹，其家必大发，人兴财旺。若厅内有人，总觉冷森阴沉其家必败，退财绝嗣。以门论宅气，宅门为进气之口，入门，似觉有红光闪烁，其家必成巨富，得横财，升官职，生贵子。若红光如火焰带烟气，则主火灾。宅中似觉黑气弥漫，如雾如烟，其家必有横祸。如见白气荡室，如淡烟，其家必有死亡；喜气中带黑气，旺运将衰祸将至。黑气中微露彩色，祸将退尽；白气中带彩色，寿服中将有喜乐事。夜静天朗，望见其家屋上有紫气红光，必生贵子，发富发贵。月明星稀，望见五彩之气，上升空中，睛如伞盖者，其下必有大贵阳基；其气下大上尖，或横或散乃是伪气，不真不是贵吉阳基。

二、阳宅的形状与祸福

宅形不一，吉凶有别，相宅之法，亦随之各异。有逐宅相法，有全宅总相法，也有横竖看之分，和隔间分看之法。总括起来，所有相宅之法，都是以五行生克之法来分辨吉凶。古人看阳宅风水，未进门时先看屋形，照古典的分类，屋形分为金、木、水、火、土五种正体。古人的这些屋形分法，是针对古代建筑四合院，一条龙的宅形而来区分的，现代建筑改变了传统格局，因此以宅之外形相宅已不能适应一家一户的需求了。现在的阳宅相法分为两种，一种是乡村民居相法，另一种是城镇居民居宅相法。乡村居民阳宅相法，仿古革新，差异不大。我们常见的乡村中有许多普通阳宅，旧屋前后又接续新宅，这种阳宅叫做插翅房。插翅宅不利家长，破财，惹官司，其主人有暗疾，生毒疮。依据其宅的五行方位，判断其宅主的不利因素，十之八九，准确应验。化解之法，有则拆除，无则莫造。旧宅左右又盖小屋者，叫单耳房。其宅不利小口，阴人难产，也不利田蚕，多数出自缢、自贱、吸毒、娼妓和三陪之子女。宅主腰脚有疾。有则改去，无则莫造。左右两边都建小屋者，叫双耳房，双耳房与单耳房断之同理，只是宅主不利因素多于单耳房，其宅有疯瘫之人，人丁有损。旧宅二三间，又接续左右再造新宅者，叫偏身房。由于偏身房与旧宅新旧不一，颜色有异，令人观之，有妨目碍眼之嫌。其宅不利因素，损六畜，耗田产，宅母寡孀多病，小口常患冷热之疾，宅主防偏头痛或半身不遂之疾。

新旧宅正堂前后盖小屋者，叫卜丁房，此宅主破财，难产及耳疾。宅之千万，难以尽举，总之不外乎五行相生相克，细论万言难尽，金木水火土五形，凡金形，要屋宇光明，墙壁严整，四檐对称，主富贵荣华。倘金形枯边，便主男女夭亡。木形，要屋脊高耸，墙垣起伏，四转照者，主文明祥慈。倘若木举头，木正位上有小堂者，主耗散破财。水形，水属阴，宅之屋宇，整洁者吉，倘若门壁歪斜，檐披低矮，左右无厢房，为凶宅，阴人多淫。火形，屋宇要藏风，屋脊不见尖耸者吉。倘墙垣尖长，椽头露齿者，大凶。土形，屋宇方正，四檐齐平，墙无缺陷，主广进田园；倘两头有小屋下垂，形成火星翅，主讼灾火光，家中不和。以上论述，多指乡村阳宅而言。现代城市住宅已形成了高楼大厦，单从大厦的外五行已很难适应人们的生活习惯，因此，现代阳宅风水已由外五行转向了注重内五行上。阳宅外五行注重形式，内五行注重布局，形式给人的是美感，布局给人的是气感。气场好，对人的心情也舒畅。现代城市建筑，都注重气感，气感即气场，也就是通风和采光，要通风采光，就得注意环境布局。因此，看阳宅风水对城市而言，已经不能沿用古法寻龙点穴，找藏风得气之地了。现代建筑的多样化，也形成了许多人造风水吉地，为我们运用易学开辟了新的环境和领地。在这些新的领地里，巧用五行生克之法，应用建筑物与建筑物相互之间的布局形式，营造吉地，选择阳宅富址，是我们应用风水知识，适应现代生活的新课题。

三、阳宅的砂水与祸福

阳宅之砂水，是指阳宅四周的土、山、树及建筑物，平地、河、湖、沟等，所谓吉凶与阴宅砂水同理。先用罗盘定其方位，以八卦天干地支之名，观二十八宿之星，欲知阳宅砂水富贵，天马贵人等星下者，大则发公候将相，小发则得印得官，这是其一。其二是辨别砂水之形，如方如金屏，横如玉带，如抱如盖，缠绕如印绶，端庄似弯月；或四周鼓角，或土星高大，位于吉星之方，自成一种形势，都是富贵之吉宅。

地势吉凶是福祸的预兆，古代风水理论认为：

何知人家贫了贫，山走山斜水返身。

何知人家富了富，圆峰磊落皆朝护。

何知人家贵了贵，文笔秀峰当案起。

何知人家出富豪，一山高了一山高。

何知人家破败时，一山低了一山低。

何知人家出孤寡，琵琶侧扇孤峰邪。

何知人家少年亡，前也塘兮后也塘。

何知人家吊颈死，龙虎颈上有条路。

何知人家少子孙，前后两边高过坟。

何知人家二姓居，一边山有一边无。

何知人家主离乡，一山主窜过明堂。

何知人家出做军，枪山坐在面前伸。

何知人家被贼偷，一山走出一山沟。

何知人家忤逆有，龙虎山斗或开口。

注：房屋所处的地势及周围山脉走势歪斜、水路流转折回，主人家境会越来越贫穷；周围众多的圆顶山峰都朝向内护着屋宅，主人家

境就会越来越富足；屋前案山笔直秀挺、拔地而起，主人家庭越来越显贵。屋宅近处山势一山更比一山高，主人家中定出富豪；房屋近处山势一山更比一山低，主人家将走向破裂衰败。房屋侧旁有一扇琵琶状山岗，或有孤独峰峦歪斜，主人家要出孤儿、寡妇。

屋前屋后都有池塘，主人家少年短命早夭；屋前左、右两侧龙山（即青龙、白虎）的山腰都有道路，主人家将发生吊梁而死的悲剧。房屋前后两边地势都比房屋高，主人家将乏少子孙；房屋前面有一山主脉伸过明堂区域，主人家就会背井离乡常年在外谋生。如有山脉象一条枪（枪山岗）在屋前延伸，主人家就会有人出门当兵；有一山脉从房屋前面伸展出去而另一山脉形势弯曲如钩，主人家里就会被盗贼偷窃；房屋左右侧的青龙山和白虎山形成相斗或开口的格局，主人家中定有忤逆不孝的子孙。

四、宅形气象与吉凶预兆，古代有歌诀如下说：

何知人家被火烧，四边山脚似芭蕉。

何知人家女淫乱，门对坑窜水有返。

何知人家常发哭，面前有个鬼神屋。

何知人家不旺财，只少源头活水来。

何知人家不久年，有一边兮无一边。

何知人家受孤恓，水走明堂似簸箕。

何知人家修善果，面前有个香炉山。

何知人家会做师，排符山头有香炉。

何知人家出跏跛，前后金星齐带火。

何知人家致死来，停尸山在面前排。

何知人家有残疾，只因水带黄泉入。

何知人家宅少人，后头来龙无气脉。

仔细相山并相水，断山祸福灵如见。

千形万象在其中，不过此经而已矣。

注：房屋四周山脚似芭蕉铺展，主人家会被火烧。房屋门口正对坑洼且有水流去，又折返，主人家里女子不守妇道。房屋前面有个鬼神庙社，主人家里就会有人时常伤心哭泣。房屋前面没有活水流来，主人家里不旺财。房屋近处青龙、白虎缺一边，主人寿命不长。房屋前面有水形似簸箕流过明堂，主人会挨受孤独寂寞。房屋前面有个香炉山，主人多行善事。房屋近处有排符状的山峦，且山头呈香炉状，主人家中有人会做法师。

房屋前后有圆头金星山，但尖头为火星山，主人家里会出跛足之人。房屋前面有停尸山排列，主人家里会招引死神到来；房屋里有水流带着地下泉水流入，主人家里就会有人患残疾。房屋后面的龙脉没有充满生气的起伏之势，主人家里人丁单薄。要判断主人的吉凶祸福，必须仔细分析住宅周围的山水形势和住宅的形貌气象，用眼一看，吉凶自明，十分灵验。

第二节　阳宅的坐向

阳宅的坐向最为重要，若能按向取吉方之水，其它开门开窗皆有标准，此将二十四山向水吉凶解释如下：

一、壬山丙向（兼子午二分，凡分金只可兼二分，不可兼三分），为寅午戌局之向，所纳丙火之财，生寅禄巳，旺在丙午，宅内取天井水，宜倒右，出坤丁或庚辛方，则吉。若放左边，则向水相反不利。巽巳放水犯黄泉，主损人口，正门宜丙。

二、子山午向，为寅午戌局之向，所纳丙火之财，生寅禄巳旺在午方，宅内取天井水，宜倒右，出丁坤或庚辛方，则吉。若放左边，则向水相反不利，巽巳犯黄泉，黄泉煞，损人口，正门宜兼丙。

三、癸山丁向，为申子辰局向，所纳辛金之财，生子旺申，衰在丁方，宅内取天井水宜倒左，出巽巳或甲丙方吉。若放右边，则向水相反不利，坤申犯黄泉，损人口，正门宜丁。

四、丑山未向，为寅午戌局之向，所纳丙火之财，生寅旺午，衰在未方，宅内取天井水宜倒右，出庚辛或坤乾方吉。若放左边，向水相反不利，巽巳犯黄泉，损人口，正门宜丁。

五、艮山坤向，为申子辰局之向，所纳辛金之财，生子禄酉，旺在申方，宅内取天井水宜倒左，出乙巽或丙丁方吉。若放右边，向水相反不利，酉方犯黄泉损人，正门宜坤。

六、寅山申向，为申子辰局之向，所纳辛金之水，生子禄酉，旺在申方，宅内取天井水宜倒左，出巽或丙丁方吉。若放右边，则向水相反不利，西方犯黄泉损人，正门宜坤。

七、甲山庚向，兼寅申，为申子辰局之向，所纳辛金之财，生子禄酉，旺在申方，宅内取天井水宜倒左，出丁丙巽方吉。若放右边，则向水相反不利，酉犯临官，戌破冠带，丧子。正门宜庚或坤。甲山庚向兼卯酉，为巳酉丑局之向，所纳庚金之水，生在巳禄在申，旺在庚方。宅内各天井水宜倒右，出癸壬或辛乾方吉，若放左边，则向水相反不利，申犯黄泉，损人口。正门宜庚。

八、卯山酉向，为巳酉丑局之向，所纳庚金之财，生巳禄申，旺在酉方，宅内取天井水宜倒右，出癸艮或乾壬方吉。若放左边，则向水相反不利。申犯黄泉，损人口，正门宜庚方。

九、乙山辛向，为亥卯未局之向，所纳癸水之财，生卯旺亥，衰在辛方，宅内取天井水宜倒左，出丁坤或庚方者吉。若放右边，则向水相反不利。亥乾犯黄泉，损人口，正门宜辛方。

十、辰山戌向，为巳酉丑局之向，所纳庚金之财，生巳旺酉，衰在戌方，宅内取天井水宜倒右，出癸艮或壬方吉。若放左边，则向水相反，申方犯黄泉，损人口，正门宜挨乾方。

十一、巽山乾向，为亥卯未局之向，所纳癸水之财，生卯禄子，旺在乾方，宅内取天井水宜倒左，出丁坤或庚辛方吉。若放在右边，则向水相反，子方犯黄泉，损人口，正门宜乾方。

十二、巳山亥向，为亥卯未局之向，所纳癸水之财，生卯禄子，旺在乾方，宅内取天井水宜倒左，出丁坤或庚辛方吉。若放右边，则向水相反不利，子方犯黄泉，损丁，正门宜挨乾方。

十三、丙山壬向兼巳亥，为亥卯未局之向，所纳癸水之财，生卯禄子，旺在亥方，宅内取天井水宜倒左，出辛或庚坤方吉。若放右边，则向水相反不利，子破禄犯煞，丑方不育，正门宜乾或挨壬。丙山壬向兼午子，为申子辰局之向，所纳癸水之财，生甲禄亥，旺在壬方，各天井水宜倒右，出乙方或甲辰癸方吉，若放左边，则向水相反不利。放亥方犯黄泉煞，损丁。正门宜壬方。

十四、午山子向，为申子辰局之向，所纳壬水之财，生申禄亥，旺在壬方，宅内取天井水宜倒右，出乙巽或艮甲方吉。若放左边，则向水相反不利，亥方犯煞损丁，正门宜挨壬癸。

十五、丁山癸向，为寅午戌局之向，所纳乙木之财，生午禄寅，旺在癸方，宅内取天井水宜倒左，出乾辛或壬方吉，若放右边，则向水相反不利，寅犯黄泉损丁，正门宜癸方。

十六、未山丑向，为申子辰局之向，所纳壬水之财，生申旺子，衰在丑方，宅内取天井水宜倒右，出乾辛或甲方吉。若放在左边，则向水相反不利，子方犯黄泉损人口，正门宜挨艮方。

十七、坤山艮向，为寅午戌局之向，俱纳乙木之财，俱生子禄卯，惟坤山旺在艮，申山旺在寅。宅内天井水俱放在左，出辛乾或壬癸方吉。若俱放右边，同为向水相反不利，艮寅放水犯黄泉，损人口，正门俱宜艮方。

十八、申山寅向，为寅午戌局之向，俱纳乙木之财，俱生子禄卯，惟坤山旺在艮，申山旺在寅。宅内天井水俱放在左，出辛乾或壬癸方吉。若俱放右边，同为向水相反不利，艮寅放水犯黄泉，损人口，正门俱宜艮方。

十九、庚山甲向兼甲寅二分，为寅午戌局之向，所纳乙木之财，生午禄卯，旺在寅，宅内取天井水宜倒左，出乾或辛壬癸方吉。若放右边，向水相反，卯方犯黄泉损丁，正门宜甲或艮。

二十、酉山卯向，兼甲方二分，为寅午戌局之向，所纳甲木之财，生亥禄寅，旺在辰方，宅内取天井水宜倒右，出辰巳方吉。若放在左边，向水相反不和。正门宜辰巳方。

二十一、辛山乙向，为亥卯未木局之向，所纳亥水之财，生巳禄申，旺在庚方，宅内取天井水宜放左，出丁坤方吉。若放在右边，向水相反不利。正门宜辰。

二十二、戌山辰向，为巳酉丑局之向，所纳庚金之财，生巳旺酉方，宅内取天井水宜放左，出坤庚方吉。若放在右边，则向水相反犯黄泉损人口，正门宜巽。

二十三、乾山巽向，为亥卯未局之向，所纳癸水之财，生印禄子旺在庚方，宅内取天井水宜倒左，出丁坤方吉，若放右边，由向水相反不利，正门宜挨辰。

二十四、亥山巳向，为亥卯未局之向，所纳癸水之财，生印禄子，旺在申方，宅内取天井水宜倒左，出庚方吉。若放右边，则向水相反不利，正门宜挨丙巽。

天井水即开窗走廊厢房之门，出水处即偏门。风水学中，阴阳宅之理同理同法，共用同种五行，其理一脉相承，贵在灵活通变，活学活用，方可出神入化。

第三节　六爻占阳宅秘诀

一、古代断家宅风水歌诀

住宅休占火泽睽，鬼临人口定分离；

龙交大壮人财旺，虎并同人宅舍衰；（初爻青龙为盘根必出文官，虎临六爻为封侯必出武将。）

二畜见龙财帛进，杀交两过栋梁推；（大畜、小畜二卦）

贵持震巽生财本，喜入风雷立福基；（天乙贵、禄马、福德）

离坎交重宜谨慎，艮坤安静莫迁移；（交重是阳、阴动）

户无徭役占逢贵，家有余粮卜得颐；

田宅兴隆因大有，血伤财损为明夷；（大有卦吉，明夷卦凶）

乾坤旺相增人口，逢萃生成聚宝资；

革鼎长男能干事，晋升宅长有操持；

妻财内旺为财断，官鬼爻兴作怪推；

木鬼寿棺停有日，金官硬物畜多时；（寿棺是为老人准备的当喜断）

休囚铜钱皆先定，旺相金银尽预知；

水鬼井池中出现，土官墙壁有偷窥；（井池有淹死人的现象，墙壁有挖洞盗窃）

火官内动无他事，古器多年再发辉；（藏有古物发亮之意）

克世克身皆无用，生身生世始堪为；

水财内旺宜穿井，内发土财堪作池；

金旺妻财金玉进，火财内发火光飞；

木财到底宜营建，若犯空亡总是非；

子若空亡家绝后，父母空亡宅必危；

父子妻爻都旺相，丰盈财货莫猜疑；

更兼天喜青龙助，富贵康宁天赐伊；

凡占家宅之凶吉，初井二灶三床席；

四为门户五为人，六为栋宇兼墙壁；

好与随爻仔细看，鬼临门户家不宁；

腾蛇妖怪梦魂惊，杀爻旺相官魔起；

杀遇休囚疾病生，六爻动多带土木；

若非起造即修营，更被空亡并杀害；

狼藉破败少人丁，初为小口二妻妾；

三为次长弟连兄，四位乃母五为父；

六为祖宅及坟茔，五行亲属更取用；

更论旺相与休囚，一家祸福自然明；

干兑休囚鼎铛破，卦如死气分明课；

坎衰左井及枯池，离衰灶鬼将祸临；

震巽伤兮梁栋摧，坤艮伤兮土动陷；（倒塌之意）

卦中震巽重重旺，兴工欲创新楼阁；

卦中坤艮杀兼鬼，因知坟墓欲为灾；

内卦为宅外为人，内外相生宅可亲；

宅若克人居不稳，人能克宅住无凶；

灾煞鬼凶交重恶，祸患游魂及八纯；（交重是阴动阳动）

世在二三为大吉，身居三四守常伦；

本宫旺相宅堪居，卦内休囚祸未除；

财若动时妻有疾，空亡死气主儿孤；

忽逢白虎家防哭，更值丧门暴病殂；

阴化为阳忧女子，阳化为阴损丈夫；

世间占卜能推类，天地神明可感乎。

以上断家宅风水歌诀，可供断卦参考，不可死搬硬套，熟练掌握，灵活运用才是。

二、占家宅

凡点家宅分二种焉。有安居来卜者，先看内外卦象，内为宅，外为人，旺相者，人宅兴隆，休囚死者，住居无气，丁畜消损，家庭不发。内外生合比和者吉，相刑冲克害者凶，空亡尤凶。如卦象衰空者，方看爻神。以二爻为宅，五爻为人。人克宅则造创整齐，宅克人则住宅不兴，人眷灾多。二爻旺屋多，五爻旺人多。休囚死凶，相生合吉。相刑冲克害凶，如爻神再空，是空而又空也，必有灭门之祸。次看六亲。世为己，应为妻。阳父为父，阴父为母。阳兄为兄弟，阴兄为姐妹。阳财为妻，阴财为妾婢仆。阳子为男，阴子为女。阳鬼为祖，阴鬼为祖姚。用爻旺相带吉神，得太岁月日生合者，吉。用爻休囚死空亡伏藏者，凶。带凶煞动被三爻刑害克破者，凶。用爻持鬼、伏鬼化鬼煞，阳鬼主生官讼，阴鬼必有灾病也。又凡用爻伏于官下者，必有病讼，每事多阻，出入有碍也。将一岁分四季，如木带吉神，春季见喜；火鬼带煞，夏季生灾；金值妻财，秋宜得利；水逢兄弟，冬必破财。土爻若带吉凶，各随司令决断。（辰三月，未六月，戌九月，丑十二月也）。若遇空亡，吉空则凶，凶空反吉。除此大节之外，反将井、灶、床、厕、门、户、道路、香火、栋梁、坟墓、六畜分察吉凶也。又有临事来卜者，便搜目下有何吉凶。遇父动，则子伤畜损。兄动，则妻伤财损；鬼动，伤兄，大小不安，官非事发。子动，克夫，削职。龙鬼持克，喜处生灾。雀鬼雀兄持克，口舌破耗。蛇鬼持克，虚惊常有。玄鬼持克，非阴私盗贼，必奴婢走失。勾鬼持克，必田土交加，契券不明。虎鬼持克，主丧孝、刀兵、损伤、蹼跌。二爻凶，灶神不安。三爻凶，床席不安。五爻凶，香火不安。此察六爻，厕、碓、门、路、坟墓、六畜逐位推祥也。

三、占宅基

以卦身为用也。身旺相基宽大，休囚基狭小。属阳基方，属阴基圆也。入卦身临乾基高；临坎基卑下，近湖沼溪塘也。临艮，傍山陵近坟墓也。临震，近闹市林木。临巽，近竹木花果菜园也。临离，千亢向阳，近窑冶也。临坤，近平郊旷野坟墓也。临兑，近池塘薮泽也。十二支神身临子，基两尖中阔；临亥，基湾水曲也；临寅，远树椿基；临卯，两家基址相连也；临巳，被人包后；临午，前大后尖也；临申，石砌中宽；临酉，四方不开也；临辰，基高；戌，基横；丑，基前小后大；未，基长，后如匙勾转也。身逢重基曲圆，逢交基方直也。逢刑冲基高低破缺也，逢生合基方圆齐整也。逢三合而遇日辰动爻刑冲克害者，基即有一方缺处也。（如子日或子爻动伤身爻，即北方有缺之例。）身遇三刑，基在尖角上也。身遇六害者，崩败处朔屋基也。卦逢六合，中央地基。卦值六冲，头巷口地基也。身临父基有旧屋，身临兄半为己产，身空伏鬼全是人基也。身下伏官，非官基必绝地也。身下伏子，道官僧房之基也。身不现又不伏或身临空绝者，非绝户之地，必他人之基也。父化鬼者，绝户官基也。身衰值木者，旧为茅径也。身金化金者，拆屋开基也。身土化金者，移高塞低也。身土化土者，填高塞低也。龙父旺动克身者，东屋逼基也。虎父动克身者，右边已卖也。水鬼克身者，地基水湿也。雀财化父者，火后地基也。二爻克身者，基狭也。身克二爻者，基不方正也。三四克身者，门户冲基也。五爻克身有路冲，六爻克身有墙栋冲也。初爻与应爻带土来生合卦身者，并人基地也。兄临子水动克身者，北方有人争基也。兄临午火动克身者，南方有人争基也。东西仿此。

第四节　六爻占阳宅的方法

六爻风水理论分阳宅风水与阴宅风水两个方面。在现实生活中，阳宅风水已普遍被人们接受，阴宅风水由于现代社会不断城市化后，已经有所局限，受生活条件的限制和环境的制约，在实用方面已有区域化的趋势。因此，我们在学习风水时，已经不能将古法全盘托出，照搬套用，必须有所革新与发展。六爻占阳宅风水一课，便是源于古法，立足于古法，而不拘泥于古法的基础上，经实践检验，是发展和创新的一门新课题。

一、爻位的含义

在六爻卦中，内三爻为宅，外三爻为人。宅克人，主病患连连，灾祸多端；人克宅，主修屋造屋，整旧更新。内卦旺屋宅多，外卦旺人丁旺。

初爻代表住宅基址，带财福吉。井亦相连，初爻属土，井水浑浊；初爻属水，则水清冷盈溢；初爻属木，则井上有树；初爻属火，则井水常干；初爻属金，则沉莹香洁，带鬼逢空必废井。

二爻代表堂屋。若二爻生旺，则深沉阔大；若二爻无气，则窄狭低矮。二爻带青龙，为龙德贵人，必是新造且整齐；二爻临白虎遭刑冲克害，必为旧居破屋。

二爻也代表厨房（炉灶）。若二爻生旺，则灶修镶（大锅）阔；若二爻休囚，则灶冷无烟；若二爻临朱雀带官鬼，则定主灶前咒咀，鬼临白虎须防脓血淋漓。

三爻代表大门。若日辰生合三爻，则门向大利；若太岁日辰刑冲三爻，则门向不吉。三爻带财福青龙吉神动者，主门庭清洁，人口康宁；三爻临官鬼加白虎凶神动者，主多招口舌是非；三爻临兄弟者，主破耗多端，资财不聚；三爻临父化父者，一合两样门扇，逢刑冲或加破衰必有破坏，己土动者甚静者轻。

四爻为户即中门。四爻带吉神动者为大吉，临凶煞动者为大凶。若三四爻相冲，则有两门相穿不生财。

五爻代表路。若五爻与世爻相合，则道路逶曲有情；若五爻与世爻相冲，则道路直长带杀。

六爻代表栋梁、墙壁。若六爻临青龙，则为新修整齐之宅；若六爻临白虎，则为崩颓破败旧屋。

二、月建的运用

月建是以地支论五行，即正月建寅，二月建卯，三月建辰，四月建巳，五月建午，六月建未，七月建申，八月建酉，九月建戌，十月建亥，十一月建子，十二月建丑。

月建临青龙发动，主重重喜庆，士夫则加官进禄，庶民则增进钱财，但婚姻产育不吉也。月建临丧门白虎，谓之四利三元，乃凶神见后，凶煞再若见此爻动者，则有病患连绵，丧门叠至，种种不祥，自当细审。

月建朱雀正月从巳上顺行，在内动主是非口舌，在外加贵人动，主有文书音信之喜。若带官符官鬼动者，月内必有口舌官事。又云：月建朱雀即天烛杀，若与日辰朱雀并动，须防火烛，若朱雀空亡官事无妨。是非潜伏火烛消烊。月建勾陈正月从丑上起顺行，带鬼杀内动，主宅神不安，人口不宁，在外动谋事多见迟滞，若临财爻旺动克世，其月内必有增进产业之象，更加日建青龙必然广置田园，横发钱谷，大利田土之事。

月建玄武正月从亥上顺行，在内动主有奴婢走失，在外加鬼杀动主有穿窗割壁之贼。若玄武与咸池同乡，主阴私淫乱之事，动来合世主宅长必然不正，若临财爻其妻必淫，若临父母出处卑贱，或临福德及第六爻皆主奴仆有阴私之事，若逢生旺其事张扬，或值休囚犹可隐匿，如逢冲散必然被人说破不复作矣，凡此章皆是非之端，古人所以具述此事者既造精微之地，不得不言。后学者不可妄谈，暗藏胸中以为观人邪正之法，不宜轻泄。月建螣蛇正月从辰上逆行，若动主有牵连事至，遇阴鬼主夜生怪梦，克世临世宅长夜梦不安，克应临应宅母梦寐不宁。

三、世爻与应爻的运用

看房子除看父母爻外，兼看世爻立向，因世爻为穴位，为立极点。

古有一世二世大吉昌，三世四世为平，五世六世为不利，此说谬也。

一个房屋风水的好坏，主要是看卦中六爻生克，贵神扶助，凶神呈凶定吉凶。

世在游魂之卦，主居处不定。游魂化归魂，移而返回为吉。

世爻逢空为不利，世爻入墓难迁移。内休外旺移终吉，内旺外休必为凶。若是内外俱有气，任你南北东西走。

世应比和，或兄弟，或世应化兄弟，或临宅爻，或合宅爻，主两扇门。

世应财爻三合，逢两鬼，当有偏正之夫。

世临鬼在二爻，此宅决非祖屋，不然租借他人之屋。

世应宜相生合吉，不宜相克相冲不利。

测宅，卦中无水者，沟流不通；无土者看平地而起高楼；无火者，香火冷而灶失修；无金者，家资乏而人不居；无木者，床塌破桌椅损。

卦中火多者则人事烦，木多者则人清秀；水多者则女人旺；金多者则妇女多，土多者则财帛盛。

六爻俱静人宅安。六爻动多带土木，不是新建之房而是整修之屋。六爻多动常水火。主有水火之灾。

卦中坎有水，遇艮有山，逢震有路。内三爻为宅，外三爻为人，宅去克人病连绵，事多端，人去克宅，主修屋建新屋，整旧更新，内旺屋多，外旺人丁兴。

凡测宅，最重宅舍、人口、财官父兄子、世应、日辰、月建、岁君，齐出现为好。

合为门，冲为路，不论卦内有无。合二爻者为门，冲二爻者为路。冲合之爻不论上卦否都以此论。如天风姤卦，二爻亥水为宅，寅与亥合，以寅为门。巳亥冲，以巳为路。卦中本无寅巳二爻，只要与二爻合冲者即是。其他仿此。

刑无刃不能伤人，若刑刃两全克身临，主犯官刑，临玄武盗贼图财。世临日辰动克应爻，主杀他人，应临日辰动爻克世，为他人伤我。若子孙发动，凶中有救。

年月日临爻克世，家眷灾危。太岁克世，一年祸患无穷。月建克世，数月之灾。

身世逢绝，又在空亡，遇官鬼之克，主有死亡之忧。

卦中现卯木，不论阴阳，如卯木在旬空巳中，必有樊篱，或有铁栏杆围墙之类。

刃加三刑临贵人，爻中有马，得太岁之生，即为领兵将帅。

初爻为左邻后邻，四爻为右邻前邻。有财福吉神，必是慈祥之邻，临鬼杀凶神，定为凶狠之辈。

木爻旺相发动，其屋建造宏丽。

宅去克人住不稳，人来克宅住无事。测宅得游魂及八纯卦，主有祸连年。

阴化为阳女人疾，阳化为阴丈夫灾。

卦中上爻看动静，兄动夫妻不团圆，父动上爻小儿忧。子爻旺动喜重重，官动灾祸难言；财动克父母，女人不正。

四、卦列六十四象，怪分十二宫

六十四卦之中其怪不过十二宫，分子动鼠怪，寅卯申狐狸怪，巳动蛇怪，午动火光怪，酉是鸡怪，戌犬怪，辰丑未是虚响怪，见怪爻动处逢冲则无害。

怪爻季是两头居，仲月逢之二五随，三四怪爻当孟月，动成骇怪静无之，杀神在世灾应实，鬼杀伤身祸不虚，更被官爻持世上，怕逢衰弱患难除，以上所言怪爻，须凭四季取，季月初爻六爻动为怪，仲月二五爻动为怪，孟月三四爻动为怪，其余发动不可乱音。

凡有怪异亦有浅深，怪浅祸亦浅，怪深祸亦深，祸福于斯可辨。

占宅得游魂卦，居住不定，常有迁移之意，占移居怕见世爻入墓，虽言移终不能动身。

外卦兴隆徙舍须云大吉，内爻旺相移居必见灾殃。

立春，艮旺震相巽胎离没坤死兑囚乾休坎废；

春风，震旺巽相离胎坤没兑死乾囚坎休艮废。

立夏，离旺坤相兑胎乾没坎死艮囚震休巽废；

立秋，坤旺兑相乾胎坎没艮死震囚巽休离废；

秋分，兑旺乾相坎胎艮没震死巽囚离休坤废；

立冬，乾旺坎相艮胎震没巽死离囚坤休兑废；

冬至，坎旺艮相震胎巽没离死坤囚兑休乾废。

以上八卦之休旺，凡占移居，外卦旺宜迁，内卦旺宜守，反之必见灾殃。

大抵青龙为吉，白虎为凶，守旧迁移随其变动而作趋避。

占移居得三刑六害卦，本非吉兆，若变得六合卦去后必亨，游魂化归魂，必当仍还旧地，乃为大吉。

初爻为左邻后邻，四爻为右邻前邻，加财福吉神必慈祥恺悌之家，带鬼杀凶神乃无籍凶狠之辈。

第五节　六亲断阳宅

一、六亲临卦宫之义

　　凡占家宅先观鬼神之机，次辨六爻所用，父化父人家两姓，鬼化鬼家宅多灾。父为宅宇之基，财是灶厨之断，子孙为井，兄弟为门。父爻值墓，家有疾病之人；财位临空亡，宅住贫穷之辈；子逢金旺便知镜子光明，子值木衰可见秤无星两。子是长流顺分前后，亥为塘浦辨方隅，丑为田园，寅为树木，卯为蓬蒿，辰为平地，巳为焰烟，午为火意，未为山岭，申为金银，酉为铜铁，戌为穴坑。交重详察，重是曲圆，交是方值。阴土为坑，阳土为宅。

　　父居坎位四周有水汪洋，父临木爻绕屋树林森茂。财福吉神内象必然先富后贫，兄鬼煞虎内宫以定先贫而后富。父入勾陈土位丰稔田园，日刑木父休囚损伤桌凳。父临入墓坟冢为殃，鬼生世象家神作祟。腾蛇入木家招溢死之人，玄武临身必出投河之鬼。火炎旺动人多，木位兴隆树茂。火炎伏鬼定生目疾之人，水位隐官又有盲聋之辈。二姓居同必有两重兄弟，爹娘又见宫中父母再逢。父入子宫必主后娘来就，子临父位定主随母嫁人。子见两重螟蛉亦有，兄爻单见雁侣难同。兄化鬼以空亡，兄弟空房，父临空以化鬼父娘作故，阴兄化入阳兄嫂赘晚夫，阴子变入阳子女招婿则回家，父化父外娘晚位，财化财当娶双妻。丧门杀动本是灾非、孝服，天喜星临必嫁娶添丁。披头动要出疯颠。五鬼兴必生暗眼，羊刃临财定是屠沽之辈，咸池入酉必然花酒生涯。财入咸池化鬼女多独守，子临寡宿化官男主孤虚，驿马值世奔波不定，贵人生身好享荣华，世应两冲家门括扰，爻逢六合和气相同。子入鬼关小口岂无伤损，财临大杀妇人必有产亡。辛未持世大路当门，戊戌五爻竹木当路，蛇入屋来四爻腾蛇土动，鹊巢当户六爻朱雀木兴，青龙六位巽宫，家有头风之疾，玄武初爻鬼动必生脚湿之人。螣蛇木鬼临门家出自缢之人，白虎土杀入户家有血光。火烧家堂子入火乡化火，鼠来害物鬼宫化出子爻。南上邪神朱雀鬼临火动，北方之鬼玄武动而水兴，金鬼西方之佛像，木鬼东岳之至尊。福世当年获庆，杀鬼每日闲灾。兄动而奸人脱漏，福兴而吉事频来。鬼化亥未愿欠猪羊，子化申辰佛前灯愿。冲开丙戌丁亥墙倒壁穿，合扶己卯戊寅城坚土厚，冲动丙寅香炉破损。旺摇庚戌首饰鲜明，戌化土金犬多黄色，金鬼化子鼠作妖声。初爻鬼武鸡鸭人偷，三位官空养猪无畜。二爻鬼杀犬必伤人，四位杀官羊多卒死，五位休鬼耕牛马兴，六位虎鬼焉无乘坐。心气病火鬼动，脾胃灾土鬼摇。初位杀空小儿难养，六爻木鬼老者中风。上透金爻终年眼暗，五爻火鬼痨病缠身，青龙木鬼必是观音，玄武水鬼恐其元帝。寅为神，神带虎行，午为神，神骑马走，太岁临鬼克世一年灾事不断，日辰福德扶身，四季开眉而兴旺。

二、六亲临爻位之义

一卦能推吉凶，六爻可分祸福。凡占家宅先观神鬼之机，欲问人烟须究旺象之象。

父为屋宇之基，财是灶厨之所，父入墓家多疾病之人，财临空宅有产亡之鬼。旺相宅新，休囚宅旧。兄弟为门，更怕日辰冲损；子孙为器，最忧月破加临。子孙逢金旺便言镜必光明，福值木衰可见秤无星两。金鬼休囚香炉破损，木鬼旺相神像无伤。父母安静祖先神安宁，官鬼爻兴家宅人丁不稳。父入土爻旺相丰稔田园，日冲木父休囚破损桌凳，父临丘墓家冢为殃，木动坎宫桥梁作疑，木临朱雀箧藏契券为殃。木临青龙家有舟车往返，官伏土中砾砖不利，鬼藏木下棺椁为妖，更将一例推占，顺着六爻分究，鬼临初位暗兴，宅有伏尸古煞。官遇六爻暗动，匠工作弊为殃，巽宫木动当生溢颈之人，坎卦水兴必出投河之鬼，离宫水动烫烧死，但遇火鬼火烫伤，官临土旺断言土府抢攘，鬼值木兴树神作疑，鬼入坤来定有坟茔之崇。官临艮上必逢狱禁之魂，鬼附螣蛇生怪梦，官临朱雀惹闲非，贵人官当生拔萃之儿郎，劫杀鬼须虑穿凿之盗贼，鬼克兄门当破损，官衰世宅有多灾，财龙旺相必是润屋之家，妻虎休囚定是枯茅之舍，财旺初爻鸡鹅作畜，妻衰外象豕畜多亏，天乙财爻定出缙绅之子，咸池妻位应生娼妓之人，子临二位乃知犬吠生人，福值坎爻定有猫衔耗鼠，兄是门墙土壤，弟为口舌邻房，交重土弟休囚必定墙壁坍塌，发动木兄死废定还门户歪斜，又兼月建克冲断为破户，喜见日辰生助，定是新门，兄临月建坎宫，增支坑厕，弟在水爻浴位必砌浴缸，间兄发动克冲邻家嫉妒，兄弟扶持身世，朋友忻谐，兄克金财妻有病，弟临火应友多非，劫临兄动谨备贼徒，空值弟兴定分门户，六爻无水沟渠塞，一卦无金鼎镬伤，木位兴隆多树木，火爻旺相足人烟，日克火爻当生眼疾。日冲坎位定主耳聋，日克木财床塌损，日冲木弟柱梁伤，若问何方须详爻象，要知何处定察墓爻，但值两妻之火两处烟厨，或临二父之离二家屋宇，不然二姓更同居，须把六神分仔细。

三、六亲临地支之义

凡占家宅，须细察五行。木合父爻变申酉，瓦檐草脊。金生母位逢福德，玉砌雕栏。间坐寅卯衰又克，窗栏横斜，应临亥子木相逢，池桥出入。主象无伤且喜来占有庆，忌爻有制须知见险无虞。六爻安静则门庭清吉，五行俱全则宅眷安宁，鬼墓临身常有阴人伏枕，日辰生世每多喜事临门，最怕岁君克世身，一年不利，尤嫌鬼杀逢发动合宅多灾，世受克冲家主终遭患难，财逢刑冲克害妻奴必见灾危，阴鬼主阴司之病症，阳鬼为户役之官非，金则凶丧水须失脱，巳午忧火烛之虚惊。土木恐田桑之欠熟，若出二爻烫火中切宜仔细，如加六位栋梁下须慎，崩摧壁压墙倾，却被土冲，兄克蛇伤虎咬，皆因巳害寅刑。遭壬午之官乘马难逃跌仆，遇戊寅之鬼行船必被风波，官爻藏伏财耗而冢墓荒芜，妻位杀官家中每逃亡奴婢，动出子孙胎当有阴人妊子，助成门户鬼须防横祸临门，福应生身且喜添人口，土财合世定知广置田园，世值动妻屋不卖则双亲有损，世临空福身无伤而小口有灾。财鬼生合喜庆婚姻。兄弟两见刑冲灾连眷属。鬼在门头日日驳驳杂杂，官居宅上时时唧唧哝哝，无路则不宜远出，无宅则利往他乡。财化财爻遇玄武须防剪绺，阴合阴位加官杀切忌贪花。子卯夫妻日下当遭反目，辰戌兄弟月中定见稼墙。印绶合官扶世仕途亨通，妻财化福持身贵人淹滞。若问血财当详血肖，遇吉则长养无疑，逢凶则猬穰有损，更兼制化方究就里之精微，能达变通了谈人间之祸福。

四、六神与六亲临爻位的综合判断

六冲六合离不开五行，识别微方可细推生克。

初爻是井切忌临勾陈，临青龙则泉水生香，临白虎则干枯坍塌，临朱雀一双井在宅。勾陈填没无寻，腾蛇主怪异深藏，玄武有器皿埋没，欲知枯井年深，须察子孙久远。

二爻是灶切忌遭冲克，子孙发动主灶不利家丁，官鬼发动定害阴人小口，兄弟动则重立灶基，父母兴则灶将坍塌，朱雀临爻必主阴人哭灶，腾蛇临爻定然釜甑虚鸣，玄武主偷锅盗釜，白虎主破损东厨，勾陈定见虚惊，朱雀多招口舌。

三爻为门四为户，细看冲刑断吉凶。子孙发动门临绿水青山，爻值青龙户对初楼耸阁，父母临宅近街衢市井，伏连官鬼定邻古墓神坛，勾陈发动必多破损，朱雀兴隆定主倒装，要知伐闾侯门，须看青龙兴旺，欲识铁石庭户，细察腾蛇临位兴。五为道路怕犯六神，朱雀持世南方远路冲门，玄武克身，此地有水犯宅宇，青龙喜异地来龙，白虎怕西南走动，勾陈遇鬼，家中有路可行人，玄武来冲，宅内有桥通大路，腾蛇若值飞爻沟壑必生灾咎，六是梁栋切忌空亡，子孙发动必主画栋雕梁，父母兴隆定是松楠杂木，财动则换旧更新，兄兴定帮梁接柱，土父空亡墙壁坍塌，木官冲克接斗断梁。

五、卦爻的旺、衰、动、静之义

迁居先以动爻求，动爻旺相决无忧。初爻旺相乡村吉，二爻旺相好居州，三爻市井四爻城镇，五爻京师住最优。上爻好向山林住，龙扶子动大吉利。白虎为头休乱动，腾蛇缠足莫狂谋。朱雀交重防口舌，玄武迁移被贼偷，朱雀又临官鬼位，官司口舌有来由，若要克世兼持世，病遭危困讼遭因。六爻安静休搬动，乱动移居又不周，外克内兮应克世，旧宅不如新宅利。内克外兮世克应，迁徙不如居旧地。世应相生内外和，守旧迁居总如意，若要内外俱衰败，守又灾危搬又殃，此是命途多错败，何须怒恨费商量，鬼化子孙移富贵，财爻化鬼住安康。

移居须忌交重，世值空亡不可逢，卦入墓中难起离，若逢动处路头通。内休外旺移终吉，内旺外休行必凶。内外若然俱有气，纵横去住任西东。

迁徙先将父母推，财兴克父必生灾，子孙发动须兴旺，兄鬼交重祸患来。

第六节　六神断阳宅

一、六神临地支之义

财逢死绝之乡，儿孙冷淡；世值空亡之兆，家计荒凉；腾蛇官鬼动，子孙家人自缢；玄武爻兴，利于子息；妇女风流，咸池与白虎同居；呼朋好饮，天乙与青龙共位；足智多仁，火兴为宅屋之旁；土动乃园林之侧，宅临巳午；非窑灶则近于厨堂，木值空亡；因斧斤遂败于古墓，绝临金位；师巫寺观之旁，鬼在火乡；社庙神坛之所，不见人多恶疾，须知女落风尘，虎伴交重，乃是重丧之杀；龙居金位，名为进宝之乡。勾陈带土而进益于田园，青龙持世乃新修之宅。

凡卦数推之于阳阴，更加细看，世为宅而言祸福，应为人而定吉凶。青龙爻动而近日新修，白虎爻兴而经年破漏。旺相者则资财进益，休囚者则仓库空亏，宜视衰旺以明吉凶。父母子孙俱旺，老者安，少者康。腾蛇、白虎安静灾不生祸不作，午为马、丑为牛、酉为鸡、亥为猪、戌为犬、巳为蛇、吉神生旺、每岁增添；爻值空亡连年退损，巳午火为之汤火，申酉为之刀砧；水烫火灾，子午爻动；鸡鸣犬吠，酉戌鬼临；天喜贵临内卦，后堂新修；破碎空临外象，正屋琅当。竹木园林寅卯同断，池塘穴坎亥子同推，玄武为后，左是青龙，朱雀为前，白虎居右，阳阴动静仔细推详，祸福吉凶分明察断。

二、六神临爻位之义

◎青龙

青龙在初爻临官鬼，为天乙贵人，主在仕途上有贵人帮；主祖上有做官之人；若生合世爻者为吉星高照，青龙入宅，主家中常有贵人来；若青龙临财得水木相生，主其妻多才多艺，卦主必沾妻子之光，或其妻家是官贵之家，借妻子之力而当官；青龙临初爻主此宅大吉。若是临蛇爻位之五行为巳午火也主家中大吉。若是爻位为金临蛇，为白蛇入宅或叫白龙入宅，主喜气洋洋，财官两旺；龙星发动与官父生合，主官大，也主朝中有贵人，此为青龙宅，也叫青龙盘根，宅气旺，儿子必大贵。

在二爻主家中妻贵，若临月日而旺，说明此宅内五行大吉，附合格局，也主妻子有官位，而且妻子的官位比宅主人官位大；同时说明妻子会存钱，是个贤慧之人；若青龙在二爻临子孙或财化子，必定生贵子；若是官鬼临青龙发动，家中会好事不断，官位提升进财，有大贵人入门庭，具有耀祖光宗之美名。

在三爻主有搬迁之喜，此宅为财帛通门户，主发财之象，此为青龙临门官自来，也为青龙门，主办事通顺，处处逢贵（只有当青龙临财、官、子孙时才能有此断），也说明父辈上有做大官之人；临木火为文官，临金为武官，临水多指在高科技方面有作为，临土为杂官，若临马星说明父辈是镇守边疆的大官；临子孙爻或财爻为大吉之宅，临官鬼宜旺不宜衰，若衰便是破败之象。

青龙若在下三爻若不见财，是先贫后发之象，主小时候家境贫寒，18岁以后平步青云；青龙星在上三爻若不见财，是先富后贫之象。

在四爻临旺相之爻为大吉之象，若临衰爻为大凶，若逢冲刑，说明门口有反弓路，并且是三叉路，此为刃箭煞，主有伤官、狱灾，也主女人淫荡；若与三爻相克，主房子有一个大门，还有一个小偏门，绕弯进家门；若三爻克四爻是大门对着窗户，主大门前有大路冲着大门，此为长蛇吐信，主房宅为大凶，多指妇女有癌症凶死，若临马星主女人与别的男人私奔或偷人。青龙旺相在四爻是新盖的门楼，但房和墙是旧的，说明门改对了。

在五爻临旺相，说明老房（出生地）是大吉之宅，也说明房子多，兄弟多，爷爷是当官的；若衰弱休囚，说明爷爷辈有权有势，到父辈衰败；若五爻旺临马星动，说明父亲在外有官位，并且是厅级干部，若在五爻合世生世，说明本人是有官位之人，以后可官至厅级以上，但卦象要旺，以应生世为准。若财临青龙旺生三爻白虎，为财官通门户，也称龙虎相望。

在六爻临官鬼是破败之宅，主官灾破财，并主失盗；若临财爻主破财，男测有偏正二妻，女测有一明一暗之两夫；若临兄弟房顶破漏，败财败人丁；若临子孙爻，房子是一边新一边旧；并主女孩多男孩少，有子也不孝；若临父母爻多指残墙破壁，房后有门，金柜无底，主年年破财；主先死父后死母，多死于脑血栓之类的病。

◎朱雀

朱雀在初爻主房宅大吉，若旺相家中出圣贤；若临五爻而旺，主新建之基，若土化土主地基不干净，有尸骨；若临父母爻动，主文上有喜，主长子一贵；若动临水爻为凶象，主家中有牢狱之灾，刀枪之鬼（此为雀投江必自亡）；朱雀在初爻也说明宅基地势高，若受刑冲，月、日、克，当以凶宅断，主无龙脉，败财败人丁，家中兄弟相见如仇。

在二爻而旺，主家中香火旺盛，供神有灵；再一点主房内装修漂亮；若临官鬼而旺，有口舌是非，若刑必有牢灾；若临兄弟，主家中不和，夫妻反目，也说明主卧室的门向不对；若临财在内卦，主妻子能说会道，能当家；若财在外卦，父母在二爻动，主近日内逢贵有进财，也说明卦主在外有情人；若临子孙爻而旺主家中进财，若化库家中必藏有古文物；若是子孙化官鬼合库，家中必有土枪之类，也说明子孙干的是黑社会行当；若申、酉金临之，日、月带水，与卦中寅木合，必有贩毒之患，到冲库时必有牢灾；朱雀在二爻动也说明女人爱说话，若临马星交际广泛朋友多。

在三爻而旺，若临子孙，主此房为文昌之门，利文风出众；若官鬼动与用神生合，与二爻合必有帝王之相；若朱雀临官鬼而旺，主家中门向有误，灶台方位有错，家中易犯官非之事；若兄弟旺犯经济罪，若财旺必是刑事罪，若父旺子衰家中不和。此类现象的出现，是此宅水向或出水口有毛病，或大门下出水，或有反弓水（下水道向西或向北流）；朱雀临门怕见官，见兄弟，见者祸必来，见子孙者宅静平安，若父动官动合用神，一举成名进帝京。

在四爻而旺说明家中客厅宽大漂亮，若被月、日克制说明客厅小，不聚气，败财，女主人有病（多指外邪之病）；临休囚之爻，说明睡床方位铺错方向，主女主人有手术之灾，贫血头昏、流产，或妇科病，也说明神台位摆放有错，不干净；若临官鬼旺，又父动，家中必有升官之喜；若刑冲说明大门与主房门相克，方向不对，卫生间错位，也主家中祖宗阴魂不散，多主女同志血崩，脑神经痛，偏头疼，有时神志错乱胡言乱语。此时应调整床的方位改门向，也主祖坟不安犯黄泉煞。

在五爻临官贵合月、日，主家中有文上之喜，此为官贵逢马星必大贵，若临父母爻，官鬼爻均主大贵之象。最忌兄化兄临朱雀，此主必有大的经济官非。

临六爻又五行木火旺相，主有火灾之患。

◎勾陈

勾陈在初爻临月而旺，说明此宅是新开的地基，若临鬼临父母，均主宅基下有坟地；若是土爻化进神，墙壁是新旧两样砖头，主家中有伤筋动骨之灾；若是金化水，主宅基低洼，阳气不足而阴气沉重，也称青龙折足，主家中小儿有浓血之灾；若木化进神，是残墙破壁主人口不旺，损人丁；若水化水为大吉之宅，主财运好；若逢刑冲，此宅住不长久，或因开发修路等而搬迁；若合月、日为六合宅，也为吉宅，主财运好、官运旺；若火化土、土化火，为绝户之宅，财运不好，也主坟地风水差（坟前有洞之类）主家人患心脏、头疼等病。

在二爻旺，主家中有受刑之人；若临官鬼发动主家中近期有丧事；若衰而不动，主家中人口衰败，（遇此宅赶快搬迁），若二爻临财主妇女病魔缠身或多有凶灾；若临月建相合逢官鬼，内宅不安，家鬼进宅，主家人有病破财，出外办事受阻，遭小人陷害；若临财动克世，身旺之月进财；如若身弱，便以灾气而断，仅防上当受骗和色情勾引；若卦中青龙动，世爻旺相财临勾陈克世，必发大财（多指不义之财）。

在三爻四爻临月日而旺冲克用神，主家中有刑灾，说明门向大凶，应调改门向；若休囚是旧门，是木爻主门破旧，是金爻主门向大凶，伤人口，为四兽张口；若是水火均主家中贫寒破败，祖业靠不上，也主家中有残疾之人；若勾陈旺相会青龙发动，主门向吉祥，家中进财，有做官之人，文上有喜；若勾陈弱受三刑家中有贼人。

在五爻若临官鬼旺相，卦中父母爻动，青龙旺相或临月、日，主家中出状元，有文上之喜，加官进禄；若休囚主房屋破旧，祖宗房和家中神位有毛病，需要及时调理，否则出现狱灾，犯官司，伤撑门；若逢冲克，主房屋内五行不对，也应及时调理或搬迁；勾陈逢财、子孙爻动、兄弟爻旺，主月内进大财；若勾陈旺相玄武动，多指有色情之灾（多指打斗受伤或肾上有病）。

◎腾蛇

腾蛇在初爻临鬼旺相或与月日相合，主此宅大凶。家中出现怪异之事，多出现怪病、车祸之灾（此为蛇地之宅，家中常有蛇）若见此物不可打；特别是逢金水临之，更说明是蛇地；若初爻与月、日动爻相冲克，必主家中有凶死之人；若卦中蛇虎齐动，更说明是大凶之灾；若临官鬼在初爻或库化库，说明此宅有外邪入侵，加蛇有妖仙；若库旺是鬼仙，加外邪，主家中伤年少之人；若临木爻或金爻，龙动文旺子旺，为蛇盘根，青龙挂角，属大吉之宅，主家里出做官之人。

在二爻旺若临官鬼为大凶之象，也主外邪侵宅，蛇作怪，家中不安宁、破财、人口分离，亦有凶死之人；若休囚刑冲克害，主家败人亡，更说明有凶死之人（多指服毒或上吊、车祸、癌症）；蛇在二爻动或旺，多主房屋破旧，阴盛阳衰；若逢冲主女人神经衰弱、血崩、上吊凶死；若二爻为财蛇动与世爻相合，子孙爻旺相或临月、日，此妇必产贵子；若蛇动合世合财，必是在 7 日内进大财；若二爻临官动生世爻，是升官之象，近日必见贵；二爻临蛇冲世克世，均主大凶之象。

在三爻四爻临旺，主家中必有怪异之事，多主梦惊，睡不好觉，遇此需调床为安；若临阴鬼主仙家缠身，若逢阳鬼主神台方向错位，或长期不烧香；在内卦临官鬼主家中奴婢、妻子有病灾，在外卦受冲，防盗贼；蛇临月、日有官司牵连，克世临世，主有凶灾；若与世爻相生，家中必有信佛人；若与月、日相冲克，此门大凶，为绝户门，应调整为安；若四爻冲五爻，说明睡床方位铺错，应及时调改为安。

在五爻旺相临官鬼，易出现车马之伤；若与月、日刑冲克害，均指大凶之象；鬼旺伤死撑门人而且应期快，衰弱主家中衰败有官司缠身，病魔缠身，均主败家之象；若临寅卯木，家中有吊死之人；若是申、酉金，逢冲克主有车祸之灾，若是水、火必是牢狱之灾；若是土爻必有狱灾或死亡之灾；蛇遇虎动是凶上加凶，死男人，女人有病灾，遇到此情况，应拆房重新建，否则家败人亡；只要蛇在五爻动，多主凶死之灾。若临财爻多主破大财又折人口；五爻蛇不动、主在事业上犯小人，与领导相斥，好友反目为仇。

◎白虎

初爻临白虎为大凶之象。主兄弟中老大无后；主伤死少年人；可断头胎流产，另主家中必有一人为武职之官（军队、公安、司法、工商、税务、交通）。

在二爻为白虎坐堂大凶之象。主牢灾、伤灾，老人高血压，心脏病；家中不和睦，主男女偷情外遇。

在三爻主门前有白虎煞，又主宅内门门相对犯一箭穿心煞。主官非之灾，主家中老三不良（偷窃、诈骗、打架进监），妻改嫁，后代无子，主老人心脏病，少妇淫荡，神经衰弱，脾胃不和，有流产现象，流产的孩子也是别人的，这叫血光扑门，也称破败门风。

在四爻主门向大凶，犯白虎大煞，主内外不安宁，外指犯官非，内指口舌是非，破财；虎在四爻主门外有桥梁、铁架、电线杆或大门对别人家的房山、墙角、楼角、柱子、厕所等物，均为大凶之象。必定有外边的女人做过流产、或生孩子没过满月来家串门，破坏了门神，主家中三年败财。

在五爻多指宅内闹鬼神为凶宅，此为白虎坐高柱，也为白虎抬头。主家中伤掌门之人；主车祸，牢灾；主老大或老小心脏有病，脑神经，高血压之类的病；家中必有两处住房，又均为凶宅，也主祖坟在两处，风水不好，家中必有少年坟；家中多指梁有问题，或上梁选错了日子；也主对面邻居做风水影响本宅；主老二必有抱养之子，或有两次婚姻。

在六爻主房顶大凶，多指土方、木材不吉，有旧的东西或阴气太重，或对面有冲煞，或楼角有冲煞，如烟囱，水塔等物；主家中有吊死之人，或落水之人，也主经济犯罪进监而死；家人高血压，脑溢血而死；主家中有女人进监；主偏头痛病、多因外邪引起，是因神堂面前许愿不还愿，或骂神骂鬼等。

六爻为宗庙，主管人丁、财、官的旺衰，等于风水口。与世爻相生合，与内三爻相生合，大吉；冲克哪爻，就主哪爻六亲伤损。测阴宅白虎在六爻好，这叫龙虎相望。

白虎动临子孙在一爻五爻主长子有灾，若在三爻动主次子信佛信道，白虎休囚空绝临初爻、二爻，主此房是远年建造破旧之屋，伤小口，破财败人丁；白虎临年、月、日，临旺相，主悲丧之灾；如子孙爻动在卦中，是悲喜交加；白虎之爻冲克青龙之爻，必有死亡之灾，白虎临五爻、六爻莫妄动，动者人在外易招杀身之祸（此时宜守家门，别外出）。临鬼动女人必遭殃，白虎临兄弟动不论在何位都主宅大凶。

◎玄武

玄武在初爻临兄弟，必有池塘水坑之水浸宅；若金水相生，房内必有水进入；若水化土必是在水坑处建起之宅；若与财爻相生合，主家中妇女不正；若临官鬼，必遭贼人偷窃；若被月、日刑冲，说明此宅来路不明，住不长久；若临父母爻而旺，说明此宅是祖上所留；若临子孙爻旺，说明此宅是自己花钱新买之宅；若玄武动生合世爻，主财源好，但家中出淫荡之人；若冲克世爻必有浓血之灾（如妇科病，男性痔疮等）；玄武水在初爻旺、与四爻生合主房内潮湿，光线不足阴气重。

在二爻被月、日相合，主咸池，说明家中败门风，男不正经，女主红杏出墙，若出现此问题一需调床位，二需重新摆放神位；若玄武在二爻受月、日冲克，说明家中女人有手术之灾，若临子孙爻是剖腹产；若临官鬼爻是男人小腹有手术；若是巳火化土或是巳火化巳火，女主小腹手术或子宫有手术，男主肾衰，糖尿病等；若玄武水旺，与三爻相合，说明院子内有水坑，主破财、偏头痛；若冲克四爻说明有反弓水，主家中有口舌伤灾；若合四爻说明下水道向反方向流，也叫反弓水、也叫黄泉水，主男女淫荡，子孙不正；若二爻冲克三爻房后低洼；若金水相生房后必有池塘。

在三爻四爻动来合世，主房子是长方形不正，若生世是前窄后宽，临官鬼主下贱，主父亲风流，临父母主出生贫寒，临妻财主妻妾下贱淫荡，但宅主人聪明；临兄弟主因女人而破财，女则养小男人；临子孙旺，主儿女聪明，若父母爻旺相必是科学家；若玄武在四爻旺被月合，说明大门下有下水道，或水从大门流出，主破财；若日冲大门，前有水池，水塘、河流，若被日合，门前低洼，有积水，若三爻被月合，门前有厕所，若被日冲门前有水浸宅，房内常进水，均主破财。

在五爻临月、日而旺，主房地风水好，也主祖坟风水好，但五爻财临玄武，另当别论，主女人不正经；若临财合兄弟，主上当受骗而破财；若临财合鬼主妻跟别人私奔；若五爻临玄武冲克六爻说明房顶漏水；若玄武合六爻说明房顶漂亮华丽好看，家有财产，亦有固定资产；若与月、日相冲克，主宅后有下水道，家中易闹鬼神；若生合月、日，二爻生合世爻主灶房在西北角，下水道向西北流，为无情水，主家中掌门人有高血压，心脏病，肺病。

三、六神用法精义

勾陈临父母爻，此房是半边新半边旧；

腾蛇临父母爻，是大屋连小屋；

玄武临父母爻，院内有披搭之房；

白虎临父母爻，房屋缺角而起房（就是后补上去的，墙角搭屋也算。）；

青龙临父，主长形屋；

朱雀临父，大房内有小房。

白虎临父是破损之屋，在初爻伤小口，主小男有脓血之灾；在二爻主家中损财有病灾，多指泌尿妇科病，旺者死人。在三爻主破败之门，主家中阴人多不利，多主流产；白虎在五爻临父，主有车祸之灾，合者、弱者、人有救，冲刑旺必有凶死之灾；白虎在六爻临父母，主家中有邪气入侵主人，主血压高、头痛、头晕，若刑冲，主脑神经有病，旺、冲会突然死亡，多主脑出血，若冲加刑，主进行手术无效而死亡。

白虎临父母在三、五爻时，且是在测学业时，并且不能刑世、冲世、克世，临旺相都好，主长子榜上有名，只有测学业成立。若白虎明动有伤灾，暗动损财，冲用神更凶，有死灾。

腾蛇动在初爻，主地基是荒草湖泊之地；蛇旺主长子有残疾，为偷盗之徒。

腾蛇动在二爻，主家中有邪气，多指外邪入宅，主阴人常做恶梦，妇科有手术之灾，也主家中神台不供香火。

腾蛇动在三爻临父母，旺，主宅为破败之宅，男损妻女改嫁，多指家中突然死人，若三爻与四爻相合旺，定是新盖门楼，休囚为破旧门楼，逢冲主家中无男丁，逢克，损伤阴人。

　　螣蛇在四爻临父母，主家宅卧室有外邪入侵，大门为破财之门，易有刑伤之灾，易出现打官司、牢狱方面的凶事。男主外边有色情方面的事缠身，败财；女主外遇，后定遭凶险之事。

　　螣蛇在五爻临父母，旺或动，主有车祸而亡身，衰在外有凶险之事，逢合能化险为夷，若逢冲刑必死，合财为损财，合父有手术，合子孙有硬伤，合鬼有邪病，合兄有死亡之灾，多指财上。

　　螣蛇在六爻临父母，主门前有小路，多为不吉，若冲四爻合二爻，均为凶象，伤人口，此为长蛇吐信，也主房屋前边高大，主屋低。若蛇临水，屋有龟头之门（此指房大门小且伸出），主伤子孙。

　　玄武在初爻临父母，地基低洼，也主长子婚姻不顺，主偷盗之辈，也主此宅风水不聚气，破财；若临财，主妇败坏门风，临兄主盗，临父主侵占他人地皮，临官地下有坟，临子孙是山野之地。

　　玄武在二爻，主家中主人红杏出墙，在人体上有血液之病，临兄主有痔疮，临鬼主家宅不宁，败财且有大灾；若鬼合月日临旺，主家中妇人有手术之灾，鬼合财化子孙是妇人剖腹产；二爻鬼逢冲旺，有死人之灾，化土也说明此理。

　　玄武在三爻，主院内有积水坑，若临兄弟，门下有出水口，临财为灶房下有出水口，均主破财，若与月日相合主门前有水口，为大凶，易主家中打官司，破财，也主家中有红杏出墙之事，若玄武旺合鬼主伤人，门向大凶；若三爻克二爻是绕弯进家，若三爻合二爻，家中大门边还有小门，人走小门出入，若二爻克三爻是家中门门相对，若四爻克三爻是门对别人的窗口，若三爻克四爻是门前有下水口，前有垃圾堆、尿池等；三爻、四爻相合，主前有开阔地，大吉。

第七节　六亲和六神的综合运用

一、六亲与六神在爻位上的作用

初爻论宅基，鬼动却非宜，宅边有古墓，灾殃损小儿，阳圆阴方地，合方长生基，冲四刑尖削，克破合圆基，克五宅长病，克二宅母危，世爻若值此，两处起根基，有水必有井，明堂有井鬼，白虎同临位，定主有桥头，动化日辰合，暗井掩无泥，初爻父子吉，兄鬼外人基，更若初爻动，塌损有高低，财值身旺地，休囚值不宜，玄武临初位，沟潭不利它，更值腾蛇上，树根穿破基，二爻为宅母，财禄终有吉，杀鬼动交重，宅母防灾厄，值鬼灶跨梁，小口生啾唧，兄在二三爻，坑灶近相逼，玄武合水爻，暗井无人识，玄武入土爻，秽污猪羊室，旺新休旧灶，虚灶脚不实，一卦两重财，二灶烟火出，子孙日辰冲，灶边路不吉，生扶两眼灶，玄武沟潭塞，财爻卦内凶，有灶无厨食，二爻入兴动，此灶会修葺。二爻被金冲，锅破当知识，二爻值空亡，废灶无差失，应若临二爻，外姓人同室，财福坐清高，兄破人无益。

六爻为虚位，永为祖父婆，柱梁墙屋地，篱笆亦是它，身爻值父母，离祖自成家，子孙化官鬼，阴小受灾磨，白虎带鬼旺，灾病及公婆，更值申酉位，六畜不完多，围克并刑害，家中有破锅，朱雀官鬼动，风癫女人磨，此理通无妙，潜心细吟哦。

二、六亲和六神临爻位的综合运用

内卦： 初爻为宅基，二爻为宅舍，三爻为门外；

外卦： 四爻为父母，五爻为兄弟，六爻为妻财。

内卦生外卦为宅生人，吉；

外卦克内卦为宅克人，凶。

合二爻者为门，冲二爻者为路，卦爻内不明见冲合亦是。如《天风姤》卦，二爻辛亥水为宅，寅与亥合，以寅为门；而巳亥相冲，则以巳为路。卦内本无寅巳二爻，不明见。姤卦属金，以寅木为财，巳火为鬼杀，如化财，此亦吉凶相伴之兆。

青龙印绶，官星贵人，太岁天德，月德月建，日辰岁德临宅爻身命爻上，生旺有气，主有官职之家，宜以分别高下，贵人即天乙贵人，官星即甲见辛类是也。

交重青龙，在日辰旬内得长生帝旺，主鼎新创造生旺，在休囚之中，主修旧合新门之象，临财新修旧厨，临父新修旧堂，临兄新修门户，临子新修新舍，临官新修厅堂屋宇。

白虎交衔，在日辰旬内，休囚绝无生旺，主远年迁造破旧不整，休囚在生旺之中，亦主拆旧换新，若临兄旧门户，临子旧墙壁，临官旧屋破损，临父旧堂宇，临财旧厨庭。或破古户牖化空，移高就低池塘填也。

土化金，金化土为开辟基地，化土为坟之基，土化空移高就低余仿此。

父母为文书，逢空为无气，更逢应爻为得日辰动爻化文书，与宅爻相生相合，主是租赁之地。

财鬼龙德贵人兴旺长生之位，临宅身命世爻主一家热闹，交重发动旺亦为美。

生为父，父为堂，官为庭，且如乾卦土为父为堂，火鬼临日辰生父，主更改再换。

比和乃兄弟，应化兄弟俱临宅爻或世应为兄弟俱合宅爻，主一合两扇门。

且如巽卦，辛亥水为宅，以寅合为门，以巳冲为路，日辰与动爻临卯辰二位隔断，寅巳二位主偏门户，曲折还魂路也，宅临之爻在世，世临之爻在日，宅并日辰动爻，主换易宗族之家基地，应临之爻在宅，宅临之爻在应，并日辰动爻易换外人基地。

世爻与日辰同去克宅爻主破祖不宁。

月建相冲为月破，若动克世爻及系古人身命爻，主灾祸不断，若临宅爻月破，即当破家。

应爻飞入宅爻，主有异性人同居合住。

宅爻动临日辰之位，在旬中生世身，必主近年迁住。

三破为年、月、日冲破也，并动爻临宅或克宅主破旧崩颓，临官主厅破，临父主堂屋或盖覆倾颓，临兄主门户破墙壁毁，临子财，主屋舍厢廊灶厨破坏也。

卦体宅爻，在日辰旬之空，更在命旬之空亡，主荒闲虚废或是逃亡死绝之屋，白虎刑刀劫杀耗神，丧门吊客大杀，主大凶。

宅爻与正卦世爻相同，或与变卦世临之爻相同如《明夷》卦，二爻己丑为宅，世临四爻发动为世临外宅。又如离卦，己丑为宅，外卦世在辛丑，亦为世临外宅。以上二卦为例，余仿此，动则离祖移居，不动则主偏宅。

应爻为宅或爻为应临之爻相同，且如巽卦变离卦，内卦辛亥水为宅，变卦应居己亥水，故为应。入中庭，应临宅爻为应爻相同，如剥卦内坤应临二爻乙巳火，又如离卦变巽，辛亥临宅之爻，内离己亥临应，为应入中庭，主外人同居，日辰同临，为寄居也。

宅爻为鸳鸯合玄武，门庭桃花动爻主女人淫欲，如花街柳巷人也。寅午戌兔从卯里出之类，腾蛇木爻死气临宅，主瓮牖绳枢之地。

且如木命人，占乾兑卦，以火为官木能生火，为鬼有助，若卦体无水爻，为鬼无制，主人衰弱，卦无子孙，财爻两动，亦为鬼有助。而无制也。若金命人助离宫水鬼，水命人助坤宫木鬼，火命人助坎宫土鬼类。

岁、月、日三破不临宅爻，更逢三传动爻生宅爻，与财爻旺相有气，为宅兴财旺。

有财则生鬼，无鬼不聚财，若无鬼爻，为宅无气必主家中财物耗散。

鬼不宜动，财不可无。若鬼动无财爻更克世身克宅爻，主连生灾咎。

有人制鬼，鬼动无妨。且如木命人占得坎卦，以土为鬼，木命人克土鬼杀如或化木鬼，虽重而无害，金命人则制坤艮宫木鬼，但以本命克鬼为制，乃无害也。

以金命人占得乾卦，以火为鬼，以木为财，木能生火，火能克金，有财为助官伤身，纵然财多何益。况鬼动财兴金在何益。

忌鬼爻变乃克身之鬼，并白虎交重发动，值丧门吊客，主人眷灾殃。

鬼动克身命为催尸杀动，逢死气为黄泉路，鬼克身命逢死气，忌身命爻冲开墓门，一冲一合日辰动爻合，墓为墓门开合，凡卦中必见墓爻，若暗墓一冲一合，便是如甲子生人，甲子日卜是也。

木金年命人，占得乾兑卦以火为鬼爻，木生火爻为鬼，能助火克金，为杀伤身，但木年生鬼，助鬼克而伤身，金爻木命皆然，木命忌巽宫鬼，水命忌坎宫鬼也。

水火命人，占得震巽卦，以金为鬼，金能生水，火能克金，故水火命人，不怕二宫之鬼也。

玉堂乃天乙贵人，官星乃甲见辛为官，印乃三传之印绶应爻之数。若有官有贵人有禄有印绶并太岁生身命，登金门而步玉堂之人，身命受制主先宠后辱，亲月建外郡官，亲日辰县宰官，有印无禄、有官无俸、有官无印、有禄无羊刃，日辰子孙动，主官有剥削之失，日辰并财爻动，主迁跃升职之变。

贵人刃羊刃飞刃三刑，贵人同得吉星要辅，刃如三刑临贵人之位，受太岁之生，旁爻有马，乃提兵将帅也。

日辰三合得财爻，而留无上选取子孙，为无禄盖财生鬼财，为正选无财，则无正选子孙制鬼，若财化鬼不利仕官公门之人。

官带印贵人临世，并日辰旬中发动，在仕途必然有迁转之喜兆也。

子命临五爻之位，临父母之身，相生相合，主有跨灶之风，相克相刑主悖逆不孝，不能克绍基裘之业，父母之命爻临子孙爻之身，主子承父业，临生合刑克依此断之，万无一失。

妻命临夫身五爻之上，与夫相生相合，得内助能家之妇，若妻克夫爻，主妻凌夫或破夫家也。

弟身爻起临兄之命爻，或兄身爻起临弟之命爻，若相刑相克，主不友不恭，若相生相合，主兄弟怡怡如也。

二为媳妇之命爻，临姑之身爻，相刑相冲，主凌尊上悖逆不孝，相生相合主顺妇道也。

夫家破耗二杀所临之位，妻身命爻犯之，克夫身命爻，主破夫家也。

禄乃甲禄在寅，食乃甲食丙之类，如甲子生妻禄在寅，夫身命临之，遇食禄，顺食不逢空鬼破耗等杀，更值生旺有气者，主夫食妻禄，若逢枭神羊刃空鬼耗破杀，虽食妻禄亦无用也。

妻身命爻起临兄弟之爻发动伤身命，或夫临兄弟爻克妻之身命，主琴弦再续也。

内外子孙发动并日辰生身世之财爻，无空破冲克多招财物，有气必有不期而会也。

世为日辰飞入宅，鹊据鸠巢也。

如乾之艮卦，内甲寅木爻为宅，外卦丙寅爻持世发动或并日辰与鬼爻飞入宅爻，主他人之屋不是祖居自创之屋，或租赁之宅，假如大过卦巽辛亥为宅，外兑丁亥持世，世发动是也。

应临父母居偏下之爻，占者身爻临之得本爻生之，或即动生子身命，主偏生庶出，或隔胎之子，前后父母生之身命俱临父母重拜双亲。

如晋卦己酉金持世，假如乙未应隔申字之遁卦，壬申金应真兄弟，假如晋卦之遁卦，外离为假子何也？离己酉金假弟，遁卦外有乾卦壬申持世，是真兄弟。假如姤之明夷卦为隔异之间，并日辰应有亲兄弟，或日月建动爻隔断亦依此断，后卦应隔兄弟，明夷卦应隔兄弟也，余皆仿此。

应爻飞入宅与妻身命相生相合，主招外人入舍为夫。

假如子孙带占身命或日辰是假宫飞来，伏在身命爻下，主为人异性过房之子，带日辰旬空真宫飞来，主过人家之子，飞动应爻过房与人也。

妻命带子孙动临夫位日辰，主妻引子嫁人是也。

夫身爻起临妻命爻，或夫命爻动临妻身爻动并日辰为之将身嫁妇也。

子孙同我生之爻，在日辰命旬之空，主见子迟，若胎绝主孤害刑克也。

夫身爻起处合妻之命爻，见妻必早，妻身爻起合夫之命爻，妇嫁必早。

夫合之爻妻合之爻见鬼，主婚姻不明，但有合爻见鬼也。

子孙逢死绝爻，更受刑伤克害，主子多不育。

夫身爻并日辰动刑妻命，主夫不和妻；妻身爻并日辰动刑夫命，主妻不和夫，或妻命冲夫身，夫命冲妻身，主夫妻反目，如《风天小畜》九三爻是也，兄带日辰克弟身命爻，弟带日辰克兄身命爻，主兄弟不和互相凌虐。

身爻起合与日辰动爻同位，两生命者，主双胎同年之子，或双项是也。身临世命临应，或命临世身临应，是身命两临世应，主有两姓。

上有父母，不堪财爻发动，更兼父母值丧门吊客爻主有克害之患。

妻爻动克夫命，主克夫，并日辰又与应相合，主妻再嫁，若带咸池与应爻相合并日辰劫刑刃等杀，克夫身命爻，主妻与外人谋杀夫主，临交爻未来之事。

妻身命临夫家刑杀之爻，更逢克处两财，主夫克两妻，并日辰合傍爻之财，主再娶。夫并日辰动爻带劫刃刑杀等杀伤妻命爻，主遭夫毒手也。

妻身命爻与应爻相合，咸池玄武桃花主妻有外情，夫并日辰克妻与应爻，主获妻奸夫。并世花应三合之爻，主从良为娼，应自外宫来主远方人，应自内宫来近亲之人，世爻动带鬼隔断为家人间阻，应爻动带鬼隔断，为外人间阻其情。

男身爻起临女命爻，女身爻起临男命爻，谓互尊卑失序，主有淫乱事，若夫妻互相合，主先奸后娶据理而详可也。

如财临青龙，水木有气，夫命临之更有气，主得妻财多，命带玄武财爻有暗来妻财，如辛丑日得恒观卦是也。

身命带玄武桃花主贪酒色，男则拈红缀绿，妇则叶人牵惹。

为世应财爻三合，妻爻更逢两鬼合身命，主有偏正之夫。

妻身命爻值鬼爻，与世应并日辰动破合，重重相冲，与财两合，或妻命爻与世应动爻相冲或日辰相冲，主是生离之妇也。

世应在日辰旬中隔断妻爻，或与夫爻相隔，在日辰外逢冲，主是外部之人，夫隔妻爻，妻动在游魂世应之外，主他州之人。

男与财爻相近俱在本宫或卦中，主婚姻近处就中，合见子孙主因亲致亲，或故亲为媒。

身伤命家日家逢死气，若日辰动爻并杀，倘克身命主有死亡之祸。

命爻带鬼入墓，怕身爻带杀，或受制最不吉之兆。

刑无刃不能伤人，刃无刑祸亦不大，若刑刃两全带杀克身伤官，主犯官符刑宪事，玄武伤劫贼图财致命之事，世并日辰动爻克应带杀，主伤他人，应并日辰动爻带杀克世，主他人杀我。为官，掌生死之权，名扬夷夏，渔猎技艺之人，祸当灭没。否则癃残疾之人，若龙德发动则凶中有吉之象。

日家应家，白虎即胎神，月破、白虎、六神、白虎太岁、白虎命家、白虎即日神白虎化白虎重重临宅克身，主刑克伏制之事，若带鬼杀重重并，丧吊凶神，举家遭祸死亡。十有八九，若卦中龙德动主喜事至则稍轻，是悲喜相伴之兆。

贴身鬼带破碎杀，主有破相之疾，乾主头面小肠，喘急、咳嗽之疾，坎主两耳肾之疾，艮主背胁手指之疾，震主下部腰足痛之疾，巽主两股两腿头发气血之疾；离主眼目心经之疾，坤主肠间脾胃之疾，兑主齿口及唇之疾，余仿此。

三传，太岁月建日建，带杀鬼持世，身命主宅丁人眷灾危。

劫亡两贼伤身，青草坟头之鬼，身命两空遇杀，黄泉路上之人。

身命逢绝在旬中空亡，亡神劫杀带鬼伤身克命，主有死亡之患。

勾陈伤玄武之身财，女多凶祸，白虎损青龙之官鬼，男忌死亡。

第八节　住宅吉凶总断法

以二爻为用，又以父母为用也。又以父母为堂，官鬼为厅，妻财为仓、灶、厨房，子孙为廊厦、厢房、披屋、道路，兄弟为门户、墙壁，值玄武，水爻为坑厕也。旺相得四直生合带贵马，龙喜德禄财福动者，新创整齐也。休囚空死墓绝胎，逢四直刑冲克害加蛇虎亡劫煞动者，旧居破败也。宅动必伤财也，宅空必见灾也，宅空动其方主绝也，宅旺动重建造也。宅旺相必荣昌也，宅休宜迁也，宅囚人亡也，宅死屋卖也，宅水逢火者发也。木遇土者相资也，火值金者鼎新也，土值木者斜损也。木见木者，楼阁重重也。加木命人占则五门一统也。贵人福德临宅，世代名家也。华盖文昌临宅，当今名宦也。火火无水，贫乏之居也。水水无金，穷寒之舍也。二水二金，宪台霜肃也。一木二土，台阁流芳也。水见火临兄弟，和合之门也。水逢金值父母，雍穆之家也。鬼临宅空动，主有大难也。太岁临宅空动，人口必伤也。白虎临宅空动，人死马倒也。父空，无正堂也。父囚死，堂屋崩颓也。父化父，非有二堂，必楼房也，或拆旧屋起大屋也。父化子，拆旧屋起小屋也。父化财，拆旧屋为厨灶、闺房、仓库也。父化官，改堂为厅也。凶衰，则没人为官房也。父化兄，安门立厕也。父伏子下，偏屋作正屋也。父伏财下，与灶同间也。父下伏兄，两姓合门出入也。父下伏子，从屋高正屋低也。父下伏官，非宦家必住官房也。伏鬼带合，停殡在堂也。父下伏木鬼带火逢空者，草屋也。伏火鬼，逢衰死者，草屋也。火水鬼者，屋下湿漏也。伏土鬼旺相，当檐有教埂。伏鬼逢死墓，下有伏尸也。伏金鬼生旺，有城塔出现。衰，是草舍也。雀在前武在后，龙左虎右，勾居辰戌之方，蛇住丑未之地也。鬼空，无厅也。鬼化鬼，有二厅也。带杀则宅地不祥，夜多怪梦；如刑冲克害身世，主重重灾讼也。鬼化兄，损财招盗也。鬼化父伏父，非官家必官房，或没入官房，或家有病人鬼祟。多招是非口舌。贵官则不妨也。兄化兄，重门相对也，主人口啾唧之灾也。兄化鬼，有官符口舌，损妻妾财帛也。财化财，连廒重灶也。带凶杀，则妻妾不宁、奴隶走失。财化鬼者，亦然也。财化父，居地窄小，口灾也。财化兄，不利财帛也。财化鬼贵，人升级迁也。财世动，主卖屋或毁折房屋克双亲，生鬼祟财物不能停留也。子化子，侧屋多，幼口灾也。子化兄，住居不安也。子化官，幼口损也。又禄马官贵临宅出贵也，财禄福喜临宅发富也，咸池玄武临宅出淫人贱人也。福空华盖临宅出僧道也。虎福加天贼临宅，出不良乞丐也。虎杀加刑害临宅，出凶恶也。龙德福喜临宅，出良善也。雀福动，出看经念佛人也。披头杀加白虎临宅，出疯癫人。木狼杀加蛇鬼临宅，出雉颈人。风波杀带玄武鬼临宅，出溺水人。雷火霹雳杀带雀鬼临宅，出雷击火焚人。金火鬼加天刑，羊刃临宅，出刳头刀伤人也。宅爻临鬼动加伏户，天刑飞廉、病符者，与鬼加众杀动克宅爻者，主出带疾之人也。金动阴爻者，出麻面妇人，足上生毒也。火动阴爻者，出跛足妇女，手中疯气也。阳爻木冲者，手足疯而生怪疾也。阳爻火合者，遍身疤，而鼻内涕流也。金多则露齿无发，土多则囊大口吃也，水多则男女咳嗽，木多则男女疯魔也。木鬼克宅主出疯癫，瘫痪燥痒麻疯也。水鬼克宅主出冷瘟湿气崩淋也，火鬼克宅主出白目癫痛疾也，土鬼克宅主出蛊胀黄肿喘急也。金鬼克宅主出痨瘵瘫痪哑聋喘嗽也。必然宅爻逢绝气者方可断之。但遇日辰动爻生合者，不可概论。宅爻带鬼杀动克世身命爻者，亦然也。欲知何人有疾，但看鬼刑害克冲何位。木爻人与刑害克冲爻，人得病也。若鬼属子属鼠人，子冲午属马人，子克巳属蛇人，子刑卯属兔人是也。

《毕法赋》曰：病符克宅，全家患病。值月之生气者，尤合家病也。值月之死气者，必死也。人口爻带虎鬼动者尤验。定宅向者，以世爻为坐宅，以相冲者为向道也，世前二爻为宅前，世后二爻为宅后。惟归魂卦为往外复内之象，独以二爻初爻为前，四爻五爻为后。如世值子向朝午之例，然惟世爻旺静日辰生扶，则依此断。如世动或日辰冲克，则将世前一爻相生者定向。如世前一爻为寅，向在申也。若前之爻又与世克，则以前为后，以后为前。取持世对冲爻定向道。如世本属子，反言坐午向子也。向以龙德贵喜财福生旺与四直生合之方为吉也，以虎煞亡劫刑刃兄鬼空死墓绝，四直刑害克破之方为凶也。欲知宅前宅后妨犯，凡前后之爻遇日辰带父冲克世爻者，屋宇相妨也。日辰带福冲克世者，旺则道路妨，衰则私灶冷路妨也。日辰带财冲克世爻者，阳则楼屋户女墙乔木妨，阴则厨灶闺房仓库妨也。日辰带兄冲克世者，旺则门户冲，衰则坑厕、檐角冲也。日辰带鬼冲克世者，旺则街坊、厅廊冲，衰则庙社冲也。世下伏鬼坟墓妨也。日带金火鬼冲世者，石敢当相妨也。金鬼遇长生冲克世者，巷牌影射也。金鬼衰墓并，来冲克世者，败社枯基妨也。金鬼受刑冲来克世者，坛馆妨也。金鬼旺动遇日冲并来冲克世者，石冈妨也。火雀鬼遇长生，动来冲克世者，窑灶妨也。玄水鬼遇生旺来冲克世者，瓦流妨也。玄水鬼遇死墓绝胎来冲克世者，枯池竭井妨也。木龙鬼遇长生来冲克世者，松柏妨也。死绝为篁竹带墓，则坟木也。木鬼冲克世者，桥道妨也。生旺则墩埂城角妨也，土鬼旺动冲克世者神庙妨也。衰动冲克世，伏尸古墓妨也。

欲知起造，但震巽官宅爻旺动，与初六爻两木旺动，要构新居也，旺而静则造成矣。欲知起造修改因何，应冲世者为阴阳妨碍也。世旺动者，因富贵营建也。动遇合者，有人阻隔也。静逢冲者，有人吹嘘也。日带父克世，因风雨而修也。世临父逢空，为妻身而起也。金木齐头，修整必速也。木旺金衰者，功已告成也。土金旺动者，鉴井穿池叠砌堆出也；衰动则改门换壁也。金旺木空者，欲兴工而未能。遇日辰生合，其功必成也，遇日辰刑冲，枉劳心力也。若强成，缺损人财。遇太岁冲克者，立见悲惶也。修造兴工，以间爻为匠也。又兄为人工，莫伤财位。则为工本，怕遇绝爻。子旺则酒食丰余，应空则工程迟缓。辰戌兴隆，砖瓦已备。寅卯空伏，料木尚无。土鬼动者灰恶，金爻空者钉缺。世合间生，事未兴而局已备。间爻父冲，料已具而匠休工。福临应则匠巧，兄入应则匠拙。雀必多言，勾终迟钝。遇龙而才高精巧，逢虎而性浊猖狂。玄官防其窃取，蛇鬼虑乎倾颓也。

宅式，乾圆，坤方，艮重，兑缺，离虚，坎实，震长，巽直也。勾加父半边破相之屋，蛇加父牵连之屋，玄加父坡搭之屋，雀加父间口之屋，虎加父破损之屋，龙加父长短之屋。蛇加水父休囚，乃茆檐草合也。虎加父动，有搭角屋也。宅爻土化土，拖前带后也。木化木，横屋重楼也。火化火，屋有龟头也。雀克玄者，前高后低也。龙克虎者，左高右低也。金遇勾生者，中突四低也。龙死虎生者，西高东低也。动衰化旺者，前窄后宽也。土旺木衰者，必平屋也。

宅之大小：但看宅爻旺相逢生气者，财动生合宅爻，或财旺动化父与父爻旺相重重出现者，必大宅也。父衰逢蛇虎者，茅屋。旺相者，带瓦。父旺雀休者，前面黄瓦或草盖也。（逢子北方，丑东北方。余仿此。）

宅之新旧：父爻宅爻旺相新，休囚死旧也，父衰宅旺者半新旧也。爻旺六神衰者，新旧相接也。旺化衰，前新后旧也。衰化旺，前旧后新也。财动化父，折旧换新也。

宅之倾倒：但看父衰而旺动者，主倾倒也。以年月日时克冲之支神定其倾倒之日也。又世爻宅爻父爻逢空破墓绝，宅必倾倒破败。如临财虎动者亦破折房屋也。又父爻、宅爻、世爻三空者，主三迁或逃亡绝户之屋也。

宅近何处：临乾兑宫逢子动者，近庵堂寺观。临金虎鬼者，近屠猎军匠人家。逢虎兄动近赌坊。父动化官近公馆也。

《管公口诀》云：初二爻鬼墓动，屋后有坟。三四爻虎杀墓动，两肋有坟；五六爻土鬼动，开门见坟也。又寅申巳亥坟在四角。子午卯酉坟在四旁。辰戌丑未坟在两胁也。

宅典与人住者，但看内卦父爻宅爻合应爻，或应爻克内卦宅爻父爻，或应居二爻或应爻支神与宅爻支神同者，俱主屋与人住。应带日辰则为寄居也，又应临玄刃虎杀来克宅，住屋人奸恶也。应加龙德福喜生合者，住屋人循良也。

住人宅者，但看宅爻带父逢空，或父不现，或身世与外卦父母爻相合者，供租赁之宅也。得需、颐二卦，主店居也。《管公口诀》曰：土空者，赁屋住也。

离祖过房者，凡世空与世逢冲，或身世临五六爻动，主离祖过房或出远方也。又世临外卦之爻与宅爻同支神者，谓世临外宅，动则离祖分居，静亦主住偏宅也。又《指掌诀》云：住冲六位变祖迁移，两鬼两财，两承宗祀，二父当权，重拜双亲也。分别住宅吉凶者，《管公口诀》曰：金爻动正西，西北、西南皆逃流。东可住，留子孙。水爻空，东北寡，西南孤。西北出烂足，正南可住。火爻动，东方灾困多年，一床快烧。西北两代孤寡。西南逃，东南可住。土爻不空不动，正西难住，主三代老寡，两房幼寡留孙不绝。东北正东可居。木爻动，正东西北东北有子。东南正西主孤，正西不可安床，西南有祸。又曰：木泄无聚，正东难居。木旺有生，正东发福。取天干以合地支五行同以此法推之也。

　　问宅分合者，但宅爻逢合则合，逢冲则分也。兄弟动者分，官鬼动者合。世身静而居库，合住必久。如逢日辰合出，则出祖之命也。世身临兄动亦主分。如逢日辰合进，主前分后合也。若世身遇白虎凶神冲克得日神合出者，必然改故鼎新也。或世身带金木暗动，意欲重新更改，然后分析也。如二爻空亡带煞，分必不利也。衰化生扶，先贫后富也。旺之冲克，先富后贫也。前卦无财后卦有财，分后兴隆也。前卦有财后卦无财，分后萧条也。

　　问宅荫者，但木居外卦，旺动合宅爻父爻者，必有大树庇荫也。如日刑木爻其木方疴。有月建刑克木已斫久。若木鬼带螣蛇光影煞动者，宅旁有枯树为精也。

　　问宅饰者，宅爻天干逢甲为板阁架，乙为板栅，丙丁为彩书，戊己为尘土，庚辛为书饰，壬癸为油漆或屋下水池也。金子动来生合父，或金子动化父者，有玉砌雕栏也。火子动来生合父，屋内必系图书。父下伏鬼，是神佛像也。

　　宅有魔魅者，凡官鬼加虎玄金爻暗动，来刑冲克害父爻、世爻、宅爻者，俱屋有暗算也。鬼初爻暗动在后，金柱也。二爻动在中，栏柱也。三爻动在前，大金柱也。四爻动在前，金柱也。五爻动在前，小金柱也。六爻动在前，步柱也。金鬼铜钱器物，木鬼竹木雕刻物，土鬼砖瓦琢成物或泥土物。水鬼纸画形像，火鬼乃骨物也。鬼加虎乃走兽，须防疾病也。鬼加雀乃飞禽，当虑官非也。蛇多魇梦虚惊也，玄主奸淫窃盗也，勾则田蚕损耗也，龙则胎产成虚也。鬼临月日木刻人形，灾生小口也。鬼若逢冲家人常见，鬼动遇合灾害不成也。宅有伏尸藏物者，但财墓于二爻，有财宝埋藏也。鬼墓于二爻，有伏尸也。子入墓，下埋小儿和尚也。阴财入墓，下埋阴人奴婢也。父入墓，下埋老人衣冠文书也。兄入墓，下有孔窍坑井填筑也。加龙在左，加虎在右，雀前武后，勾中，蛇侧角也。

宅有怪异者，以鬼爻动为用也。孟月三四为怪爻，仲月二五为怪爻，季月初六为怪爻也。凡怪爻加鬼煞持身世动，或带鬼杀动，来刑害冲克身世，或逢财动助鬼来伤身世者，或身世随鬼入墓者，皆主灾患难脱也。怪爻在乾，西北方现也。入艮，东北方现也。入巽，东南方现。入坤，西南方现。离南，坎北，震东，兑西也。鬼爻伏父动，怪在堂也。伏鬼动，怪在厅也。伏财动，怪在厨灶仓库也。伏福动，怪在廊庑厢房也。伏兄动，怪在门户坑厕也。鬼属金，怪从土中出也。属木，怪从水中出也。属水，怪从五金中出也。属火，怪从木中出也。属土，怪从火中出也。如加龙，怪青黑色长嘴微声，有足有尾，善变化也。加雀，怪赤黄色，尖小有嘴口能快飞，或鸟怪也。加勾，怪黄黑色形矮匾，或山魈野魅也。加蛇，怪红黄色，善走动，或蛇与狐狸也。加虎，怪白色，有须无项，或伏尸为祟也。加武，怪黑色活动不定，或獭怪也。

宅进田产者，但土财生合世身，或勾喜生合世身，与勾克世财者，住主进产。旺多衰少，惟空则有名无实也。在外卦他宫来生合，得外家分授之产。内卦本宫来生合，乃自己续置田产也。得于何人六亲定之，得于何方八卦定之。得于何时生旺月日定之。凡勾值太岁动与世克动勾，或财动克勾，或勾临木鬼动。主退卖田产也。要知因何退卖，以六亲六神推之。雀鬼克世因讼退也，虎鬼克世丧葬退也，龙鬼克世婚嫁退也，蛇鬼克世求签信佛退也，玄鬼克世好淫盗退也。又宅爻临土空动者，无田地。动而不空者，有些产存也。

宅得财者，但之宫内卦财动生合身世者，主得至亲财。本宫外卦远亲财，他宫内卦邻里财。他宫外卦远方财。爻财旺多衰少，以五行定其何物，以八卦定其何方，以六亲定其何人。如卦中无财，应上变出财来生合生世者，主不意中得直来之物。

宅嫁娶者，但卦中财鬼二爻同动来生合世爻宅爻者，或卦有财而日辰是鬼相生合，或卦有鬼而日辰是财相生合，或财鬼二爻动变来生合，世爻宅爻皆主婚姻之喜。宅爻世爻逢空则不成也。

宅怀孕者，以胎爻为主也。如乾卦以水为子孙，水胎于午。卦中午爻动或化出午爻者，皆有怀胎之喜也。要知何人受胎，以六亲断之。胎临父母是叔伯母，临财则妻妾婢，临兄则嫂与弟妇姐妹，临子则女与媳，临鬼或鬼化出胎者是鬼胎，主虚喜也。胎爻动生期，目下不动尚迟也。

宅添丁口者，但应临财福生合宅爻世爻者，必进人丁。如世爻动克应上财福，则有通卖人口之事。应临财福空亡者，谋事难成也。

宅遭回禄者，但人宅相冲加烛火，天烛天火，天祸杀或杀带鬼动，持克世爻宅爻，或世爻宅爻持雀火，动化鬼爻或雀动化日辰火鬼，或日辰带雀火鬼冲克世爻宅爻，或日雀与月雀并动，或月雀带鬼遇日辰冲并动者，俱主失火也。要知何处起火，以八卦推其方所。又世则家下，应乃对门。内为本宅，外则乡邻也。又蛇加巳火在二爻或六爻空动者，遭回禄过，不空则十日内有火灾。巳在东南，巳冲亥在西北也。若火鬼暗动来克宅爻世爻身爻者，或六爻无鬼，而动化火鬼刑克宅爻世爻、身爻，或应带雀火鬼杀动来刑克宅身世爻者，俱主双人放火也。如鬼杀不动或空死墓绝胎及水爻旺动持世者，皆无火灾。即鬼杀动而不克宅身世爻者，祈祷可免也。郭雍曰：月破之爻临火杀，岁君冲鬼朱雀发，刑身克宅宅逢空，百计祈攘难解豁。

宅失贼者，但坎宫水鬼动，或兄化鬼、鬼化兄，或玄鬼带天贼杀动或玄下伏鬼暗动，或日辰带玄鬼暗动来伤宅世身者，皆主失贼也。（暗动者尤验，应在对冲之月。）若不伤身世而克宅爻者，私房小伙有失，鬼爻休囚是嬉偷白撞贼也。玄鬼带天盗劫杀旺动来克身世，是大伙盗也。财化财加玄武者，防剪缕贼也，又玄临财动者，但查天贼何月值此爻神，遂以爻神六合之日断其失贼，极验。

宅有官讼者，但雀鬼持克宅爻世爻者，旺则官司，衰亦口舌。父化官官化父或雀鬼冲克三爻四爻（三为门，四为户），不拘阴阳，皆有户役官讼也。雀父动，文书尊长之讼。雀福动，少年僧道之讼。雀财动，阴人钱帛之讼。雀兄动，手足朋友之讼。雀伏鬼化鬼牵连，飞来之讼。雀鬼动化鬼，病讼交加，或一事未了又惹一事也。本宫在家事，外宫他处事。若加太岁，讼必经年。又鬼伏兄下暗动克世身者，必牵连之讼。鬼伏财下临阴爻与用爻相合者，必妇人牵连之讼。临阳爻相合，则财帛牵连之讼也。

宅有琐碎者，但宅爻安静破日辰并起冲起者，在官爻即忧官，在兄爻即有兄弟相识事，在财爻即有阴人钱帛事，在父爻即有尊长文书事，在福爻即有子孙僧道事。又日辰并冲官爻者，子官休渡海，亥鬼莫临河，酉官香醪少饮，丑官牛肉莫餐。午官忌乘螺马，卯官莫上车舆。申休舞剑，未弗牵羊，巳被蛇伤，戌防犬齿，寅当虎噬，辰被龙惊也。

第九节　吉宅与三不遇宅

一、三吉宅

门、主（卧室门）、灶三者合理，即三者连续相生为吉，三吉宅为大吉之宅，不管什么样的命，都可以安居。

如老北京的四合院，主房高大，东偏房高，西偏房低，马鞍门楼要高于房的门，灶房立于震，东西偏房都距门楼五米远或七米远，黑漆大门，红墙边，双扇对称木门，木门比铁门好，铁门一响家中不安宁，所以，木门最好，门上双铜狮头回环。而且基本上都是坐北朝南，即大门开在南面。

如坐东朝西，灶安西南或南（西南最好），因为主房木，南门为火，如把灶安在西北方为水火交战不利。

坐山的五行是什么就是主房的什么，如坐西朝东，那主房为金。把灶安在西南，西南为坤为土，灶为火生土，那这样就形成了，木（主房卯）生火（大门在南方）生土（灶在坤土方），主、门、灶连续相生的大吉格局，此即为三吉之宅。

二、三不遇

三不遇宅，即三个不同情况的大凶之宅，此式凶宅者，不管什么样的命局入居之中，都主大凶，不利居住，搬迁为好。

三不遇凶宅有：

（1）前宽后窄住宅；

（2）前高后低住宅；

（3）形似鸭颈的住宅。出门遇巷口（即出了大门走巷口，巷口内在尽头的房）。

凡三不遇，均主伤人破财信息。主人有筋骨病、胃病、伤灾、牢狱灾；特别是败财败人丁特别严重，主家中后代不入牢房就是伤灾。

玄武临父爻在四爻，主明堂有积水坑或有厕所，衰者为厕，旺者路；冲有心脏病或有手术之灾，若临财暗动说明家中有邪气，妇人常做虚惊之梦；临兄弟休囚，主家中破血财（指流血而破财）。

玄武临五爻父母，主多凶险，主盗，主车祸，主房屋潮湿，六爻临玄武主房子漏水，人体指血压高之类病。

用龙龟调理宅气的操作方法：

① 打开盖，放大米，五枚铜钱，茶叶，调病用，放于财位上；

② 打开盖，放五色杂粮，调财、催财时用，放于财位上。

初爻父母临土化鬼化土，均指房下有坟；初二爻鬼动或鬼库动，主房后有坟；三爻、四爻鬼动入库，主房子两肋有坟；五爻、六爻土鬼动，主开门见坟。

辰、戌、丑、未，坟在两肋。

青龙主桥，一般为窄为长，为土木之桥。

白虎为桥，一般为宽，是石头桥、水泥桥或者为铁桥。

第二章 阳宅卦例

归魂变六冲 主房气不聚

某男于亥日摇卦测阳宅：

	壬午年	酉月	己亥日	（辰巳空）
	《泽雷随》		《兑为泽》	六神
	妻财未土、、应		妻财未土、、应	勾陈
	官鬼酉金、		官鬼酉金、	朱雀
子孙午火	父母亥水、		父母亥水、	青龙
	妻财辰土、、世		妻财丑土、、应	玄武
	兄弟寅木 ×		兄弟卯木、	白虎
	父母子水、		子孙巳火、	腾蛇

摇卦人给的条件是：人已经入住了。

推断：

卦由归魂变六冲。你家屋子头三年还可以，三年后进入衰地，家中破财伤人，有病灾，特别体现在妻身上，父母的身体也不好，子孙不旺相，你自己去年到今年破大财。

寅卯年出现口舌是非，兄弟之间不和，朋友中易犯小人。1998年的三、七、八、九月进财。1999年不顺，犯点口舌。亥卯未合局，上半年很好。变卦六冲，主房气不聚。原因，本来发大财，该拿到大财，却只拿了点小财，男同志肾衰，女同志妇科上有病，脑神经容易出现衰弱，小孩不聪明。他爸爸心脏不好，你母亲的关节与腰间盘这方面有问题。六冲，特别临申、酉年，子孙不上卦无制，房基地不正，也不是长方形，你是南北向口，西北角上稍窄点，总的来说，正方形，西北缺点角，房前高。逢冲，门前为明堂，往南去 5 米以内有开阔地，房西南角下雨时聚水，大概十米远有个放垃圾的地方，也比较脏，房后东北角上也不行，房后是子孙山，有下水道，有个斜叉小路（隔开也不行）对你家有影响，前后冲你家中间，你家是四个屋整套高，远看东高西低，测房五爻临官鬼不好，文昌星不旺，卯木为文昌星是月破，你有两小男孩，一般化，占中等因子孙巳火日破空亡。

看阳宅和正常断法有一定区别，关键是这个财。1998.1999 年为财归库之年，这一年木火旺，就能得财。1998 比 1999 年理想，1998 寅临太岁，1999 年卯临太岁，1998 下半年你有好事，财来通关，这一年应提升一次。你哥运气不好，你妹妹差一点。你是兄弟俩，女在卦中最差，它最后还是不聚气变兑，是七运，2004 年是八运，财是东北源头，那是一个败局。

你一楼到三楼全调才行，特别是一楼，因子孙受制，财神位都没有，即没供财神，楼梯也压门，穿破厅堂，梯口隔开靠后边，你家中的财位已经破了，财神位坐西朝东。你家的财神位在东北角上。1998 年寅与亥合，提出午火，寅午戌合局，午与未合，求财，取外边财为用。

此卦大象不是吉房，此房初爻为房基地，父子化巳，一半水一半火，为水火交战，当然了，初爻为子水者有风水，但化巳火就不吉了。

初爻临蛇不吉，初爻化成水火相战，不利子孙，也就是说卦里头子孙占在休地。五爻官鬼旺无制，官酉化官酉临月而旺，测房宅五爻临官鬼必伤人也，主人口不旺。

再看二爻，是兄弟化卯为破，是卯酉冲月破，那就是说这房子对女人不利，因二爻代表女人和灶房，也主灶不吉。再看三爻辰化丑为退，有辰酉合，三爻为招财门，但化退，丑土出来冲克二爻，所以说他的大门不吉，化丑土出来，主女人姐妹，红杏出墙，男人是口舌是非。

门临玄武必有男女之事，门前坐玄武主门前低洼聚水，三爻临玄武水主门前有水坑或有水沟，他的情况就是，辰化丑是水而非水，所以是暗水。风水学上，院里的水，千万不要从门槛下放水，门底下不能放水，不能有下水道，大忌。门朝南的院里头，出水从门的西边流，大吉；水绕门而过，必大吉。门朝南的下水应从门的西边绕门前而过，这叫接水门，也叫财通门户。门朝东的门，水应往哪里流？应该从门的北边向南，从门口向南流，因为西北水是水的源头，东南为水的长生之地。东南门要讲三合局，三合是大吉之门。

坐什么山，立什么向，院内之水应从门口怎样向外放水。

现以坟墓为例分析收水，如图：

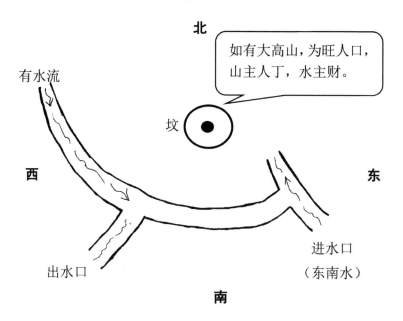

北

如有大高山，为旺人口，山主人丁，水主财。

有水流

坟

西

东

进水口
（东南水）

出水口

南

收东南方面的水，因东南为进水口，阴阳有差别，如看水从哪方出？八个方位就是八个山，八个出水口。

你若懂了收水、放水及水口，在坟地一占就懂，有象诀，还有五黄煞。

如果房屋为子山午向，其西北方位利于种树，增加龙气，房屋地与房屋不同，有两个区别：

房基利西高东低，利于聚财，房子利于东高西低，偏房应先盖东边的东厢房，再盖西偏房，西边厢房要低于东边厢房三寸，东高西低利财上聚，只有阴宅坟地看的是地基，房屋不这样论，东边（左）高了好，西边（右）要低，西高东低为白虎张口伤人，俗语说"宁肯叫青龙高万丈，不叫白虎高一寸"，如这个偏房，是坐北朝南的房，除必盖要先盖东边，因东边为青龙位，又是子孙山，东边不能空，东边不盖房，为不利子孙，有了也没有出息。如偏房坐着在西边，西边为白虎，有了小孩不是入牢房，必是偷盗之徒。

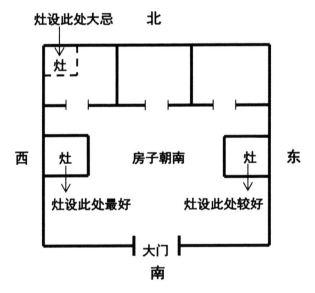

如图：此例是说灶房设在东、南、东南、西方为四吉位，其中正西方为最好，因为其中原理是灶在正西，第一可压煞，第二灶口必须向东，取木生火相生之意，灶房设在东方也可以，灶口向北或向南，第二好。

注意：灶房设在西北房的屋内，此格局叫火烧天门，主伤长门或长子，此房绝不能要。

灶房建在西边，记住这一点，灶房是压煞的。灶口朝生气，即灶口朝东，那就是说灶房门朝东，为大吉方。解决了把灶房安在吉凶方两者之间的矛盾。

如灶在东、东南边为化泄青龙之气，此进灶口要朝北或朝南，如灶口朝西则大凶，一样出事。例如，把液化气的旋钮开关作灶口朝向，向东为灶口朝东。

灶有灶向，门有门向，坟有坟向。

大门和灶，灶门和主房门，五行连续相生为好，相克就不好。

房灶最好的配置：

把灶房建在西边，灶口朝东，木火相生，又用灶来压煞，故为最佳配置，切记！

看房，要知道什么是房的福、禄、寿，这就要看立山，也就是老百姓常讲的房后三个方位，为福、禄、寿三山。

房子坐向：

（1）坐北朝南：东北为子孙福，正北为禄马，西北为寿。

（2）坐西朝东：寿在西南，禄在正西，西北为福山。

（3）坐南朝北：寿在东南，禄在正南，福在西南。

（4）坐东朝西：东南为福，禄在正东，寿在东北，即寅申巳亥四马福；子午卯酉为禄；辰戌丑未为寿。

由以上原理知：坐山为乾，巽为福，即西北对东南。东南为文昌，出文官。西北为文昌，出武官，武职掌权，实权人物。

如下图：

此宅为坐东向西之宅，房后的三山分别为东南福，正东禄，东北为寿。西门正对前方之坟。

小儿出车祸，有伤灾，应在寅卯年，因为此宅的坐山朝向犯冲，

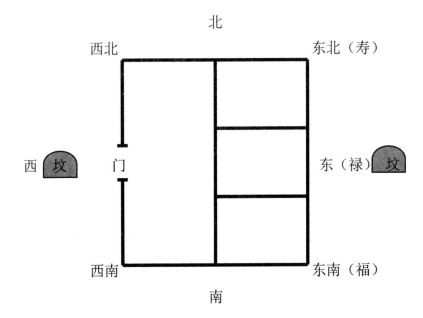

因是坐东朝西的门，因现在是七运。

门前正对坟，为鬼临门，也叫小鬼守门，又叫阳赶阴。

如坟在房后正对者，叫小鬼推车，又叫阴赶阳。

在分析阳宅时，"福、禄、寿"三山很重要。

此宅南北为河岸，屋后福禄寿三山全空，三山宜高，一样不占，主损子、破财，结果儿子死了。

卦象论地基：

宅基，以初爻而定。旺者，基地宽大，休囚基小；临阳爻蛇地基方正，临阴爻蛇是圆形；四库地基缺角；乾卦地基高；坤卦地基低，靠近池塘河流；若是艮卦基下有坟或是庙地；震卦地基高是闹市中心；巽兑主郊区；离卦主地基不远处有烟囱、高压线杆，主家中易有病灾。

十二地支论地基：

初爻子水：地基两头尖中间阔。

亥水：地基弯曲不直，近处有水、河、沟。

寅卯木：说明两家地基相连，多指荒野之地、菜地郊区。

巳火：后大前小（为三角地）。

午火：前大后小棺材地，为大凶之地。

申金：中间宽，风水不好。

酉金：明堂不宽，不开阔。

辰土：地基高。

戌土：地基横。

丑土：是前小后大。

未土：是地基后有弯。

长和横的区别：长往前处，横往两边阔。

刑冲克合论地基：

地基逢刑主高，半圆形。

地基逢冲主缺角。

地基逢生主方正。

地基逢合为圆；逢三合，地基成四方形。

地基逢克一方缺。

地基逢三刑，尖角地，有路冲。

地基逢六合，中央地基大吉。

地基逢六冲，地基在巷口头。

六亲论地基：

若是初爻临父，基是旧房屋基；临兄弟是祖基；临鬼是墓地，若初爻临土化土均是墓地；官鬼逢绝地是绝户地，父化鬼是庙地。

五行、六神论地基：

若是初爻临木，为荒草湖泊之地；若是金是折旧盖新，土化土是低洼填高，龙动主东高，虎动主西边基卖给别人，若父临朱雀基后高。

它爻克初爻论：

二爻克初爻是地基狭小，初爻克二爻是地基不方正，三爻、四爻克初爻是大门边有横路，五爻克初爻有路冲门，六爻克初爻有桥冲房门。

应临兄弟，若是亥子水，北方风水不佳，也主北方邻居有盗贼，若应临火为兄弟，南邻居也不和睦（指自家和邻居），主有口舌是非。

看住宅：

凡测住宅，应以二爻为用。二爻临父母为正房；临官鬼为大厅；临财爻为粮仓、灶房、厨房；临子孙爻为门槛为厢房也为道路；临兄弟爻为门户；临玄武水为坑厕；若二爻临子午卯酉带合，临子孙爻、财爻，为大吉之房，也为新建之房，若临蛇虎加刑冲，为破败之房。

测宅最忌二爻发动，二爻空，二爻破。二爻动必伤财（测一般事二爻动也主不好，主家里头有事情），伤阴人及小口。二爻空亡，主有伤灾，绝男丁，宅主人难过 60 岁，破主家中男盗女娼，有狱灾。

二爻若临水旺，逢火年，家中发财；二爻若临木旺，逢土年家中进财，二爻若临火旺，逢金年家中大发；二爻若临土旺，见水年家中有财。

二爻木化木与五爻相合，家中出文人，二爻木化木，卦中无水是贫人之家，若卦中二爻水化水，又有二金是富户人家。若水见火临兄弟相合，说明主房门好，家中常有贵人出入。水化木临父母旺，家中出才女。

鬼坐二爻主家中大灾大难。鬼在二爻休囚，主鬼在家中阴魂不散，旺者为神，不旺不衰者为仙，临吉神家中吉，临凶神更凶。

若太岁临初爻空动，人口必伤，若虎动人死马倒，鬼在二爻空动，灾祸连起。

父化父必为楼房，是折旧房盖新楼；父化子是折旧房盖偏房；父化财旺者，新盖厨房，衰者，折旧房盖灶房；父化官为改堂改厅，或重新装修；若财衰，伤人伤财；父化兄有偏门，偏门边有厕所。父伏子下偏房作正房，走偏门出入，父伏财下，主房内有灶房或有神位，均为不吉，

朱雀在前，玄武在后，青龙左白虎右，勾陈居辰戌之方，螣蛇在丑未之地。

在卦中无官鬼，正房破旧，无厅堂，若鬼在三爻化鬼是两个厅，若克世爻宅为凶，若三爻鬼化兄为损财招盗，若鬼化父主家中常犯口舌。

兄化兄是门门相对，主家中人口多有呼吸气管之病，兄化官主家中离婚、损财或妻子出走，家中不宁；若财化官，妻子不正，多有情人；若财化父，父合五爻，是妻子与父亲关系不清；子化子屋多，子化兄，家中有两道大门，若子化兄带合，妻子为下贱之人，子化官必伤子。

若财爻持世发动，父爻与月、日合，主房子近期要卖，若财爻化父，父衰空亡，主父母有伤病之灾，妻克双亲。

若三爻为兄弟临白虎，说明宅主在年幼时讨过饭，若与卦中刑冲，说明是黑道中人，坐过大牢。主女人有神经系统之病；若三爻子孙爻动与月日相合，家中有佛堂，有念佛之人；若蛇在三爻临官鬼动，为房屋有披头煞，内五行不合，风水伤子孙，多主车祸、狱灾、死刑；若日、月冲刑三爻，说明外有大路直射家内，为冲天煞，伤掌门，主女人凶死；若与四爻相冲克，主家中儿子遭刀、剑之伤，女的为娼；玄武在初爻与长辈不清，在二爻与本家兄弟不清，在外为娼妓（此处是指在外卦的四、五、六爻）。

屋在下雨时，水往两边流或门口水往外流时往门口两边去的情况，统称披头煞，或高路上的水流到门口时往两边流去也叫披头煞。水不归槽即是水往两边流。

滴泪房（也叫披头煞），指高房上的水流下后滴到低房上或梁柱压在低房上的情况，统称滴泪房。

厢房与主屋之间留有一个巷口，一般距离3米。

东西两厢房距离门墙一般不是5米，就是7米，5米主五子登科，七米主长寿。

如图：

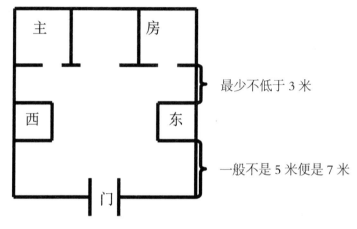

5米主五子登科，7米主长寿。

宅爻（二爻）临鬼动化土与卦中日、月相冲合，说明房内有阴气，主家中有疾病之人，若是火旺主有疤或腿上有病，阳火身上有疮，阴火有手术之伤，主有鼻炎，若是木火相生，有手足之疾，阳爻，木主肝上有炎症，若冲克（被日、月）腿上有病，阴木主肝胆，四肢有疾，金多主房屋露骨，豪华不聚气，主家中主人露齿、无发、贱。如从院门口外一眼便能看到屋的大厅，这也叫露骨。

定向：

以世爻为坐宅，相冲者为向；世爻往上二爻为前，世爻往下二爻为后，要参考初爻和三爻，四爻而定向，如世动受日、月冲克，将选世爻的前一爻相生的爻为向（此处相生指这个前一爻必生世爻），若前一爻均与世爻相克反看，以上爻为后，以下爻为前，取以世下一爻相冲之爻为向，如世爻前爻为寅向在申。

日辰临兄弟冲克世爻，旺者为路，衰者为厕，或有楼射门；日辰临财生鬼，多主门前有大路，衰者，有小路冲门；世下伏鬼，说明卧室下有坟地，若金鬼冲克世爻者，有巷口冲射主房；若世后二爻临水，房后低洼临白虎，房后有桥，旺桥大，衰桥小；若四爻、五爻临虎，说明房前有桥，桥为白虎，主家中有伤残血光。

以下宅式为坐南朝北：

（1）如此宅屋后有大马路冲，易腰痛，腿痛。（如图一）

（2）前面有路射家门，主女的有凶灾，所谓凶灾就是突然死亡。（如图二）

化解方法：用毛笔沾鸡血在一块石砖上描写一遍"泰山石敢当"，埋在路冲之口，有字一面对着路，露出一截，可化此灾。

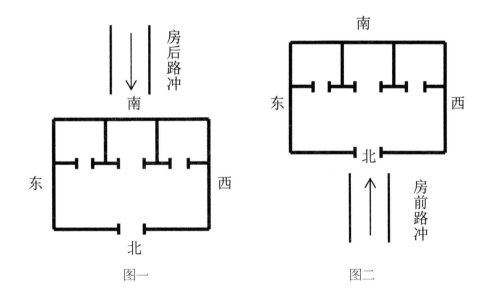

图一　　　　　　　　　　图二

（3）西边有水犯桃花水，为败局。（如图三）

（4）东边有水为吉。（如图四）

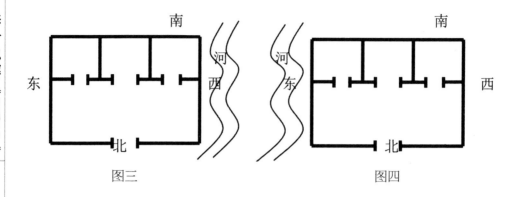

图三　　　　　　　　　　图四

（5）如这房后有一条河大凶，因屋后三山"福、禄、寿"全空，房后不能低洼。造房要依山造房，指房后有山有靠。（如图五）

化解方法：

房后栽树是一种解法。一般栽杨树比较好，不能栽桑树、枣树。第二个方法，在房后两头弄两个石碑（青石），必须长方形，埋在地下，刚好看不见顶部为佳。

此例中的宅式：为坐南向北之宅，其它宅室都同理。

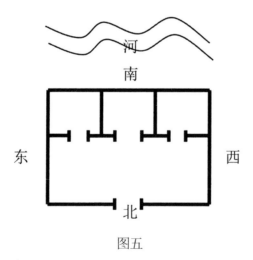

图五

（6）如果门口有反弓路，主家中大凶。（如图六）

（7）如果门口有路环抱，为路抱水吉。（如图七）

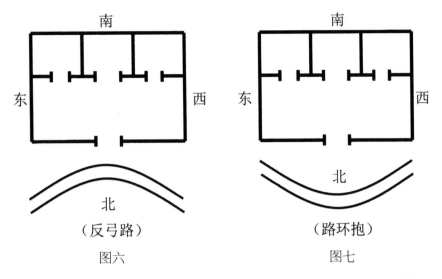

（反弓路）

图六

（路环抱）

图七

（8）如果有桥头直冲家中大门，大凶，主出祸灾。（如图八）此化解制煞之法一般用火攻。

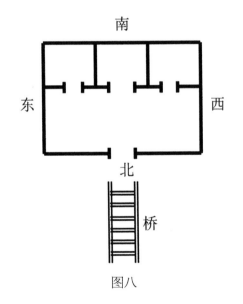

图八

宅式：

　　乾—圆　　艮—重（指有前院）　离—虚（指中间没房）

　　坤—方　　兑—缺（指缺角）　　坎—实（指中间高犯冲天煞）

　　震—主长　巽—主直（就是横）

　　如房子的前后左右有大桥都不好，主伤人的（只要是桥都算，立交桥、高架桥都算，一般百米之内都见效）。特别是桥头冲门冲宅最为厉害，主破财、血光、脑神经，都主这些。

火烧白虎头：

　　不吉利的阳宅风水，应于化解。化解此煞之法名叫：火烧白虎头。

　　一般在大门前处做比较好一些。并且要在晚上 12 点时做法。

　　在离门口五米处，拿来四个大碗，每个碗内装满 45—65 度之间的高度酒，每个碗中放五个青石子、七个硬币、五个铜币、五根桃木，跟筷子一样粗即可，没有桃木可用吃饭的筷子代替，有一虎口长，每个碗里再各放五盒火柴。然后把四个大碗摆在子、午、卯、酉四个方位，再取一个吃饭的碗在门槛上摔碎，取出 20 块，每个碗中放五块。然再把红公鸡的血滴在每个碗里头，最后点燃。待早上五点时睡觉起来，把那四个碗全部摔碎，把那只红公鸡扔在桥头上，让别人捡去。地上的钱，谁想捡谁就捡，最后把那一堆破烂扔在十字路口，完成了"火烧白虎头"。化解完毕。

108 阵法

不吉利的阳宅风水

某女士来我处问测其父母婚姻和父亲的病情：

庚辰年　　甲申月　　丙辰日　　（子丑空）

《离为火》	《艮为山》	六神
兄弟巳火、世	父母寅木、世	青龙
子孙未土、、	官鬼子水、、	玄武
妻财酉金○	子孙戌土、、	白虎
官鬼亥水、应	妻财申金、应	腾蛇
子孙丑土、、	兄弟午火、、	勾陈
父母卯木○	子孙辰土、、	朱雀

立卦后略加审视，当即断了十点，无一不验。

推断1：婚姻不顺，是离婚之象。父母经常吵架，母亲脾气暴躁，而离婚是父亲找母亲闹事的。

反馈：真有那么回事。

分析：测婚姻卦逢六冲变六冲，冲者散也。巳火临上六爻持世，自化寅木回头生，火旺。六爻世位主母位，火在离卦，离宫火旺相。火主燥，断其母脾气不好。应爻官鬼为母之夫（父亲），官鬼得令，又化回头生，父入日辰之库和母入变爻戌土之墓，戌土为燥土，辰土为湿土，一库一墓还是当旺断，同时父得近临之爻酉金动而相生，说明是其父找其母闹事，世应相冲克有离婚之象。

推断2：父亲脑神经和心脏有病。

反馈：没差。

分析：卦中既定上六爻为母，为巳火，那么克母者为官，为父为水，定父爻为亥水，在内卦，初爻为足，六爻为首，寅申巳亥全，寅巳申三刑，巳亥相冲，先看头部必有病。巳火化寅木月破，应冲，寅卯木皆伤，金木相战脑神经有病。再看酉金位于四爻，代表心肺。为什么不断肺病而断心脏病？是因为金主肺，火主心。此卦金旺，火休，酉金动化入水、火二库，血液（水库）阻塞不畅，心脏必有病。而肺上无病，是由于酉金临月旺合辰得生，肺上之疾可排除。

推断3：住宅门朝西南，门口有铁类东西，比较高。

反馈：门口有一铁架子，跟塔似的。

分析：三爻门户四为房，而在断阳宅风水时，世为坐基，应为案，此卦三爻亥水应爻为案，门前有水，门朝西南是因亥水化申金回头生，门朝西南，水从坤方直流西北，坤宅坤方流水至乾位，不利父（乾为父），犯劫煞，也不利婚姻，且门前有高大建筑物直向为箭，横架为闩，皆主不吉。酉金动化回头生，土旺，金旺，旺者为高，恰在门的白虎方，白虎抬头可就是犯煞，这一铁塔桥和戌位之高给家宅带来不安宁了。

推断4：房子的北边、西北、东南、东北都是坟地。

反馈：听说原来这里全是坟地。

分析：官鬼子水代表北方，亥水代表西北方，辰为水之库代表东南，艮卦代表东北乃鬼之墓，艮为坟墓。再结合日、月、岁看，岁辰、日辰皆是水之库，子、亥两鬼同入水库之墓，四爻酉金化出戌土为火之墓，子孙四墓同入岁、日万物之墓，主卦为离，离为火，又有火化之意，辰日占卦见六墓重围，四面楚歌房宅算是大凶之象了。

推断5：房下原来有一少年坟，没有处理好。

反馈：不太清楚。

分析：前面讲到辰日占得离变艮，子孙六重，官鬼见子孙重围，落艮宫艮卦。初爻父母卯木发动化辰土子孙，初爻为房基，父母为房屋，化出子孙爻辰土坐艮宫之下，艮为鬼门，艮为少男，故断少年坟墓。

推断6：你家住在一楼。

反馈：不错！

分析：上六爻化出父母寅木在艮宫，寅木父母代表房屋，寅主高，艮主高坡，六爻位主高，故断是高楼。初爻父母卯木发动，化辰土，初爻为基，为底层，所以说住的是一楼。

推断7：东南和东北角有一条水沟。

反馈：对，卦上能看出？

分析：上六爻巳火化寅木回头生，巳为东南，其形似蛇，是河流沟壑，巳火生未土，未土生酉金，酉金生亥水，酉为西，亥水西北，火、土、金、水连续相生，亥水又得月建相生，水旺是河流，东北方同样有水，丑土为堤岸，也有河沟之意；三方有水必有灾，其灾应发在卯、辰、巳年。三方有水是指从南到西汇于西北亥位，从东北丑位到亥位又集于西水，三方被水包围。水本意为财，益为财，恶为灾，东南、南、西南、北四位之水多为八煞水，操作时如果收水不好便成了浩荡之水，反主凶。有关风水之理将在今后函面授中逐步公开。

推断8：家宅的东边邻居家男人死了，第二个妻生了两个男孩，前妻离婚（指死者）。

反馈：哎呀！神了，街坊家的人也看出来啦。

分析：初爻为前邻，二爻为左（东）邻，三爻为右（西）邻，四爻为后邻，邻居的定位要看变爻。二爻化出午火，子午相冲，官鬼在五爻代表丈夫，三爻为房为家，二爻化出之午火代表家里人，屋里人指妻子。官鬼坐在艮宫临白虎又入日令之库，申子辰合局被日、月合去，入艮宫，艮为坟墓，命入黄泉。主变卦中都有两子孙爻，互冲都在艮宫，艮为少男，故为二男孩。子孙的原神是兄弟午火，故定二子均为午火所生。变卦中有财爻，财乃官鬼之婚配。但现在财爻为官鬼亥水化出，此财生助亥水而不生助子水，且《艮为山》为六冲之卦，主婚姻不顺，故断已与前妻离婚。第二婚又生了两个男孩。

推断9：父亲的脑神经和心脏之病是从1995年开始患发的，卦主似乎有点不解其理。

便问道：何以见得？（他也懂得六爻预测）

分析：九五年流年乙亥，官鬼亥水临太岁而旺，自化申金生身，冲克巳火，同时化出申金直冲上六爻寅木，巳火为心脏，

风水用品：抱珠龙

寅木为头，心脏、头脑两病迭起，其理真切无讹。

此卦本来问测父母亲身体和婚姻，测出了阳宅外五行的全部实况，形象真切，被测者心服口服。并问"能化解吗？"我告诉她，象这样的小毛病，我可以免费帮助化解不收任何费用，手到病除。时隔六日，占测者邀请我登门调理，化凶避灾，我出于对人负责，为民排忧解难，对阳宅风水进行了部分调解，很快喜见成效，全家人感激万分。

卦爻断阳宅似亲临其境

刘先生摇卦测阳宅：

	丁卯月	丁丑日	（申酉空）
	《天泽履》	《雷泽归妹》	六神
	兄弟戌土○	兄弟戌土、、应	青龙
妻财子水	子孙申金○世	子孙申金、、	玄武
	父母午火、	父母午火、	白虎
	兄弟丑土、、	兄弟丑土、、世	腾蛇
	官鬼卯木、应	官鬼卯木、	勾陈
	父母巳火、	父母巳火、	朱雀

推断:

1. 此地皮不是在市里,是郊区的一个镇子,为东南方位。

2. 你买的地皮是准备盖坐北朝南的房屋,也就是说门向朝南。这种门向不吉利,应改为坤门大吉。

3. 你买的地皮左右两边有两条小路,此为二蛇起雾,也叫红蛇吐信,主凶。

4. 在地皮偏西南边约 6 米远处,有条大路是东南方向,路南是条大河,大河从东朝西,稍偏西南。

5. 地皮东北角有排水沟,朝东南方位而流,主不利子孙(因东北又为子孙山有沟为空)。

6. 东北方是一个大坟场,东方有坟,东南方位有坟,而且西南方有坟,所买的房基下也有坟,主凶。

7. 你在地皮偏西北角盖好三间楼房,主对你家不好,有二根挑檐木直射你的房屋不利,会导致人口不宁(为白虎煞)。

反馈: 李老师你真是铁口神断,测的全对,就好象到跟前看过一样,太神奇啦!

分析:

1. 初爻父母巳火化巳火代表房基地,乾卦代表城市,乾为金在二月里,金处休囚之地,所以不是城市。为何断是一个小城镇且座落在郊区?因宅爻在下,乾卦在上,相距较远,所以断定是小城镇座落在郊区。父巳火化巳火,主东南方位,故断地皮在镇子的东南方位。

2. 四爻为大门,是午火化午火,故断是准备盖坐北朝南的房子。门向不吉利,应改为坤门,是因为子孙爻申金动化子孙申金,朝南对人口有克,又不利子孙。申在坤,门朝西南,申金旺可制鬼,所以门朝西南才会大吉大利。

3. 冲者为路,二爻卯木与酉相冲,故断右边有路,五爻申金与寅相冲,故断左边有小路,三爻丑土化丑土,也说明有路,四爻午火化午火，坐乾震两宫也说明左右二方有路，因左三右四之故，因临蛇，故断为小路而不是大路。左右有路为二蛇起雾，所以断是大凶之宅。

4. 上六爻兄弟戌土化戌土，临日动与月相合，临青龙，所以是条大路，偏西南是戌动与卯合，与午火半合之故。

5. 兄弟丑土化丑土，丑土坐兑卦之上，兑为泽，有水塘水沟，丑中有癸水，丑为东北方位，正说明东北方位有一条水沟。丑土临蛇，也说明是小水沟之象。因丑土在此地皮的东北角，所以此沟是向东而流。主子孙不利，因东北又为子孙山，有河、有沟又为空，所以对子孙不利。

6. 因本卦是艮卦，艮为鬼门为坟场，故断东北方是大坟场，东边有坟是因为鬼为卯寅二木之故，东南方位有坟，是鬼卯木化卯木之故。西南方位有坟是鬼库在坤，坤在西南，所以断西南有坟地。房基下有坟，是二爻坐官鬼，二爻为房屋，所以断房基下也有古坟（此宅须化解方可住人，否则大凶）。

7. 四爻临父母午火化父母爻午火，得月生而旺是房子盖成之象，午火坐在乾宫，乾主西北方位，火原宫是离，离主三数，所以断西北方位已盖好三间房子。父母爻在四爻，主高，所以是楼房。

乾主天主圆，化震木，所以有二根挑檐木射向你家房屋，四爻临白虎为大煞伤害人口，故主家人不宁，也为大凶之灾。

测完后，我给他改成坤门，又给他化解，使此房转凶变吉，居住平安。

风水用品：铜鸡

把握动中玄机　是断准卦的关键

某人摇卦测阳宅：

辛未月	戊子日	（午未空）
《雷泽归妹》	《雷水解》	六神
父母戌土、、应	父母戌土、、	朱雀
兄弟申金、、	兄弟申金、、	青龙
官鬼午火、	官鬼午火、	玄武
父母丑土、、世	官鬼午火、、	白虎
妻财卯木、	父母辰土、	螣蛇
官鬼巳火〇	妻财寅木、、	勾陈

我看卦后，明断如下八点：

推断：

1. 你的住宅地势低洼，前高后低，东南方位有井并有存水。

2. 是二进院，西南有门，东南有大门。

3. 宅的西北、西南、东南、门前房下有老坟。

4. 院东南，西南位有蛇。

5. 门前有水沟，有垃圾、脏土或粪坑。

6. 伙房在东南位，那里有个大烟囱。

7. 此房为凶宅，容易出现伤灾病灾。1998 年你家中有车祸发生；2002 年丈夫有生死大灾；2003 年家中破财，事业有变动；今年财运不好，尽管你辛苦奔波，挣点钱也存不下。

8. 你头上有病，心脏发慌没有底气。腰疼腿酸；肠胃不好。

以上所断卦主当场一一应对准确，并体会到了八卦的神奇。下面我逐一说明一下断卦的思路，并重点指出卦中隐藏的玄机。

分析：

1. 内卦为宅，兑变坎，兑、坎为低洼水泽之地，故断住宅地势低洼，又外卦为人，震化震，世在内应在外，同时又朱雀临之，所以断是前高后低；阳宅地势低洼湿气重，对人口、事业不利，前高后低，犯冲天煞，败财，败人丁。辰土居二爻在坎宫，所以断东南方有井或水坑存水。

2. 官鬼化官鬼，父母化父母是二进院的信息标志。同时是有门楼也叫穿堂门。兄弟为门楼申金与三爻相呼应。所以断西南位有门。三爻为门丑土暗动，直入辰土之库，三爻为世爻为人为门，直奔东南，所以以东南位有大门。大门者，辰土为万库之库也。

这就是笔者讲的较为隐藏的玄机。如果单纯地死抠规则三门四户，兄弟为门，就很难断出东南有大门。如果掐住这个脉搏，从动中找玄机，灵活运用，又把宅拟人化，形象化，具体化，就可以推断出东南有门。

3. 官鬼在宅中为阴气，入西北戌库，被西南未土合住，又暗动在四爻午火，明动在初爻巳火，所以说宅的西北、西南、东南、门前房下有老坟，准确无误。

4. 巳火临官鬼明动在东南，化回头生化回头刑，卯木临腾蛇入未土之库，所以断西南、东南方位有蛇。东南方有蛇好理解，西南方有蛇不好理解，西南有蛇者，是因卯木为花柳细长之物，形似蛇，又临腾蛇，所以为蛇，木库在未，未为西南，所以西南方位有蛇。

5. 三爻为门临丑土，丑中有癸水，丑与子合，丑土暗动入辰库，所以断门前有向东南方位的水沟。丑土为脏土是我经验之谈，其准无比。入辰库为低洼形似粪坑，脏土之类。

6. 戌为火库居六爻临朱雀，在震宫木火通明，形似烟囱，但戌土动冲辰土入库。所以烟囱不在西北而在东南。有人说戌土是静爻怎会冲辰土呢？我说是动爻做何解？卦书有：辰、戌、丑、未为四冲，冲者为动，所以看似静实为动，这就是玄机所在，这也才有烟囱在东南位之断。

7. 外卦官鬼化官鬼，兄弟化兄弟清楚地表明家中易出现伤灾病灾。同时又五爻克二爻，内外卦相克，都表明宅相大凶。

1998年寅木与五爻相冲克，卦中寅、申、巳刑，五爻为路为车，外卦为震，震主车青龙主车，所以断有车祸发生。

2002年午火为岁君，旺而无制，又官鬼化官鬼，卦中已显示的信息是官鬼日破化空破入戌墓，这里讲旺者入库衰者入墓，为大凶之象。丈夫有生死大灾。实际上，此年丈夫在车祸中丧生。

2003年未土之年与世爻相冲，又丑未戌刑，父母爻是事业，世爻为自己被冲有变动，太岁冲世一年运气难伸，父母爻旺必是耗财辛苦。

今年2004年兄弟申金临值，子孙爻又不上卦，财爻没有救应，受克破财难免，所以财运不济。

8. 六爻为头，三刑正旺，临朱雀故断头晕发涨；火空入库，心脏发闷，发慌够不着底，此为心头火之断；土主脾胃，犯三刑，必是脾胃不好；三爻为腰为腹临白虎为病，又受月冲，所以腰上有病；二爻为腿，卯木居之受兑金之克，又化辰土为湿地，所以断腿酸疼之感。

楼房吉凶　尽显卦中

某人摇卦测楼房吉凶：

壬午年	庚戌月	己未日	（子丑空）
《艮为山》	《地山谦》		六神
官鬼寅木○世	子孙酉金、、		勾陈
妻财子水、、	妻财亥水、、世		朱雀
兄弟戌土、、	兄弟丑土、、		青龙
子孙申金、应	子孙申金、		玄武
父母午火、、	父母午火、、应		白虎
兄弟辰土、、	兄弟辰土、、		腾蛇

推断：

1. 此房不在市中心，是在市中心的东北方。

2. 方向坐东北向西南，向吉可居。

3. 在施工中有一男子伤亡。

4. 楼北方有干水沟，西北方有大湖，东北方亦有干水沟。

5. 西北方有条大道，东南方有小公路。

6. 地下是坟地开发，坟墓四周均有。

7. 此楼于1996年开基而建。

8. 楼高22层。

9. 外装修是金黄色，此楼向吉利。

反馈：

李老师你说的非常对。其中我有部分不知道。此房是在市郊，是市中心的东北方，西南朝向，干水沟、水沟、大湖的方位断得准确。此楼确实是1996年基建，22层，外装金黄色。楼外的大道、公路正如你说，但坟地、施工事故我不清楚。

分析：

1.主变卦为艮、坤，艮为山，坤为地，故主市郊；艮为东北，故为市中心的东北方。

2.世坐艮卦艮宫为寅爻，艮寅为东北，变卦化坤卦，故楼房坐东北向西南。

八卦凸镜

3.艮为楼，上爻临鬼动带勾陈入日墓，鬼为男性，上爻为高处，动爻为施工，化回头克表示不小心，临勾陈入墓为死伤之灾。

4.子为北，丑为东北，子丑空亡指干流水沟。五爻子水空化亥水，亥为西北为湖，表示西北方有沼池湖泊。

5.戌是西北方，纳乾卦为天为大道，青龙为大路，指西北方有公路；初爻辰土临螣蛇，蛇为小路，辰为东南，即表示东南方有小路。

6.上艮下艮，又化坤，艮坤为鬼门为坟地，表示地下四周是坟地。

7.建楼房要花费资金，卦中子财空亡，1996年丙子填实之故。

8.艮为高楼，上艮七数，下艮七数，化坤八数，合得二十二，即表示二十二层楼。

9.艮宫化兑宫，艮土为黄色，兑金为金色，合指金黄色，卦宫为外表，即表示外装修是金黄色。应为楼向，临福神孙爻旺气，表示楼向吉利。

六爻断阳宅风水

李先生摇卦测阳宅风水：

戊寅年　癸亥月　癸酉日　（戌亥空）

《水地比》　　　　　　　　　　六神

妻财子水、、应　　　　　　　白虎

兄弟戌土、　　　　　　　　　腾蛇

子孙申金、、　　　　　　　　勾陈

官鬼卯木、、世　　　　　　　朱雀

父母巳火、、　　　　　　　　青龙

兄弟未土、、　　　　　　　　玄武

推断：

1.李先生所住之房是新盖的二层三间楼房。

反馈：对呀！去年盖的，你还真是挺神的。

2.你家门向东南方位。下水道向西方流水。

反馈：对。就是向西流水。

3.你家房西边有一条大路，房子的东南方位也有一条路，同时还有一条河。

反馈：一点都不错。

4.厨房坐西向东，主房门对着窗口。

反馈：对。

5.你家房子的西南方位有坟，房基下有坟。

反馈：这我还真不太知道，听人家说好象有坟地。

6.东北方位五米远，有个高大的铁东西。

反馈：东北边有一变压器。

7. 你家楼房顶部漏水，北墙角漏水。

反馈： 盖房的时候防水没做好，一下雨就漏，太讨厌啦。

8. 你本人从事文职工作，头一胎是个女孩。

反馈： 没错的。我是教师，头胎是女儿。

9. 你妻子是个很能干的人，能说会道，长得很漂亮，是单眼皮，瓜子脸，身高 1.60 米是个吃官饭的人。

反馈： 我妻子是在法院工作，长相说的很对，身高 1.61 米。

10. 此宅利官利财利子，但阴气较重，女人易得病。

反馈： 这几年家里还是挺好的，就是妻子总睡觉不稳，心脏也不好。

分析：

1. 世爻为坐基，卯木持世得寅年太岁帮扶月生日冲为暗动，又与日建初爻成亥卯未三合局而旺，所断房子是近年新建。世爻卯木坐坤宫，应爻为案山，坐坎宫，木、土、水相比，水低、土高、木高，卯木坐高土之上，所断是楼房。二层三间者是二爻为父母为室，世爻卯木居三爻坐下父母，又卯巳相生，月建亥水，初爻未土，与世爻卯木三合而生宅爻父母，所以是二层三间楼房。

2. 三爻为门向，卯木坐之，门向为东，二爻巳火为房得亥卯未木局旺生，巳为东南，世爻卯木生二爻巳火，木火相生，人从门出入之象，所断门向东南。玄武为下水道，未土居之，坐坤宫主西南，又五爻戌土空而居之，坐坎为水为低，戌为西北，空不挡水，综合而断水向西方流。

3. 五爻为路，戌土居之临腾蛇，弯曲之象，故房西边有一条路，冲二爻者为路，亥戌同居一宫，所以是房西北有一条路，青龙为路临巳火，为东南，所以房子东南方有一条路，东南又有水库临青龙，有河象，所以东南方位有一条大河。

4. 戌为火库为厨房，卯木生之，戌为西北，卯为东，所断坐西向东。三爻卯木为主房门二爻巳火为窗口，卯巳相生为相对，所以是主房门对着窗口。

5. 官鬼卯木坐坤宫为西南，初爻为房基，鬼墓居之，所以是西南和房基底下有坟。

6. 申金得日建之帮扶为旺居坎宫，为水低金高，又得五爻戌土之生，戌为火库，金为金属铁器之物，所以是在北方有一个高大的铁东西。

7. 六爻为房顶，月拱日生为旺，又临白虎，说明房顶防水出现问题，而漏水。因子水为北，又坐坎宫，所以是北墙角漏水。

8. 世爻卯木坐坤宫，坤主文，所以是做文职工作的。头一胎是女孩子，是二爻为腹，又是卯木之子孙，阴爻阴位，又坐坤为女。

9. 子水为世爻之妻，月拱日生，坐坎为旺极，所以是很能干的人。子水为桃花，所以是个貌美之人，坎宫为子水，水主肾，肾气通目，子水为单，亥水为双，所断是单眼皮。身高 1.60 米，水的五行河洛数为 1.6，相加 1.60。应爻子水为妻，临白虎有武将之风，得子孙申金之生，子孙代表公、检、法、司，所以是公门之人，做法院工作。

10. 官鬼临门世得应生，与五爻合，临朱雀，家中必出做官之人。官鬼是护财之神，又应爻为财来生，财又得月帮日生为旺，所断利财。子孙申金得日帮五爻戌土贴生，又与二爻巳火相合，临青龙，所以是利子孙。《比》卦五阴一阳，阴盛阳衰，又房下坐鬼墓，所断阴气重。六爻为头子水旺临白虎，戌土坐下相克，头上有病，休息不好。五爻戌土火库，巳火受冲为破，所以妻子心脏不好。

内外五行测阳宅

测阳宅：

庚辰年　　　己卯月　　　丙寅日　　　（戌亥空）

《地火明夷》	《地风升》	六神
父母酉金、、	父母酉金、、	青龙
兄弟亥水、、	兄弟亥水、、	玄武
官鬼丑土、、世	官鬼丑土、、世	白虎
兄弟亥水、	父母酉金、	腾蛇
官鬼丑土 ×	兄弟亥水、	勾陈
子孙卯木〇 应	官鬼丑土、、应	朱雀

推断：

1. 从房屋的外五行来看，东南方位有臭水沟，离房子较近。东南方为文昌青龙位，气场改变为青龙折足，向水化泄，主家中破财。特别逢木旺之年，破财更惨。同时还主子女学习成绩不好，在学业上难以成功。

反馈： 我的住房东南方位确有一条臭水沟。这二年连续破财，儿子学习成绩不好。

分析： 房子东南方有河沟：是二爻官鬼丑土发动化亥水，又坐下巽宫，巽主东南，丑中有癸水化亥水代表水沟之意。

2. 房屋的西南方有路冲射房屋，并有一条大河，河水又清又宽又深奔腾不息，水流势凶猛。西南有路射向房宅，叫穿箭煞，主家中人口不宁，有血光之灾。有大河水流势凶猛，为无情水主大凶，不但破财，而且主人口多有病灾。

反馈： 是的，西南方有条大路，对着我的房子冲过来，然后转向正北。西南方离我家50米有条大河，从西北到西南转向东南而去，水流势很急。

分析： 西南方有路冲射房屋，是四爻丑土坐在坤宫。四爻主门外，代表官道，所指为大路，临白虎为白虎探爪，主家中有凶灾；西南方有一条大河，水深且流势凶猛，是五爻亥水化亥水。亥水主大水，临玄武，所以有条大河。水清是六爻酉金生亥水，乃金白水清之意。河深是坤化坤之意。六爻酉金为水的源头，临青龙，有奔腾不息之意。

3. 房宅基东北角有坟地，为阴赶阳，家中阴气太大，主子女有伤灾，主房的主人有阴性之病，医药无效。

反馈： 我这宅基地东北角确实是坟地，距房子有十米远打基的时候还挖出过骸骨。

分析： 房宅基东北角有坟：是初爻动化鬼丑土，二爻鬼丑土也动。丑在艮位，艮指坟地，所以断东北方位有坟地。

4. 从内五行看，你家中的大门与主房屋门和窗相对，房院中间有高大的建筑物，前后房屋低，主家中老人或女同志多有心脏病，高血压；主男同志易有车祸伤灾。

反馈： 我家主房门确实与前大门相对和主房的后窗相对。靠院子西侧起两层两间小楼。南边平房三间，北边平房三间，是中间高两边低。

分析： 主房门与大门相对：是四爻克三爻，主门门相对。门窗相对，是二爻克三爻。门窗相对，此为四兽张口，主家人有车祸伤灾。院中间有高大建筑物，前后房子低，是四爻丑土化丑土，三爻五爻为亥水。三爻亥水主前，五爻亥水主后。中间土主高，两头水主低。二层楼靠西口而建，是丑土坐坤宫，临白虎主西方。此为冲天煞，也为冲心煞，主家人有心脏病，高血压，坤为老母，兑为女子，所以房主母亲和爱人有此类病情。

5. 此房是四室一厅，厅堂小，房内地板潮湿，墙面向外渗水，西北角房顶漏水。皆主家主事业不顺，有官司口舌，破财，有严重的头痛病，女同志有妇科病。

反馈：卧室是四间，厅堂较小，房子地势低，比较潮湿，墙壁向外渗水，阴天下雨天较明显。

分析：此房是四室一厅，厅堂小：因卦中有四个丑土，丑为库，代表卧室；世应之间为厅堂世应相克，克者为小，生者为大。卦中丑土克亥水，故断厅堂比较小。房内潮湿：是二爻代表房屋，丑土动化亥水之故。墙面向外渗水，四爻五爻代表墙壁，四爻丑中有癸水，五爻是亥水化亥水，亥为天门，为西北，所以断房子漏水在西北方位上。

6. 房宅西北角上有厨房和厕所，乾位气场被严重破坏，主父亲不能长寿，先穿父孝。又主家人都有头痛病，耗财较大。

反馈：西北角是有厨房和厕所，靠近房的卫生间房顶漏水已半年了，至今没来得及修理。我母亲心脏不好，血压高，整天头晕。我妻子亦是头痛，吃药不见效，身体隐蔽处长瘤，还没手术。

分析：西北角上有厨房、厕所是丑动化亥水，二爻代表厨房，勾陈代表卫生间，乾位气场严重破坏，亥是乾位，在西北方，乾代表父，乾为金，有厨房是火克金之象，故断先穿父孝。乾为头，也说明家人有头痛之病。金为财，所以耗财较大。

7. 此房为大凶之宅，近几年家中人口有病伤灾耗财，官司之事，且不断。

反馈：我本人从1997年至今不顺，1998年、1999年破大财。1999年因车祸伤左脚，头部；2000年二月翻车，我胸部受轻伤，另还重伤其他三人。目前因赔偿金没解决好，正跟他们打官司。到目前，我在经济上已损失了16万多。我一个女儿1997年死于车祸，1990年父死。李老师真是名不虚传，卦技叫绝，太厉害了。

分析： 此房为大凶之宅，是官鬼在二爻，说明家中不安宁，人有病招灾。二爻发动克五爻，五爻代表人，说明此宅克人对人口不利。四爻代表大门，是官鬼化官鬼临白虎，说明此门庭主凶灾伤灾。朱雀在一爻发动，家中官非口舌不断。三爻为主房门，临兄弟，是破财之门。子孙爻动虽可能制鬼，但子孙爻动化鬼，又冲克六爻酉金，所以断此宅人口患头痛病，伤子孙耗财，有伤灾，官司口舌不断。

8.综合内外五行总论：母亲患有高血压，心脏病，头晕，头痛；父亲是早逝之象；妻子血压低缺氧，供血不足，头痛，有严重的妇科病。

反馈： 本人亦患偏头痛之病，头部有过伤灾，应在1998年或1999年，且在腿有伤灾，此二年破大财，2000年二月应有车祸，本人有重伤灾。同时受伤的还有其他三人，此年破财又有官司口舌。

分析： 母亲有高血压，心脏病，头痛病；六爻酉金受月令之冲，坤主母，所以断母亲有头痛之病；五爻代表心脏，亥水化亥水，下边坐官鬼丑土相克，心脏五行为火，是水火相战，故断有心脏病。妻子为财爻午火，伏在三爻亥水之下，水火相战，火旺反克，火攻心，主偏头痛。妻子有妇科病；是二爻官鬼丑土克亥水之故。

本人有偏头痛之病，有伤灾：因明夷卦主伤灾，再一点是六爻与日月相冲克，故主头部有伤，偏头痛。初爻卯木发动克丑土，巽卦的卦像是下边缺，所以断左脚有伤灾。1999年伤腿正是卯木临旺之时，克丑土有力。1998年1999年子孙爻临旺地，应是发财之年，为什么破大财而有灾呢？因子孙爻临太岁而旺克世爻，财爻不上卦，无火通关，世爻受克太重，身弱不胜财，所以此二年破大财。2000年二月有车祸：是父母爻酉金坐在坤宫，临青龙，与月令相冲，

莲花灯

世爻临白虎旺相，是代表车象，受冲克，说明有车祸。初爻子孙发动临朱雀，子孙代表公检法，克世爻，所以有官非口舌，破大财16万多。为什么断他破大财？因官鬼临太岁而旺，卦中官鬼四重，兄弟四重，一片耗克财爻，所以是破大财之象。16万多是坤卦数加离卦数加变卦巽数。1997年女儿死于车祸，是子孙爻动化官鬼丑土之故。1990年死父，是财临太岁而旺克父母爻酉金之故。

家宅吉凶卦中述

某人摇卦测家宅吉凶：

甲申月	癸丑日	（寅卯空）
《山风蛊》	《火风鼎》	六神
兄弟寅木、应	子孙巳火、	白虎
父母子水、、	妻财未土、、应	腾蛇
妻财戌土 ×	官鬼酉金、	勾陈
官鬼酉金、世	官鬼酉金、	朱雀
父母亥水、	父母亥水、世	青龙
妻财丑土、、	妻财丑土、、	玄武

推断：

1. 你是1995年搬家换新房，此后运气一直不好，耗财，有官非口舌，身体出现问题。

反馈：对呀，真对呀，自打换了房搬了家，就一直没得好。李大师你瞧瞧这是咋回事呢？

分析：二爻父母亥水为房子，紧贴世爻身下，化泄世爻之元气，亥水又冲子孙巳火，月建申金又合巳火，财源受损。三爻为门官鬼居之，耗财之门，四爻财爻又化鬼泄，以上都是耗财之因。世爻鬼化鬼临朱雀，四爻财生鬼，月建临鬼，子孙伏藏，鬼无制，必有官非口舌，同时身体有病。

2. 你家房基下不干净，原来有坟地。因此对居住人的身体健康不利，易出现这些倒霉的事，比如官非口舌。

反馈：那我可就不知道了，反正搬了新家就没得好。官司口舌都让我碰上啦。

分析：初爻丑土化丑土，临玄武，丑土乃鬼之墓，故房基下不干净，阴气重，有坟地。对宅中之人的运气有严重损伤。

3. 你住的房子二间大，一间小，一厨一卫在东北方位。

反馈：没错，这你咋知道的？你是不是有特异功能呀？我说：我没有任何特异功能，完全是靠八卦推出来的。

分析：卦中二重父母爻，父母爻代表房间，二爻父母亥水化亥水，临青龙得月生，旺相为大，亥水化亥水就是两间大的。五爻父母子水代表另外一个房间，化回头克，坐下戌土动克之，为一小间。戌土为火库为燥土为厨房，坐艮宫在东北方位。初爻丑土化丑土临玄武，因子丑相合所以丑中有癸水，临玄武为污水脏水，卫生间之象，丑为东北，所以断厨房卫生间在东北方位。

4.1999年和今年你都遇到官非口舌，且破财8000元。今年还要破5000元，官司也打不赢。

反馈：我是在医院药房工作，1999年因工作失误给人抓错了药，病人吃出了毛病，经抢救脱离危险，我赔了他8000块钱。因为他在家养病一年没上班，生活有困难，又把我告上了法庭，让我负担生活费。你说这事还没完了。我花钱找关系，可是钱花了也不顶用。这玩艺可咋整呀！真叫倒霉！

分析：卦中财爻成丑未戌三刑之势，又财动化官鬼，均为破财之象。1999年己卯，兄弟临太岁为旺克妻财戌土，世爻受太岁冲，主一年难伸。官鬼动也耗财，卯木河洛数为3.8，临太岁旺相取8数，因应爻兄弟空破休囚而财爻发动，综合判断取8000元。今年辰土太岁引动官鬼酉金而耗财。又因辰土冲四爻戌土，丑未戌同时入库合鬼。土财为5数，最少破财在5000元。官鬼动临朱雀必有官非口舌，父母爻代表文书生应爻寅木，泄世爻之气，状子有利于对方。应爻兄弟寅木旬空日破不受生，又世应相克，信息显示谁说话他也不听，就是要钱，世临官鬼，财动化官，说明世爻找了几个当官的。但财动化官，官生父母，父母在应，所以最后还是打不赢。

5. 你有一个男孩，属猪的，1998年犯头疼病。

反馈：对，是这样。

分析：寅木化子孙巳火，子孙巳火与世爻合，又冲二爻父母亥水，说明是自己的孩子，属猪的。子孙巳火虽在离宫，但居阳爻，离宫为火，但月日休囚不旺，又入艮宫戌土之库生世，综合推断应为男孩。六爻为头寅木填实受月冲，1998年太岁为寅填实受冲，所断犯头疼病。

6. 你本人神经衰弱（因休息不好）患高血压，心脏也不好，腰脊椎骨疼痛。

反馈：对，李大师你说这么多倒霉事给我整的够呛，身体能好得了吗？我这是硬撑着，要不非垮了不行。

分析：六爻为头，逢日冲又构成寅申巳三刑，火主神经，但寅木空破不生巳火，巳火无原神，故脑神经有问题，因休息不好之故。卦中丑未戌三刑，戌土火库为心脏化官鬼为化病，又水在卦中受克，水主血液，故是血流不畅，心脏供血不足，血压高，三爻为腰，官鬼酉金坐之，又化出官鬼酉金，得动爻戌土生，月令帮扶，日生，为旺极。金主骨，所以断腰椎有病。

门向不吉　灾祸不断

某人摇卦测阳宅：

| 甲申年 | 乙亥月 | 癸巳日 | （午未空） |

《山泽损》	《水雷屯》	六神
官鬼寅木〇 应	妻财子水、、	白虎
妻财子水 ×	兄弟戌土、应	螣蛇
兄弟戌土、、	子孙申金、、	勾陈
兄弟丑土、、世	兄弟辰土、、	朱雀
官鬼卯木〇	官鬼寅木、、世	青龙
父母巳火、	妻财子水、	玄武

推断：

1. 你的房屋是水田或池塘垫土为地基起的房子，土质不好，脏。

反馈：对啊，此地基原是村中的一个小池塘，据说村里地势是鲤鱼地，此塘是鲤鱼的眼睛。文革期，生产队填平建猪舍，可能猪尿把土质污染了，开基时还有臭味。这也能看出？

分析：泽在下卦，主沼泽池塘。初爻父母巳火化子水临玄武，故主地基是池塘垫土的地基，而且脏，玄武主水污浊。

2. 你的地基不方正，呈三角形对吧？

反馈：对，房屋周围和别人的地基是构成三角歪斜，实在没有办法。

分析：主卦初爻父母巳火与六爻官鬼寅木相刑，刑者不工整也。

3. 你的房屋外面左前方有一根电线杆。大门外有路直冲着你家的门，房子的西北方有一条路，你的天井水就是朝这个方向流的，这条路弯曲不直。房子的前面，有楼房高过你的房屋，看形势，对你有压迫感。

反馈： 太对了，屋外左方是有根电线杆，农村网改时刚竖的。房前偏左是叔叔起的三层楼房，与其相连的是一座无人居住的老房，很破烂。我的房屋为二层，确实是前面高。

分析： 二爻官鬼卯木临青龙，卯木为电线杆桩牌等煞，青龙为左，故房左边有电线杆。有路冲门是五爻子水克初爻巳火之故。五爻为路，临子水化戌土，也代表水路，子戌在世应之间，又为天井明堂，戌代表西北方，故西北有弯路，水朝这个方向流。路弯是五爻腾蛇之故。世坐兑宫主低，应坐艮宫主高，卦中虎临寅木又动，寅木也主高，丑土低，所以前方楼房高，自己房屋受压。白虎主凶破，临应，也主前方有破屋煞。

4.根据卦中状态显示，该宅已属凶宅，犯曜煞，门向不吉，家中应有凶事发生。于是我跟他讲：这两年一定不顺，有伤灾，病灾，特别是今年，你儿子会有车祸，官非，口舌。

反馈： 对，这两年住进此屋后，没有一年顺过，连年败财。我和妻子身体很差，所挣的钱不够我俩治病的。去年我又患上慢性咽喉炎，吃药至今没见效，反而越来越严重。今年七月份，大儿子带女朋友去赶集，骑摩托车撞了人，打官司。因我儿子违章，故官司输了，破了一大笔钱。儿子的女朋友又伤了手脚。医药费，赔偿费一共花了一万多。直至今日还没有凑够钱给人家，真是倒霉透了。

分析： 此卦为损卦，测卦遇损，心有损伤。卦中龙虎临鬼爻齐动又克世，三爻四爻兄弟丑戌相刑，三爻为门临丑土化辰土，兄化兄，癸未年又

风水用品：**看书关公**

构成辰戌丑未相刑，子孙不上卦，子孙为医药，卦中鬼旺无制，世为卦主本人，故本人有病难治。申金为卦主子孙，伏在世下，今年流年甲申，正好伏出，与六爻官鬼寅木和初爻父母巳火构成冲刑，父母爻又为车辆，寅申巳亥又为马星，卦中刑冲已经构成。二爻卯木临青龙，主喜事，但不该克世，青龙克世主乐中生悲之灾。故其子带女友去玩，遇上车祸，导致官司，破财，伤灾，在所难免。最后我又给他讲，你的祖坟也有问题，因六爻官鬼寅木临白虎发动，又在艮宫，六爻为祖上，发动定主祖坟不安。你回去后查看一下，不然还会有灾出现。

六爻测阳宅

某男摇卦测宅运：

壬午年　子月　乙丑日（戌亥空）

《山水蒙》			六神
	父母寅木	、	玄武
	官鬼子水	、、	白虎
妻财酉金	子孙戌土	、、世	螣蛇
	兄弟午火	、、	勾陈
	子孙辰土	、	朱雀
	父母寅木	、、应	青龙

推断：

子孙爻持世的人一般在21—25岁之间结婚，为早婚。

勾陈兄午火在内卦为多占别人的地皮。

外卦艮代表庙，寅木代表香火，庙地在东南角，因五爻官鬼子水，入子孙辰土之库，鬼代表神象。东北是荒地。

看地基吉不吉，父母寅木得月生临青龙，凡临寅卯木的多数为树木之地。

后高前低，西角稍高一点。因世临戌，水太旺，房基低洼是填起来的，因中间是辰土，湿土为低洼之地。

主房门不好，因兄弟午火临月破，破财门，木门寅午戌会局，颜色褪了。实际为红色大铁门。

主房门往左，往右就好一点。家中有两个出水口。

宅前东西有横路，往东路没有了，无法走了，因五爻为路官鬼子水入二爻辰土之库就没有了。

五爻为门前，子水在艮宫，子水主小弯曲，亥主大水，如在乾震主路之源头。

路中间易积水，土路高低不平，艮主山主高，水主低，所以高低不平。

午火兄弟爻主门不好，是午火入戌库，按定位在艮，寅为东北角，午火在卦中是劫财之神，所以说午火不好，不好的东西入库戌土，戌土为杂土，戌土又为土疙瘩。

世为坐山坐艮，应为向口，但应用时必须以三、四为门，世按常理在下时为顺向，在上时为逆向。

顺向、逆向、反向一定要分清，世坐下卦、坐上卦也是往上看，以三、四爻往上看。

在门口偏斜的地方有垃圾堆。如四爻是申酉金，申酉为石头，可断为山坡。

坐山为房，应爻为向，应爻为地基，为坎，所以不能以向论。

二爻为左邻，三爻为右邻，四爻前邻，初爻为后邻。

门是兄弟午火，世是房坐山，是靠山，应爻是他的基地，坎在子月为大为宽，所以父亲的地基比左边地基大，右邻不怎么样，其单位不景气，运气不好。他儿子在一家单位上班，混不出官位，有一口饭吃而已，明年快要离婚了，初爻为后邻，关系还可以。

东南邻居子孙多，实为一男二女，男大，长男有出息，其他孩子不行，卦主和东南邻居关系不好。

应爻父母寅木在内卦，东南为宅之向口，世爻临四爻为前边的邻居。

看此人弟兄几个，以世爻为用神，因世戌坐艮宫，月上丑土刑戌，戌土坐艮，艮主坟地，艮又主小，戌又主空，应该是兄弟们当中有夭折一个，而且是老小。

再看父母寅木临初爻为父，寅木为老大，在卦中寅木最旺。

一般卦象看兄弟，以与世爻同类者而论。

寅木克戌土，说明哥哥象父亲一样管制弟弟。

其他弟兄三个该怎样区分：

先看老二，以二爻辰土为用辰坐坎宫，辰是五爻官鬼子水之库，最有本领，有名气，名义上的官。

水主聪明，金水相生，代表这个人的才华艺术。

白虎主凶险，艮卦为山为庙，为坟地，二爻克者为财，因此官鬼子水以财而论，三婶看官鬼子水，是一只母老虎，掌握财权。

因子孙爻持世，无工作，但子孙是生财的，应爻为所干之事，初爻临应寅木，得月令生，跟庄稼打交道。

2001年春，父亲与兄弟开车外出时出车祸，受了点皮外伤，破财3000多元。

官鬼家中坐　必定把财破

珠海刘先生代岳父家摇卦测阳宅风水、官司：

壬午年　　壬子月　　丙子日　　（申酉空）

《天地否》	《雷地豫》	六神
父母戌土〇应	父母戌土、、	青龙
兄弟申金〇	兄弟申金、、	玄武
官鬼午火、	官鬼午火、应	白虎
妻财卯木、、世	妻财卯木、、	腾蛇
官鬼巳火、、	官鬼巳火、、	勾陈
子孙子水 父母未土、、	父母未土、、世	朱雀

推断：

地基为坟场，第一个信息是：初父未化父未土，第二个信息是四爻官午火合初爻父未土。

二爻也是鬼化鬼，鬼旺为神、衰为鬼，从月日状态看属衰为鬼。

门前挂官鬼又临白虎，主是非口舌。

应爻为诉状，世爻两鬼夹世不利。

应方有理，父戌土为诉状临青龙又为地皮。有二个小舅子，但没多大能耐，学没上成，伏父下受克，还有一个姑娘。刘先生妻子（就是卦中的姑娘）比他那两个兄弟有本事，在此处取五爻为对象：①阳变阴爻，金生水，申水合局。②兄申化申与日月相合，合到外面去了。

兄申动得父戌土在乾动生，为被委托管事。

因为测宅运，所以取六爻，应所临之父，戌土为父，在乾为父。

测阳宅，六亲全部上卦为好，缺哪一个也不好，月日出现也算。

测阳宅二爻官化官处于休囚主人口衰败，无官。

周易八卦与阵法

宅运：看他孙子、儿子不孝顺，不务正业，盗匪之徒，浪荡公子，只有一个根传世，因巳火有气，午火破而无用，初爻子化父克（如无气就无根苗），凡子不上卦，官鬼在二、三爻出现，最多一个孩子。

初爻父母临土化土均指房下有坟，初、二爻鬼动或鬼库动主房后有坟，三爻、四爻鬼动入库，主房子两肋有坟，五爻、六爻土鬼动主开门见坟。

房子附近有土桥，有河沟，桥在西南，因午与初爻未土合，未在西南，龙也主桥，是主窄长，一般指土木之桥，白虎主桥，主宽，一般指石头桥。六爻父戌土临青龙为小土桥，因父临戌土，此房不聚气，二爻临勾陈坐巳火不旺，为破厨房。

西北角有路，拖到东南角再往东拐，冲二爻巳火的亥子水为西北旺，有大路。路往西南伸，巳申相合，巳为东南，申为西南，五爻路逢刑，冲路不平，破，不好。

子孙伏初爻父未土之下受克，官巳合五爻，兄爻不旺，为无本事，不听话，浪荡公子。

实际上，一个小舅子，离过婚。子水主大，子午冲，应主老大离婚。

断阳宅按飞宫看：一、三、五看子女，五爻为大儿，初爻为小儿，三爻卯木为女儿，卯木主漂亮。

招财金蟾

安错卦宫　测对事情

测阳宅卦：

壬午年	子月	乙卯日	（子丑空）
《火天大有》	《天泽履》	六神	
官鬼巳火、应	父母戌土、	玄武	
父母未土 ×	兄弟申金、世	白虎	
兄弟酉金、	官鬼午火、	螣蛇	
父母辰土○世	父母丑土、、	勾陈	
妻财寅木、	妻财卯木、应	朱雀	
子孙子水、	官鬼巳火、	青龙	

这可真是错卦错断，歪打正着，奥妙无穷。

实际当时排错，按离宫卦排的，但却解对了。

壬午年	子月	乙卯日	（子丑空）
《火天大有》	《天泽履》	六神	
兄弟巳火、应	子孙戌土、	玄武	
子孙未土 ×	妻财申金、世	白虎	
妻财酉金、	兄弟午火、	螣蛇	
子孙辰土○世	子孙丑土、、	勾陈	
父母寅木、	父母卯木、应	朱雀	
官鬼子水、	兄弟巳火、	青龙	

推断：

院太小，房不正，东南门。

乾山巽向（世为坐山，应巳为向），二爻父母临木为楼房。

楼的右边为小路，因临青龙，主窄、主长，宅属吉宅。

门向很好，吉。子孙爻是生财的，又是门外公路。

楼梯口是厕所，丑为厕所。

兑卦是楼梯。

丑与子合主小水，一般论厕所，而辰土不能论。

院里有花树：内二爻寅化卯院里花园；如果二爻之寅卯木与四爻或月、日冲为街心花园（为寅卯木）；四爻与月日相冲（月日临寅卯木为门外花园）。

三爻土化土，为门相对（此论，只有兄弟爻，子孙爻这样论），金化金，木化木，土化土，都主门门相对。

第一门为木门，第二门为铁门。

二爻克三爻，为门门相对。

四爻克三爻，为门对窗。

三爻克四爻是绕弯进门。

三爻合四爻，合者有情，门开对了，财不旺，因财在月日上处死地。

四爻代表主人放床的地方，为床位。

四爻酉化午为化破就不利，特别是对女同志不利。

三爻为主房门。

二爻为灶。

测房六亲全上卦为好，缺一个也不好。

测阳宅主卦或变卦只要带寅卯木，墙外就有花墙或栏杆。

子孙一般为公检司法、军队警察；世临乾兑震卦又子孙持世，一般从事上述职业。

从卦理上推，27岁结婚。

应爻为向口，临兄弟巳火月休日冲为破，进气口窄小，看房整个体形：下三爻为房后，上三爻为房前，应爻代表前边、左边，卦中丑未戌相刑，两室一厅，室大厅小，未为最小，小厅。

世应之间为厅堂，相生者主大，相冲克者为小。

厅房和厨房是连在一起的。

辰库临勾陈又合酉金，凡土临勾陈者为灶房，妻财爻主饮食，说明过厅堂到厨房里面去，酉金为厅堂，说明漂亮。

世辰为杂土库为杂官。

一儿一女都在本地上海。

辰为龙在乾宫有飞机飞腾之象。

年轻时摔伤腿做过小手术。

丑土门封死为好，在此处贴挂山水画或美女图都会好一些（因在财位上，山水主财，美女也主财）。

玻璃门或玻璃后绝对不能坐财神，因财神不能逢空。

官鬼旺无制　破财又招灾

某男电话报数起卦，测阳宅风水：

亥月	癸巳日	（午未空）
《坤为地》	《风地观》	六神
子孙酉金 × 世	官鬼卯木、	白虎
妻财亥水 ×	父母巳火、	螣蛇
兄弟丑土、、	兄弟未土、、世	勾陈
官鬼卯木、、应	官鬼卯木、、	朱雀
父母巳火、、	父母巳火、、	青龙
兄弟未土、、	兄弟未土、、应	玄武

推断：

初爻空亡，根基不好，应爻为风水口，向口临官鬼为卯，此房宅风水格局极坏。

1. 此宅坐北朝南。

2. 房下有长方形的地下室。

3. 房子门窗多，漏气，不聚财。

4. 西北角，卫生脏，主掌门人肝胆有病。

5. 女主人脾胃不好，睡眠不好，子宫瘤。

6. 西北，西南方有路，对家宅有影响力，破财，招口舌。

7. 2000年家中破财，2001年，妻子手术（妇科）。1995年、1996年有提升机会，但落空了。

测阳宅得六冲卦为房屋不聚气。六冲为不吉之象。乱动为冲，冲为无情，世应冲克，为黄泉大煞，主伤人。

8. 他父亲死在1995年，车祸而亡，世在上卦为反向，世为房基；初爻兄未化未为鬼坟，造房时，为坟地。

凡搞事业的人，做官的人，楼下有地下室的，都不要住，主不聚气，宅气不足，无根。

外卦反吟，卦中兄弟爻多，窗子多不聚气，六冲也不聚气。

9. 他妻子有高血压，心脏病。

应爻官卯化卯，代表妇人。

官鬼在月上临长生。

测病怕财动，因子孙被财泄而不制鬼。

五爻亥水化巳，水主血液，巳为心脏，为水火交战。

此卦大凶二点：A. 六冲；B. 鬼太旺无制，子孙休囚。

应爻为巷口，临鬼为破耗财之门，或鬼门了。

巳火爻不论是测六亲卦还是测宅，只要在二爻就有手术。

应爻为对象，二爻又为妻位，巳火又为手术刀，又为妇科，又临月破。

未土为瘤，子宫瘤，从爻位上看，阴盛阳衰。

为什么不是癌症，因为在亥月，巳火无力，如巳午月，未土则为热土为癌症。

实际：子宫长瘤，开刀手术，大出血差点死了，但临青龙吉星高照。

六冲卦的特殊定位：

玄武代表卫生间，六冲论合局，六合论六冲，以库而论看源头。

如玄武临四爻兄丑土，那么巳酉丑合局入丑库，因以库而论，所以厕所为丑。

病在肝胆，因世化官卯，卯木为肝胆，巽也为肝胆，在巽卦也代表肝胆，官卯为病。

二爻和五爻冲克，不能住人。

10. 乙亥年（1995年）父出车祸，是五爻临蛇，指突然暴死，又为父位，95%是车祸；大货车者，坤，大车。实际：因车祸突然死亡，脑浆崩裂。

白虎临六爻动主脑神经痛。

如女人摇这样的卦，五爻为丈夫，外卦反冲伏吟，出外大凶，最好不要出门。

西北方向有路，是巳亥相冲亥为路。

反弓路对着门不好，而且对着房其他部位也不好。

坤方，坤卦主路，丑在坤也为路，西南有路。

2000辰年，兄弟旺收水，坤旺土旺；2001年巳火入卦生兄克财又克财的源神，又冲克财爻，所以破财。

白虎家中动　必定把人伤

某女（45 岁左右）测阳宅：

己酉月	己酉日	（寅卯空）
《风雷益》	《风泽中孚》	六神
兄弟卯木、应	兄弟卯木、	勾陈
子孙巳火、	子孙巳火、	朱雀
妻财未土、、	妻财未土、、世	青龙
官鬼酉金　妻财辰土、、世	妻财丑土、、	玄武
兄弟寅木 ×	兄弟卯木、	白虎
父母子水、	子孙巳火、应	腾蛇

推断：

癸山丁向，坐北朝南。

东边的地基高一些，辰世主高，阳宅上讲，高者为主屋。

世爻合日、月，房左边有水沟，辰化丑为左。

房子前面明堂大，但低洼；世应间为明堂，相生为大；

房后宽前窄（指地基），房后低洼。

有一条小河弯曲不大，在西北角拐弯的地方。

有架桥（不大）在西南。

初爻父子处日月长生之地临蛇又化兑，兑为泽为水。

主房可以，东偏房不行，顶部漏水。

楼上有 8 个房间，隔开而用的。

水沟，越往东南越宽。

此女人丈夫死了，是因肝癌而死。

得癌而死的，一般有两种情况：①属短期的，一查到期了；②长期有病，有段时间了，为绝。

此卦中寅化卯，是肝病渐渐加重之象，又临白虎。如是卯化寅，则是肝病渐渐减轻见好之象。

寅木化卯木是化进，但也是在日月为破，所以也是化破。

辰与日相合，因酉临月、日为丈夫，伏辰下，辰被合起，酉出，化丑为酉金之库，是透出受克而入墓之凶象。实际此女的丈夫是1997年12月丑日死的。

卦主本人有神经衰弱之症。这是因为六爻卯木逢冲，六爻为头，木又主神经，故是神经衰弱。

看阳宅看五行。内卦临蛇、虎、玄武，主房基不好，二爻为东邻临白虎，白虎主高。

注意：两高夹一低的住房格式，叫"二郎担山"。如右图。

此房主家中死人，或出坐牢的，偷盗、不务正业的人。

卦主的阳宅如图所示：

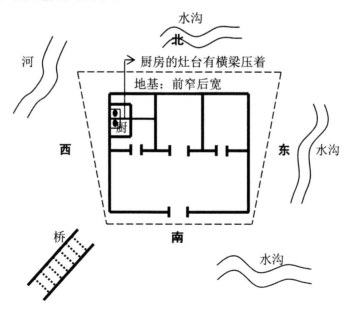

巽卦变巽卦，主肝上有毛病。

大儿子有肝炎，也是肝癌死掉。

午年、午月，因五爻为父为大儿子，二爻寅木与巳相刑又化进化破，厨房顶上有横梁，这个横梁主死丈夫。

看二爻寅木为梁，二爻又为灶，所以主灶上有横梁。

说桥在西南因青龙临未土化未土，又在玄武之上，在水上面所以指桥，因白虎主大，青龙主小，蛇虎齐动主厉害。

此房应属西北，东南向。

1. 蛇、白、玄在内卦爻发动，主家中有死人。

2. 死的是谁？什么病？

3. 看伏神官酉为病为丈夫，伏辰土之下，辰与月、日合，酉金被提出而入变爻丑土之库。

4. 应爻代表丈夫，卯木被月日克，入土之象，坐巽主肝。

5. 二爻寅卯木也主肝，主家中，临白虎动，主死人。

6. 内卦化回头克，为肝受克。

7. 初爻主儿，临父母子水，子水主大，再看五爻，五爻又代表父亲、长子，所以断是大儿子。

8. 白虎主高，临二爻，二爻为西邻，主西邻高。

9. 初爻父母子水代表房后，与二爻丑土合又临勾陈，后边有水沟。

10. 左边有水沟，父辰化丑，丑为水沟，玄武主水。

11. 西南有桥，青龙临未土化未土，青龙主小桥，此桥也叫白虎抬头。

布袋弥勒佛

螣蛇盘宅　家有凶灾

云南的陈先生摇卦测阳宅：

壬午年　子月　戊寅日　（申酉空）

《地风升》　　　　　　　六神

	官鬼酉金、、	朱雀
	父母亥水、、	青龙
子孙午火	妻财丑土、、世	玄武
	官鬼酉金、	白虎
	父母亥水、	螣蛇
	妻财丑土、、应	勾陈

推断：

一卦遇两官两财，女测为男的有女人；男测为女的外面有男人。

1. 此宅空间不大，厅小，两间房。酉生水，父亥水临蛇主小；两间房者，因是两个丑土。

2. 厨房很小，靠北边，在阳台。

3. 子孙伏世下月破日生。

五行都上卦为好，此卦五行缺了二行，最后两个财都被人合跑了。官入库，库临玄武，世又临财。

4. 明年学习有长进，未年生酉金。

5. 厕所在乾位，即西北角。丑为厕所，上面有水。

6. 整个楼的宅基不好，在郊区不是中心。

7. 楼周围河沟、池塘多；卫生所挺多。

8. 西南有火葬场，对面东北也有火葬场。

9. 此房的地基是池塘。

10. 楼底的东南角上有个厕所。

11. 出了门往右，西边是菜市场。父亥水坐巽卦。

其它三面都是高楼，坐基不好临勾陈。

12. 周围住的多数是不务正业的人，有偷东西的、吃海洛因的……

13. 本人也差一点被抓进去。

分析：

卦中官鬼爻处于死地，都是三教九流之人，因子孙爻代表政府为破，表示对他们也没有办法，休囚就是无力，属于破罐子破摔。

火葬场者：因丑为官鬼之库，又坐坤宫，官鬼又处死绝之地，故为死人。

庙离的远，官鬼逢死地又化空临虎，干冒险行业的。

父亥临蛇，职业也为凶。

官鬼酉金临六爻衰，主肾衰。

临三爻官鬼酉金，脾胃有疾。

性器官有病，是炎症。

坤为路，龙为路，五爻为路，铁路的标志看腾蛇青龙标志，实质住宅楼旁有一条东至西方向的小铁路。住在七楼上，如丑为酉金之库，库不旺就是小的库，小房间。

前高后低三不遇　破财招灾不聚气

广西某男测摇卦测阳宅风水：

<table>
<tr><td>寅年</td><td>戌月</td><td>癸酉日</td><td>（戌亥空）</td></tr>
<tr><td>《山火贲》</td><td></td><td>《风天小畜》</td><td>六神</td></tr>
<tr><td></td><td>官鬼寅木、</td><td>官鬼卯木、</td><td>白虎</td></tr>
<tr><td></td><td>妻财子水 ×</td><td>父母巳火、</td><td>螣蛇</td></tr>
<tr><td></td><td>兄弟戌土、、应</td><td>兄弟未土、、应</td><td>勾陈</td></tr>
<tr><td>子孙申金</td><td>妻财亥水、</td><td>兄弟辰土、</td><td>朱雀</td></tr>
<tr><td></td><td>兄弟丑土 ×</td><td>官鬼寅木、</td><td>青龙</td></tr>
<tr><td></td><td>官鬼卯木、世</td><td>妻财子水、世</td><td>玄武</td></tr>
</table>

推断：

1. 此宅坐东南向西北，坐基是巽山乾向。

2. 巷口，房基建立在一个山坡之下。

艮为山，西北方有山，开门见山，此为阳宅一忌。

3. 此宅基地是大池塘填起来的。

因初爻临子水又临玄武，卯木主草。

4. 东北方，东、东南方位的墙都潮湿，阳气不足，即底下的水气往上湿到墙壁上。

初爻子水，二爻子丑合，三爻亥水，四爻戌土上下为水，戌成为湿土。

5. 家中人多易有风湿性关节炎。

6. 二爻为左邻，三爻为右邻。房左边有小水沟，有树，因在离卦丑与初爻子水合，二爻丑化寅，寅为大树，故为树林；右边有个池塘，则亥化辰土定为水库。

7. 山下有坟场，坟场上栽些小树。

应爻兄戌土化兄未土，未土为官鬼卯木之库又临勾陈，卯戌相合又在艮为鬼门，寅卯木又不旺，主薄单之类。

8. 门前有山又有路，而且是南北路，崎岖不平不直。临勾陈之故。

在艮宫，艮主山，主山路到村庄。

9. 他宅左边有一条斜叉路，是西南对东北。

10. 院内之水哪是其出水口？门底下出水。

子与丑合代表里面的水，三爻为亥为门，三爻、五爻均是水，说明穿过四爻戌土而流过去了。

注意：在断阳宅时，先断四周围，再断家里情况，再到人。

11. 此宅门多窗多，且为残墙破壁。

辰戌丑未卦中俱全临兄，说明此宅门多窗多，四库相刑，从而也说明都是些残墙破壁，此为阳宅的缺陷，其宅破灶也是一缺陷。

12. 此宅的主房门易犯官司口舌，而且出了大门就看到坟地。

因三爻为财亥化兄辰临朱雀，四爻又为大门，兄戌化兄未，未为官卯木之库故为坟地，因为此宅门是破财门，所以是立向立错了。

13. 此房前高后低，属三不遇宅，大凶之地，出门见坟为小鬼把门，大凶。

14. 正房的厅堂下有坟地，灶房无烟火，烟火就是代表儿女，财又代表吃的东西。

兄弟爻临灶，克财，吃的东西不行了，子女变成鬼了，又因丑未戌三刑，儿子不是死就是有牢灾了，兄临朱，勾又三刑犯官灾。

15. 他家的房子不好看，什么形状的都有。

临丑、戌、丑、未之四库。

在此卦中父母爻是代表一个整体的房子，而卦中的辰戌丑未代表具体的房间。

16. 卦中好在财旺，且是六合，还能聚气，就是格局不好，坐山立向错了，也就是说门向错了。此卦主男人是税务局的一个局长，是一个镇上的税务所所长。

世应相生，财旺又生官，官又临身必定为官。

17. 此人身体：有风湿性关节炎，脑神经不好，偏头痛，血压高，他妻子有胃病。小孩有死灾。

左边卯酉冲主血管，血压高，偏头痛，卯在变卦为左，他妻子有胃病是：二爻，丑未戌三刑，丑为小水沟，在肚中为肠子，十二指肠溃疡，土主脾胃，丑化鬼就是妻子有病，青龙又代表肠子，世克者为财为妻子，丑在阳宅上为小水沟，在腹中就为肠子，子水在人体上也代表肠子。

18. 翻过两次车，胳膊腿都断了。最致命的病：血压高，心脏病。

卯木代表脚，四肢，肋骨，左肋骨也断二根。卯酉逢冲，脑血管有破裂可能。

火、土旺也主血压高（在金水没有时成立）；就是水旺时，也主血压高，这是血脂高的演变。

19. 门下有出水口，主破血财，那叫"血盆口"，主伤灾，撞伤。

20、儿子判十年大刑。

因子孙申金休于财爻亥水之下，亥又化库（这是以用神而断）；再用爻位断，看五爻为子动化官鬼，蛇发动临道路主伤灾，初爻也为子，临玄武，子与二爻丑合，子又临蛇五爻，说明在路上偷抢、盗拿。

21. 申金不现，本来判死刑，贩卖海洛因。

此条先断其为黑道中人，再考虑金水之财，就是毒品。

22. 婚姻，第一个妻子跟别人跑了。

第一个妻子亥水，被外面的官鬼合跑了，应爻合官鬼卯木为红杏出墙，世爻化子水也主桃花女人。卦中世应相合（卯戌合）水旺往外流，又因宅外之池塘，皆主男盗女娼。

23. 第二个妻子离婚了，又找了一个小的。大儿子坐牢了，二儿子和他的小妻子勾搭成奸，一大丑闻。

灶房安错，应在儿子身上，因灶为后代看火，又丑为艮宫主少男，丑在离宫，只能说明小儿子性欲强。

看阳宅，二爻为灶，因灶又主儿子，丑化鬼在乾宫又临青龙，丑与五爻子水合，因五爻子水在艮宫，化寅也在艮宫，丑合二财说明为男。

某先生测阳宅

旧宅坐乾山，癸卯年生，乾造（一白命，东四命）：

	癸未年 壬戌月 戊申日 （寅卯空）	六神
	《雷地豫》	
	妻财戌土、、	朱雀
	官鬼申金、、	青龙
	子孙午火、应	玄武
	兄弟卯木、、	白虎
	子孙巳火、、	腾蛇
父母子水	妻财未土、、世	勾陈

新宅坐甲兼卯山，癸卯年生乾造：

癸未年　　壬戌月　　壬子日　　（寅卯空）

《火山旅》		《艮为山》		六神
	兄弟巳火、	父母寅木、世		白虎
	子孙未土、、	官鬼子水、、		螣蛇
	妻财酉金〇应	子孙戌土、、		勾陈
官鬼亥水	妻财申金、	财妻申金、应		朱雀
	兄弟午火、、	兄弟午火、、		青龙
父母卯木	子孙辰土、、世	子孙辰土、、		玄武

推断：

1. 从风水命卦来看，癸卯年生男，属一白命，东四命。旧宅坐乾山为西四宅，新宅甲兼卯山为东四宅，东四命宜居东四宅，不宜居西四宅。所以新宅更吉。

2. 从卦理上看，旧宅占得六合卦，爻与爻相合，旧宅的风水是好的。五爻为路，未土为西南，西南边有一条较大的路，后转小道入宅。世孙应财，孙生财，五爻官旺，住进去后事业财运比较顺。1994年、1997年破耗财，去年、今年因造宅耗财，1998年、1999年进财，2000年财运不错。世临太岁带勾陈，戌月刑之，财克父，拆旧而建的楼房。

新宅占得《旅》之《艮》卦，因艮为高，新楼比旧楼高；二爻临青龙午火桃花，楼房漂亮，光线好；初爻为基带玄武，戌月冲之，地基垫高；二爻午火为宅逢日建子水冲，宅之北面或东北面有水路；二爻生合五爻，占得六合卦，新宅是藏风蓄气的好风水；大象化艮卦，艮为东北，新宅东北方有较高的楼房；外卦离，离主南，即宅之左边紧贴。但2008年因子水值太岁冲克二爻，有官非口舌破财之事，届时谋事谨慎或积极化解可。卦化六冲，化艮为东北方，明年甲申若此方有人建宅，会对新宅的气场有破坏的影响，无此事则不忧。

由此观之，新宅利人丁，旺财气。住新宅比旧宅好。

卦化六冲　风水不佳

广东的龙先生摇卦测阳宅风水：

癸未年　　戌月　　戊申日　　（寅卯空）

《风火家人》　　　《乾为天》　　　六神

兄弟卯木、　　　　妻财戌土、世　　朱雀

子孙巳火、应　　　官鬼申金、　　　青龙

妻财未土 ×　　　子孙午火、　　　玄武

官鬼酉金　父母亥水、　　　妻财辰土、应　　白虎

妻财丑土 × 世　　兄弟寅木、　　　腾蛇

兄弟卯木、　　　　父母子水、　　　勾陈

推断：

1.（**巽宫之卦**）所测阳宅为楼房，长方形，六层以上，住2—6楼，在市区的西北方，花园小区。

反馈： 就是的。

分析： 内卦离，外卦巽，化乾，离、巽、艮为楼房。离主炎上，巽为长形，巽宫之卦，为长方形之楼房。内卦离3，外卦巽5，相和8数，卦化乾为1，即9数，亥父为6，表示住2—6楼。内卦为宅临离卦主市区，化乾西北方。巽在外卦为花园，离乾主漂亮，表示楼房好看。

2. 宅之东北方有小路弯环，东或东南方有大路往西北而去，车能开到楼下大门处，见南边有直路冲楼房。

反馈： 太准了。

分析： 二爻为宅，动化寅兄马星带蛇，寅为东北，空亡，蛇临马星为弯路，寅木不旺为小路。外卦巽为东南，五爻巳孙为路，巳亦东南，卯为东其库未动，化西北乾卦，表示东或东南方有大路往西北方去。巳、申于五爻为车，巳冲三爻亥父门户，四马星俱全，表示车能开到楼下大门处。外卦巳、未爻，巳冲三爻亥，未冲二爻丑，巳未支神属南方，马星为路，表示南边有直路冲楼房。

3. 楼宅坐北朝南，东边有空地，一楼有空宅，西北方有两栋漂亮的高楼。

反馈： 是的。

分析： 世坐离卦为南，初爻化子父为北，即坐北朝南之宅。二爻为宅化寅木空亡，初爻卯木空亡，寅卯属东边，空亡即空地。初爻卯空化父，一楼有空房。卦化乾，上下重叠，乾为楼宅，乾主漂亮。

4. 购房时耗资甚大，资金不足，借款补齐，耗费两批大财。

反馈： 是借款补齐的。

分析： 世临二爻为宅，财动化空，化兄之故。卦中两个财爻动，动而相冲，兄主乏资。

5. 宅之东北方有屋角冲宅；宅内厨卫连体，亦于东北角；西南有一卫生间。此处风水位置欠佳，不利聚财。

反馈： 他们都是这样的。

分析： 月建戌、四爻未、二爻丑构成丑未戌三刑，为土爻之刑，土主屋角，刑到宅上。二爻丑土为卫生间，二爻又为厨房，丑为东北方。四爻的爻位为卫生间临玄武带未爻，表示西南角亦有卫生间。卦中财爻三刑，不聚财。

6. 主卧室靠东南方，床安西北角，家中人易患腰肾之症。

反馈： 是这样安放的。

分析： 三爻为床，临亥父，亥为西北；亥化辰库为卧房，辰为东南方。三爻下伏官爻酉金，透出而旺，亥为肾，三爻为腰，腰肾

周易八卦与阵法

111

有病。

7. 宅之大门与楼梯相冲，此转道三角形煞不吉，不利家主的事业与财运。

反馈：那怎么办？

分析：三爻为宅之大门，上下丑未及变卦三爻辰为三土围克一个亥水，土动为楼梯，三土者三角形煞也。亥父主工作，下伏酉官为事业，父爻受伤之故。

8. 楼外若有水池、水坑或暗角，为不吉之处。

小结：

① 阳宅风水欠吉，主要部位在大门口处，影响家运，如有此形煞，化解为宜。

② 今年癸未，家中多破耗财气。

③ 明年甲申，冲二爻寅兄，不吉。

④ 后年乙酉，家运稍吉。

⑤ 2006 年丙戌，戌未丑三刑到位，家中防病伤之灾，诸事不顺。

卦中财爻三刑，主无财气；卦化六冲，风水不佳。若能考虑转卖出此房为良策。

财动化克　破不聚财

某先生摇卦测阳宅风水：

<table>
<tr><td></td><td>癸未年</td><td>壬戌月</td><td>甲子日</td><td>（戌亥空）</td></tr>
<tr><td></td><td colspan="2">《风地观》</td><td>《风山渐》</td><td>六神</td></tr>
</table>

	《风地观》	《风山渐》	六神
	妻财卯木、	妻财卯木、应	玄武
	官鬼巳火、	官鬼巳火、	白虎
兄弟申金	父母未土、、世	父母未土、、	螣蛇
	妻财卯木 ×	兄弟申金、世	勾陈
	官鬼巳水、、	官鬼午火、、	朱雀
子孙子水	父母未土、、应	父母辰土、、	青龙

推断：

乾宫之卦

二爻为宅，巳化午临朱雀，午为南，朱雀为前，表示宅坐北朝南。官在二爻泄三爻卯财，非祖居为花钱买的房子。

三爻为门，卯动化申，申合二爻巳，申为西南，表示外门开在西南方。世爻为坐宅，在四爻之位于巽卦之中，为楼房居住。

二爻为灶位，巳为东南，巳为火为灶，表示灶位在东南方。水爻为卫生间，子水伏于初爻未下，透出冲二爻午火，表示灶位与卫生间很近。

四爻为楼梯口，临未父加蛇，未为西南，表示楼梯于西南方，拾阶而上。三爻四爻有半合，三爻为门合中带克四爻，化申相生，表示楼梯不冲门。

卯木为家具，生二爻巳官为厅，化申金之克，表示家具有古色之美。

五爻为神位，巳火加白虎带官鬼，似乎供佛神将。巳为灯，卦中两见，神位左右点了两只灯。巳火生未土，未土为香灰，值太岁，表示神位供奉已久。而且因世临未土，表示本人信佛道。

三爻为卧室，卯木化申金，三爻为床，木化金，表示睡的是席梦丝床；临勾陈，不是近年添置的。

合三爻为卧房门，戌合卯，戌又空，表示卧房以床为中心的方向看去为开西北门。

初爻为地基，未父下伏孙爻临青龙太岁，为公家基地，干净。初爻为后，未父化辰父，表示后面有一栋楼房。五爻为路，上爻为前，上爻卯生五爻巳，表示路从东方转东南方而来。巳为马星临白虎，表示东南方有大路。白虎为左临五爻为路，左边大路；青龙为右，临未父化辰父，父为房子，左边有楼房。

内卦为宅，内卦为坤化艮，艮为高楼，坤为西南，表示西南方有座大楼，外卦巽为车，表示宅前常有车停。

从大局上看，二爻五爻均临马星巳，表示宅子在两条路之间。

凡看宅，不是每个方位都不好，关键看要点。此宅主要是家中破财，即不聚财，乃因三爻卯财动而化克，且财动生官贴身之泄。但因未父为财库持世又临太岁，经济生活过得去。

世爻未临蛇，戌月之刑，易发生意外不顺之事，对事业不利。

这些不足之处，主要由门向纳气不吉而致，因三爻为门化申之克，三爻克四爻临蛇，世临月令之刑。

注：阳宅、阴宅风水的好坏，主要看世应。看阳宅，世爻代表主房门（四合院为宅门），应爻代表的是煞气，就看应爻对门的生、冲还是克，应爻代表动态与峦头，应爻为出气口，世爻为纳气口（在人体上为口）；若应爻与世相生相合主大吉，说明出气口吉，应爻在阴宅上代表案山，应爻为土，为小巷口；临亥子水主低洼。

从爻位看房子吉凶，可分为四个步骤：①先看初爻；②再看六爻；③ 再看二五爻；④ 定夺三四爻。

初爻为房之根基，根基好不好就决定了房子的好与坏。

如初爻为金水为吉利，财爻临初，子孙爻临初，基本上属吉宅。

如初爻土化土，指定不吉，有杂气；土化水，地下有脏东西，过去是一个湖泊、池塘填起来的；一般土化土是坟地；如辰化未，戌化未，为土化相刑，说明地皮是三角形，三角形地主刑伤，主家里多数出伤病灾，而且财上不聚，不出官，就是当官也要倒霉。

再看六爻，为什么要重视看六爻？阳宅在六爻上代表风水口，这个阳宅藏不藏风？聚不聚气？就看这个六爻，所以说六爻为龙头。单说阳宅，又代表宗庙，如果处于休囚死亡，说明你住的房子或葬的地没有气，或空气不流通，住人有种压抑感。如六爻克世爻，主大凶，阳宅凶，不旺气，官不旺，财不兴，说明门犯煞气了，看是什么煞气？用金木水火土定夺。看是电线杆、大树，还是水沟或其他建筑物？

再看二爻，二爻代表总体上的宅子，又代表厨灶。

阳宅三要为一门二灶三床。

五爻为人，为家门前的出路，有句话说的好"富不富看出路"，这个出路就是"明堂"，在八卦上是第五爻；在坟地上也叫"明堂"，它主你家的贫富，为什么现在的人都喜欢住小区，因为在小区住，一出门明堂大，环境舒畅，明堂大了，聚财。

再看三爻，为主房门（并非主人卧室的门）。何为主房，定义一定要清楚，在一个四合院中，并非指正方向的屋为主屋，而是以高者为主房，即使是偏房，只要它最高，那它就是主房、主屋，但主人并不一定住在主屋中，所以主人住的屋不一定就是主屋。

如图所示：

如偏房加盖一层，比主屋高，那偏房则成主屋了。

偏房比正屋高，大凶之宅。主：①夫妻不和；②求财不利；③官场不行；④招小人。

这种类型的住房叫阴阳颠倒，主不出当官的，不进气。如在正屋两侧加盖 AB 两个小房，此小房为大凶之房，不可住之，主损儿孙，盖上小房的这种格局风水上叫"鬼推磨"。

注意：我们平常所说的主房，都指正屋，并非主人的卧室，而在风水运用上，以宅之内的最高点定主屋，高者算主屋。

在六爻卦上看：是一门二灶三主房（也叫主屋，主屋门）。

阳宅大忌：不论是什么门，什么房，一般在西北方位的地方，一不能做厨房，二不能做厕所。

什么是主屋主房？就是家中主人用的厅堂，常用来办公、会客、活动的房间。而卧室是专门用来休息睡觉的地方。

看风水一般在厅堂下罗盘，爻位定在三爻，所以，先看一爻，再看三爻，如一爻根基不好，三爻肯定不好，三爻也代表主人睡的床。对于解灾非常重要，调生孩子就是调床与门的关系，包括婚姻就调门与床。因此就产生一句话叫做"环境改造人"，指的就是这种气场与风水。

四爻，在阳宅上代表门窗、神台。而且，人最重要的"福、禄、寿"就在三、四爻上。

世临官鬼　主耗破财

课堂上学员自摇一卦测自己的住宅风水:

癸未年　　甲子月　　戊寅日　　（申酉空）

《山风蛊》	《水风井》	六神
兄弟寅木〇应	父母子水、、	朱雀
子孙巳火　父母子水 ×	妻财戌土、世	青龙
妻财戌土、、	官鬼申金、、	玄武
官鬼酉金、世	官鬼酉金、	白虎
父母亥水、	父母亥水、应	螣蛇
妻财丑土、、	妻财丑土、、	勾陈

推断:

1. 先看门向吉不吉。

先看世爻，临官鬼酉金，在月日休又空，世代表门，不吉；再看应爻月生又临日令旺，世克应，但克不了，应爻发动反克世，所以门外有煞。

反馈: 门为百年庙门，用了几户人家，用户皆人口衰败，门外有大槐树横生挡门，而且门外十米处，有二块大棺材板冲门。

2. 卦主家耗财，不聚财，家中出现过伤病灾。

世临官鬼酉金，主耗泄财，不聚财；世持酉金并白虎最凶，酉金为刀，铁器所伤，白虎主流血；但世爻旬空，故灾会应在卦主身上。二爻临父母亥水代表父母，临蛇坐巽宫，巽又主蛇，蛇比虎更凶，且寅亥合，父亥临蛇暗动，故灾都应在父母身上。父母爻临亥水，亥为头，坐巽宫，巽又主腿腰。

反馈: 母亲腹部做过两次手术，腰椎伤一次；父亲头部伤一次，

117

腿受过轻伤。

3. 此房地基是垫起来的，地面潮湿，阴气大。

初爻丑为官鬼之库，二爻又为亥水，只要初二爻有亥子水就是垫起来的宅。

4. 你家房总共七间。

亥临父母，水主一六，总数为七故主七间；父坐巽为五，父又坐二爻，总数也是七。

5. 注意，你对象明年易患脑充血。

应爻为夫妻宫，临兄爻寅木，我克者为财，故为其妻，临六爻为头，寅木为头又为大为长，明年寅巳申三刑，寅木岁破。

阴阳八卦断阳宅

浙江台州朱某打来电话，求测房屋改门开店如何：

戊寅年　　己未月　　丙辰日　　　　（子丑空）

《天地否》	《天山遁》	六神
父母戌土、 应	父母戌土、	青龙
兄弟申金、	兄弟申金、 应	玄武
官鬼午火、	官鬼午火、	白虎
妻财卯木 × 世	兄弟申金、	螣蛇
官鬼巳火、、	鬼官午火、、 世	勾陈
子孙子水　父母未土、、	父母辰土、、	朱雀

我看了卦讲了如下几条：

推断：

1. 此宅是古老之房，房基原是墓地，阴气太重，主家中不安，钱财不聚。

2. 房多人少，主其家虚耗，此房为凶宅，人口不旺，破财。

3. 大门破旧，厨房破旧，房西南边有门南北二方向都有门。此为穿心门，是门门相对。房内沟水不通，财气破败。房子北边有路，东南方位有路，东西走向为长蛇吐信。

4. 厨房在本宅的东边。本宅东南方位有积水坑，西北方位有积水坑，房内有水井。

5. 妻子现在有心脏病和惊梦之事，儿子四肢有残伤之疾，而且脑神经有病。你儿子1993年破大财，1995年底有大灾，人口不旺。

反馈： 正是如此。我这房是老房子，从我懂事就住在此房。南边有大门，中间有门，北有后门，北有大路，南边也有路，东南和西北是两个化粪池，但上面有盖。房子西南角有一口井，是1984年打的，1990年把井口封上了。厨房是建在本宅的东边。妻子有心脏病，还常作恶梦，去年医疗费花了几千元。儿子脑神经不好，1993年治病花了六千多元，1995年出车祸，腿残疾了。

一切如我所测，最后我还给他讲了化解之法。那么，这些情况是如何断出来的呢？

分析：

1. 初爻父母临未辰二土和月日相刑，此宅基不是新基。卦中土多，不是新建之房，而是整修之屋。二爻火鬼并勾陈，卦中缺子孙水爻，鬼无制，必是破壁残墙，房屋破旧，不是新建之宅。父母未土化辰土在初爻又临鬼门，宅基必有古墓。二爻坐鬼化鬼，说明家中不宁，因无子孙制鬼，鬼在家中说明此宅阴气大。父母为一宅之根，财动克父，家中必不宁。卦中二鬼夹财，泄财之气，财动化回头克，所以钱财不聚。

2. 房多人少，后人不兴。卦中父母爻重重，房子多。子孙不上卦，财爻世爻休囚，说明人少。卦中有父母无子孙者，主家虚耗。鬼临白虎而旺，蛇临财动，主此房大凶。二爻为宅，五爻为人，宅克人，此为大凶之房。子孙爻不上卦，官鬼无制，五爻又为长子，四爻鬼临虎贴身相克，此为后人不兴。

3. 三爻为大门，动化回头克，卯木虽为财，但入月墓，为大门破旧。三爻临财厨房破，二爻巳火合申，申在西南坤位，西南边有门。三爻卯动和上六爻戌合，与初爻未半合，为南北门门相对，此为一箭穿心门，主家中妇女多有心脏病。卦中无水，主房内下水道不通。水主财，主财气破败。二爻为路，巳亥相冲，西北有路，为长蛇吐信，主家中有凶事和硬伤之灾。西边有路，因五爻申金为路，临玄武南北走向。

4. 二爻官鬼巳火，巳在巽宫，说明厨房坐东朝西。辰为水库，故断为水坑或粪便池一类。东南属青龙吉方，气场被破坏了。西北为天门，气场也破坏了，阴气大增，阳气难聚，主家人和后代大衰不吉。

房内有井为水破天心，妇人必招灾，主心脏和脑血管之病。怎么看出房内有井呢？因五爻兄弟申金化申金临玄武，申金在宅经上为龙眼泉，又临玄武，上爻父母化父母为房顶，子孙子水伏在初爻父母未土之下，申子通根而合，故断房内必有井。水破天心为黄泉大煞，主妇女有灾和儿女有灾。

5. **妻子有心脏病**：宅中门门相对一箭穿心，为阴箭煞，必主妇女心脏病，或悬梁自尽，加之房中有井，水破天心，水主血液，加上房内院内阴沟水流不通，下水堵塞，必定妇人得心脏之病，皮肤之病等。卦中二火鬼夹用神，不死也昏沉，也正是心脏病，1997年死里逃生。家中人口不旺，儿子有四肢伤残之灾。五爻为人又为长子，今二爻官鬼克五爻，宅克人大凶。1995年儿子有车祸造成残废是太岁冲动官鬼巳火，而巳火克五爻申金之故，而且四爻官星临虎克身，必有伤残血光之事。还有一点，子孙不上卦，火鬼无制，家中必遭殃。子孙伏在父母爻未土之下，说明儿子住此房有克，子水库辰戌丑未四月，子未相害，儿子住此房必招灾。本卦蛇动虎旺，世囚财入墓，子孙不上卦，阴气上飞，阳气不聚，必是凶宅。宅内水流不通，又有井水破天心，更是大凶之宅。此宅不化解是人财两败。后求测者把房屋平面图通过传真传给我一看，正如所测。

风水用品：金钱羊

透卦绘景　如临其境

某男来电话测摩托车能否找回：

丁亥月	辛卯日	（午未空）
《天火同人》	《天山遁》	六神
子孙戌土、应	子孙戌土、	螣蛇
妻财申金、	妻财申金、应	勾陈
兄弟午火、	兄弟午火、	朱雀
官鬼亥水、世	妻财申金、	青龙
子孙丑土、、	兄弟午火、、世	玄武
父母卯木○	子孙辰土、、	白虎

一日我的弟子金学银在电话里接了一个卦，拿给我看。说是测摩托车丢失能否找回的。过了2分钟电话玲响了，是丢摩托车的人打过来的，我接过电话跟对方讲：摩托车是在你家门口丢的，是辆新车。刚上好牌照没多长时间。

反馈：对！

我告诉对方：明天车可找回来。

对方当时有些不相信。

我这样跟他讲：往你家东边方向去找，定能找到。接着我依卦中之信息，对他家周围的环境进行了描绘：你家西南方有条大路，东边有条南北大河，水很深，河两岸是高山。真可谓山环水抱，龙虎有势，是个风水宝地。此地必出很多有钱之人，并且声名远播。河的东南方有座大石桥，是新建的，桥的东头有座高山，山上有个庙，石桥北边有架铁桥，已经很古老而且有铁链子相连接。靠铁桥的中部顶上有头铁牛，做镇水之用。铁桥的东边是座高档漂亮的大学校，学校西北角有个小庙，你的摩托车是大学的学生偷的，车就放在此庙里边。明天车定能找回。

对方听我讲完，当时在电话里就喊叫起来：大师你叫什么名字，你真神了！是不是来过我们这里。

我说：你又没有告诉我，你是什么地方的人，我怎么会去过你们那里呢？

对方说：我是潮州人，我家东边就是韩江，东南方是前几年修的大石桥，桥的东头确是有座高山，山里有庙。石桥北边的确是个铁桥并用铁链连着。据说是八仙韩湘子所建，桥上原来是两个铁牛，文化大革命给毁坏掉一个，现在只剩下一个了。桥东头是李家成盖的一所大学校，确实很漂亮。校园北角是一个祖庙，也就是"吕洞宾"庙。潮州这地方确实风景好，山清水秀，四季常青。潮州尽出有钱人，李嘉诚就是我们这里的人。大师，你真的太神了！我简直不敢相信啦，欢迎你以后到我们潮洲来啊！

分析：

此卦财爻虽然不旺相，但财没有动，子孙爻旺有生助之力，是车不丢之象。再一点是父母爻临长生发动而旺，也是车不丢之象。官鬼爻虽旺，但亥卯未三合局还是车不丢之象。此卦父母卯木在初爻独发，月上临长生临日令旺相，故是新车。由于卯木发动，所断牌照挂好不久，（父母爻旺，以车而论发动可看作挂牌不久）。卦中亥卯半合，官鬼亥水在三爻，所断车在门口丢失的。

初爻父母卯木发动与应爻戌土相合，待辰日，冲开戌土，卯木无合，用神得出。所断明天可找回。五爻申金化申金坐乾宫在坤位。五爻为路，乾主路，所断西南有条大路。三爻亥水临月而旺，化申金回头生，水有源泉，亥水主北，坐离宫主南，说明有条从北至南的大河。卯木临白虎发动，说明桥在住宅东边。故房子东方有条南北大河。亥水临月令旺，说明水深，河两边是高山者是离卦变艮卦，艮主山也。卦中金水相生，金白水清，蛇在上六爻主藤条青稞之类，下有玄武水坐白虎，初爻卯木动代表花草树木与上六戌土相合，故断山环水抱，龙虎得势。卦中父母爻旺，官旺财官相生，蛇虎挂角，青龙盘中临财官，当然是风水宝地。

五君爻临财上临子孙爻相生，财多子孙爻多，故此地必出富豪之人。财气大是财在五爻也。父母卯木动化辰土临白虎，虎主桥，辰坐艮卦，辰为东南，艮主山后，三爻官鬼亥水化财爻申金挂青龙也主是桥，同在艮卦，当然是石桥。二爻丑土化空，临玄武水，当然指河流。卯木旺，水旺，艮卦旺相，所断是东南方位有座石桥是新建的。艮主山，主寺庙（因官鬼在三爻临龙）所断山中有庙。

上六爻戌土化戌土，坐乾卦临蛇，乾主铜铁、金属，代表古玩之类，蛇主索绳。因世应之间为明堂，四爻空化空，为大桥之象。故断石桥北边有座古老铁桥，并且是用铁链子锁起来的。

二爻子孙丑土化艮，艮为丑位，正是犀牛望月，归山镇寺之说（丑土化空），为此所断桥中间必有铁牛（艮也代表寺院）。

提示：六爻戌土化戌土主北，临蛇坐乾，说明此桥是铁桥并用铁链相连，五爻申金化申金也说明此意。白虎为桥临初爻，又有卯戌相合，亦说明此桥是铁桥在北边并有铁链之物。初爻辰土坐艮为石桥，艮为山也，上卦乾化乾主桥，乾金下坐亥水旺相临青龙，说明从乾位起源有一条大河，龙也主锁链，申金临之，说明此桥有铁锁链。

玄武水为河，丑土坐二爻，土坐水中为镇水，截水之意。丑临子孙，说明是头牛起镇水作用。卦中父母爻独发，父母爻代表文化，卯戌合，戌为火库，有文明之象，坐乾主大，主权力主钢建，所断铁桥东边是座漂亮的大学校。父母爻卯木发动，化艮化子孙辰土，也说明有学校。子孙爻戌土与卯木合，说明车是一个学生偷的。

过了几天卦主电话反馈：果于第二日将摩托车找到。

大小限断流年

河南周女士，测近年运程如何：

己卯年	丑月	甲申日	（午未空）
《天泽履》		《乾为天》	六神
兄弟戌土、		兄弟戌土、世	玄武
子孙申金、世		子孙申金、	白虎
父母午火、		父母午火、	腾蛇
兄弟丑土 ×		兄弟辰土、应	勾陈
官鬼卯木、应		官鬼寅木、	朱雀
父母巳火、		妻财子水、	青龙

推断：

1.1992年你家有老人去世，多指男同志；1993年家有喜事，多指发生在子女身上；1994年亦有老人去世，多指母亲。

反馈： 1992年父亲去世；1993年大儿子结婚，女儿考上大学；1994年母亲去世。

2.1996年家中破财，多指官非口舌。

反馈：是的。

3.1997年家中有好事，多指儿女。

反馈：1997年大儿子留学日本，女儿留学俄罗斯。

4.1998年你本人有出国之象。

反馈：是到俄罗斯看望女儿。

5. 本人1999年破财。

反馈：1999年让人骗现金1万多。

我断完以上5条，周女士又问我其阳宅风水如何。

6. 你家宅院大门朝南开，厕所在东南，厨房在东北。房后西北角低洼处有动土之象，有积水；房子西方，有条大路，东北方有条水沟朝东南方向流水。

据卦中信息，我还断此宅利子女，利文上之喜，但不利财，女主人有妇科病；心脏病。男主人呼吸气管有病。

反馈：完全正确。

分析：此女为53年生人，1999年是47岁。按大小限断卦以世爻为基准，从世爻起阳顺阴逆，六位周流。阳世从世爻而上，阴世自世爻而下，每爻十年，周而复始，逢生令则吉，遇刑伤则凶。小限一年一位，周流而计。

1992年周女士父亲去世：1992年周女士是40周岁，大限在初二爻官鬼卯木临应爻，小限亦是在二爻上。1992年为壬申年，太岁克大小二限的卯木。此年是旺财，子孙临长生，初爻代表父亲，巳火化子水回头克，原神卯木受制不生父母爻，世爻申金值太岁临白虎，代表孝服，二爻坐官鬼受制，说明家中必有丧事。太岁申金合父母爻巳火，火到金地处死地，申金合去巳火，说明父亲有归去之意，故断其1992年死父。

1993年有喜事，多指子女身上：1993年周女士41岁，大限在二爻，小限在三爻临丑土发动，1993年是癸酉年，与卦中巳酉丑三合子孙局，与太岁相合主门庭有喜事。应在儿子结婚，女儿考上大学，乃因大限临官鬼卯木坐下兑宫，兑主少女，官星主名气，卯木代表少女，当然是女儿有名气。1993年官星卯木受冲克，因有财爻子水通关。故官星不受克。

1994年命主42岁，大限在二爻值官鬼，小限周流到四爻临父母午火，1994年为甲戌年，是卯戌合库，父爻与官鬼同库，亦是不祥之兆。四爻为阴位，故断其母亲去世。

2.1996年家中破财，多指官非口舌：1996年周女士44岁，大限仍在二爻，小限周流到上六爻，兄弟戌土当限。此年是官跟兄弟相合，官不制兄，但同样耗泄钱财，鬼坐二爻家中破财，1996年丙子，有子卯相刑之意，又临朱雀，官兄相合有动之象，官兄动必为官司而破财。

3.1997年家中有喜事多指儿女之事：1997年周女士45岁，大限在二爻，小限周流到初爻，是官父相生，主有文印之喜。1997年为丁丑年，卦中丑土发动，子孙爻得生而旺，子孙爻在五爻临马星，下卦兑化乾均主坐飞机之象。因申金代表飞机，酉金代表火车、轮船。乾震二卦不仅代表车也代表飞机，兑代表少女，五爻子孙申金为长子，所以儿女同时出国留学。初爻子水虽克父母巳火，但此年太岁为丑土，子丑相合，不克父母爻巳火。

4.1998年本人有出国之象：1998年命主46岁，大小二限同在二爻，木旺。1998年为戊寅年，与四爻父母午火会局火旺，戌土旺，土旺生世爻申金，太岁冲世爻申金，寅申均为马星，双马齐动必是出国之兆。

5.1999年破财：1999年命主小限在三爻丑土当限，大限官鬼卯木临太岁而旺，兄弟丑土发动，与上六兄弟戌土相穿，太岁卯木与戌土相合，牵动玄武发动，故断此年被骗1万多元。

6.周女士大门朝南，是四爻为大门，午火化午火为门向朝南；厕所在东南是三爻兄弟丑土发动化辰土之故；厨房在东北是二爻为灶房，官鬼爻卯木化寅木，寅主东北；房后西北角低洼，是上六爻戌土化戌土，戌主西北，坐在乾宫亦主西北。西北角低洼处有积水是临玄武之故。

房子西边有条大路，是二爻卯酉相冲，冲为路，东北有条沟朝东南方向流水，是三爻丑土动化辰土，丑辰均为水库，故断有沟。

此宅利子女文上之喜：子女星在五君位，坐在乾宫又临驿马，卦中官星旺，印星旺，官印相生，木火通明，故断其儿女必成大器。驿马旺有出国留学机遇。卦主不利财，是财爻伏藏，兄弟爻旺相，三爻、四爻为门均为泄财之象。但临文昌星利子女求学。

女主人有妇科病、心脏病，是初爻与二爻木火太旺，阴反阳错，阴阳失位。四爻午火化午火，为自刑，说明心脏跳速太快。

男主人呼吸气管有病，是上卦为乾，乾主老男为丈夫，五爻为气管，四爻克五爻，故男主人有病。

卦观万象　料事如神

贵州一学员前来公司预测：

庚辰年	乙酉月	丙子日	（申酉空）
《火水未济》	《天泽履》	六神	
兄弟巳火、应	子孙辰土、	青龙	
子孙未土 ×	妻财申金、世	玄武	
妻财酉金、	兄弟午火、	白虎	
官鬼亥水 兄弟午火、、世	子孙丑土、、	螣蛇	
子孙辰土、	父母卯木、应	勾陈	
父母寅木 ×	兄弟巳火、	朱雀	

立卦后，我当即断了六点，由于刘先生是中心学员，我一边断一

边分析卦理，使被测者连连点头称是。

推断：

1. 你是姊妹六人，二姐对你关心帮助很大。

分析： 断兄妹六人，火为六，这种定数来自陈抟鼻祖河洛真数，即水二、木三、金四、土五、火六。同时要看爻位，旺、衰、冲、刑、合、空等才能确定。应爻巳火在六爻，变卦巳火在初爻，主卦午火持世，位居三爻，三爻为内，六爻为外，姐在上，弟在下，主变卦兄弟四现，火为六，断兄弟姐妹六人是准确无误。为什么断二姐对你的帮助很大？

这是以大衍数为二，地支排列辰巳午未，巳在前。变卦巳火坐兑卦，艮宫，兑为二，这里还有一个五行登位之说，巳火为阴，一爻为阳，所以断是二姐。

2. 你妻子长得很漂亮，多才多艺，文化素质高，是从事文职工作，一般来说干文教事业，任教师会有成就。

反馈： 十分准确！我爱人是当教师的，大专文化，长得不错。

分析： 兄弟持世，世爻代表我，我克者为财，五行六亲不需要变换。财爻酉金临月旺相，旺不为空，受巳火生未土，未土生酉金，连续相生，酉为桃花，桃花主美貌。又金水主灵、主智、主聪明，多才多艺，擅长艺术，且生离卦离宫，火主文明之象。同时，我在多年应用过程中总结出：财空不从商，官空不从政，无职便从教。所以定论为教师。

3. 妻子头胎流产，第二胎是生女儿。

反馈： 一点不错。

分析： 二爻辰土子孙，自化卯木回头克，二爻为腹，未生先克，表示流产。五爻子孙未土，辰土在前，未土在后，五爻为胸，五爻为怀，表明第二胎出生是存在的。断女孩自然是未土为阴卦爻是阴，却有生在离宫阴位，离又是为阴为女，故断第二胎生女。

4. 你家住的是平房。西南方有路，东南方也有路，床是东西铺的，这些都主破财。

分析： 主卦父母寅木在初爻发动，化巳火而泄，变卦父母卯木居二爻，均表明居宅是平房。五爻未土发动化申金入乾卦，申为车，乾为车，有车必有路，未申都是坤方，说明西南方有路。并且临玄武又有大水沟。二爻辰土临勾陈，辰土为水库，勾陈为荒无田庄，同时也有路通往田庄，不能说这些方位有路和水就是凶，没有路不可进出，没有水不可饮食生活，关键是这两条道路成了此居宅的剪刀煞，所以主凶。四爻为床，酉金为西，东西辅放，财爻化兄弟回头克，床向对求财不利，五爻子孙未土动化申金之财被初爻，上六巳火合去，以及二爻化父母回头克，都说明不利求财。

5. 夫妻二人均有外遇，到2001年都会藕断丝连，也会影响夫妻感情。

分析： 1997年丁丑流年，巳酉丑三合桃花局，1998年寅午戌合成桃花局，财临白虎自化午火兄弟回头克，同时又与辰土相合，家有一夫，外有一情，男占卦，兄弟持世，酉金为财、为妻，克酉金的是兄弟，兄弟便成为酉金之官鬼，主卦两火，变卦两火（官鬼），《家宅章》密诀有"两鬼重重下等物，随人奔走没食粮……"说明妻有外遇。刘先生本身同样有外遇，1998年戊寅流年，寅与伏神亥水暗合（伏神亥水伏于午火世爻之下）同入未土之库，寅午戌合火局入艮宫之墓。未土之库又发动化出申金之财临玄武，必主男女暧昧之事。

6. 1997年犯官非口舌；1998、1999年破财二万多元；2000年事业不顺，一事无成；2002年婚姻可能会出现问题，处理不好会离婚。

分析： 1997年流年丁丑，与午火世化出丑土相并泄世爻之气，丑戌未三刑，主官非口舌。初爻父母寅木临朱雀发动，父母主口舌，文书，预约，所以断此年有口舌之争（实际是此年为人预测后，对方反悔，违约，双方吵架很历害）。

周易八卦与阵法

1998.1999 年破财二万多元是准确的。1998 年流年戊寅，寅午戌合兄弟局，兄弟爻午火旺相劫财，且初爻父母寅临太岁发动化出巳火兄弟与变卦之财爻申金构成寅巳申三刑，同样是劫财之象。1999 年流年巳卯，卯未合中带克子孙爻，卯酉相冲，且月破财爻酉金冲克流年太岁犯忌，财必破。

2000 年流年庚辰，太岁伏吟，与主卦二爻辰土同受卯木回头克，与四爻酉金作合，卯木又是月破，太岁伏吟受克，百事不顺，事业一事无成。

2001 年流年辛巳，与应爻兄弟巳火相并，也为伏吟，兄弟伏吟，夺财离妻，要自我控制，婚灾可解，有待应验。

技法活变　断卦出奇

广州王女士测运气：

	庚辰年	壬午月	丙辰日	（子丑空）
	《地风升》		《天风姤》	六神
	官鬼酉金 ×		妻财戌土、	青龙
	父母亥水 ×		官鬼申金、	玄武
子孙午火	妻财丑土 × 世		子孙午火、 应	白虎
	官鬼酉金、		官鬼酉金、	腾蛇
兄弟寅木	父母亥水、		父母亥水、	勾陈
	妻财丑土、、应		妻财丑土、、世	朱雀

推断：

1. 主卦是两官两财，兄弟爻不上卦，子孙爻不上卦，财无制，官鬼无制，所断此女婚姻不顺。1994 年离婚，1997 年结婚，1999 年离婚。

反馈： 完全正确。

2. 你是大专生，文化是两次攻读而成，你的工作是干金融行业的。

反馈： 李大师你测的太对啦，第一次没考上，复读后才考上的。

3. 你是一母两父，有姐妹无兄无弟，有一个妹妹患有神经系统的毛病，原因吗？是其丈夫出现意外的伤害，而引起她脑神经出现问题。

反馈： 我是一母两父，妹妹的丈夫两年前出车祸，从此得了脑神经上的毛病，整天睡不好觉。

4. 你住的阳宅为大凶之宅，房下有坟地，前宽后窄，大门西南有条大河，河上是座大铁桥（为白虎架金桥，主伤亡之灾）。房后有条大河不利事业，不利子孙。房子东南方有一个大庙，庙的西偏门正对着你家的大门，主父母有高血压心脏病，胳膊腿有伤灾。你的房子很破旧，房顶西方、西南方漏水，墙壁渗水，一片潮湿阴气较重，主家中人身体常有病，不聚财。

反馈： 哎呀，简直太神啦，好像亲眼看见一样。我家住的房子的确是前宽后窄，大门西南是条大河，河上有铁桥，离我家非常近，桥偏对我家的门。房后是有一条河，距我家房有十几米远，房子东南是一个大庙，人称宗庙，庙的西偏门确实是对着我家的大门。我母亲是血压高心脏病，父亲是左腿出车祸伤断过，母亲和妹妹是整天吃药，根本存不住钱，房子是多年的老房，墙上的确渗水，屋里阴暗潮湿，我是一进家就头痛。我们也知道不好，但没办法解决。

5. 王女士问她的身体健康如何？我说：你有胆囊炎，脾胃不好，供血不足，有时头晕，有时心慌气短，肾虚，现在有妇科病，做过两次人工流产。

反馈： 确实是这样，身体一直不好，看了很多医生也没用。我告诉她适合看中医，吃一些补肾的药。

6. 王女士又问她的孩子如何？我说："你有一个儿子，很聪明，身体健康，好动，性子急，学习成绩不好。

反馈： 我儿子是很聪明，就是学习不用功，成绩不好。我告诉她2003年以后，学习成绩会好的。

7. 王女士还问到以后婚姻如何？我说：你今年又交一个男朋友，长相很漂亮，但右眼受过伤有疤痕，视力不好。左前额有块伤疤较大，还有痔疮。

反馈： 是的。

我继续讲：你现在的男友坐过三年大牢，应1999年出狱。现虽有工作，但工资不高。原因吗？是原来有官位，应青云直上，但是因贪污受贿而丢官坐牢。另外此男原来有家室入狱后离婚，有一个儿子跟他妈妈。

反馈： 李大师你真厉害，这些复杂的事你竟然也知道。

我说："八卦是科学，只要功夫深，不论何事都在一卦之中"我告诉她这次婚姻定能白头到老。

8. 王女士最后问父母身体健康如何？

我断其父目前主要是呼吸系统不好，母亲腿痛。

反馈： 正是如此。

分析：

1.1994年离婚是卦中财旺官旺，子孙入库，官鬼无制，兄弟爻不上卦，财无制，是各有新欢，另有所爱。多次婚姻是上六爻酉金化戌财回头生，世爻动去生合三爻的官星。1997年结婚者是应爻丑土财临岁而旺，因应爻丑土逢空，世虽空，动而不空。两丑财合两个官星，官星亦为入库，说明此年有结婚之喜。1999年离婚是兄弟爻旺相，官星受损，财星处死地，属财官休囚婚姻不到头。故断此年离婚。

2.卦中虽官鬼两重，父母爻两重，但必定不旺，故不是大学本科生。但卦是财官合生，官父同宫相生，故断为大专生。世丑与上六动爻酉金相合，与三爻酉金紧贴相合，亦说明学业两次攻读而成。因丑为金库，又坤化乾，故断工作是干金融行业的。

3. 卦中二爻父母亥水化亥水为正母，五爻父母亥水是阴宫阴爻阴位，必是继父，阳宫阳爻则为真父为亲生之父。五爻亥水动化乾宫为阳，但亥化鬼，世爻丑动为金之库，说明其真正的父亲在王女士出生14岁时已去世。故断是一母两父。

此卦兄弟爻不现，取伏。空亡死绝者无也。兄弟爻寅木在月上处死地，又不上卦，所断无兄无弟。世爻往上一爻为长兄，退二位为二兄，一个休囚，一个是官鬼，下顺一位为弟也是官鬼，下二位为二弟处囚地，均是无兄无弟的信息（按八卦飞宫而断）。与世爻同类者为妹妹，初爻丑土化丑土，坐巽宫为两个妹妹。因世爻丑土在坤宫主岁数大当然是姐姐喽。故断有两个妹妹。因应爻丑土旬上空，与上六酉金空合，酉动化戌，丑戌相穿，酉动受月令之克，火金主神经系统，上六主头，当然是脑神经系统有毛病。变卦为《姤》乾金冲克巽木，三爻官鬼酉金化官鬼酉金临腾蛇，此为鬼化鬼为不祥之兆。如鬼临空墓绝胎囚之地，加蛇虎多为刀刃车马之伤亡也。鬼化鬼必有两姓，女是亡夫再嫁之命。因应爻丑土代表妹妹，初爻与三爻是同宫，所以三爻之官可取为妹夫。故断，其妹是因丈夫出现意外的伤亡而引起脑神经有病。

4. 主卦是官鬼重重无制，福神不上卦，金水旺，阴气较重，主家中之人多病，不利事业，不利财运，不利仕途，不利子孙，同时严重影响寿命。三爻四爻持腾蛇白虎，主家中会出现凶死暴死之人，所断此宅为大凶之宅。房下有坟地，是初爻丑土化丑土，丑乃鬼库也，又与鬼爻半合，临日月生，可见房下坟地较多。上卦为坤主宽大，下卦为巽主细长窄小，故断为前宽后窄（前宽后窄之房为三不遇宅，为大凶之宅。若遇此宅者，先败财后败人丁，家人难过60岁，并多为凶死之灾）。五爻父母亥水动化官鬼申金，坤主西南，官鬼申金代表西南，又代表桥，因为临乾卦上六为青龙，均代表桥梁，故断西南有条河，河上有座大铁桥。二爻亥水化亥水所断房后有条大河（房后乃福、禄、寿三山，宜高起，不宜低洼，更不宜有河流暗拱则吉，明水则凶）。三爻官鬼酉金化酉金临腾蛇坐巽与日上辰土相合，故断房子东南方位有座大庙。（提示：八卦测阳宅腾蛇在三爻临官鬼申酉金或火，与日月合库，主宅基地四周均有大庙，方位以卦象爻位而定，休囚空绝主过去有庙，旺相与月相合，主近代建造，并且香火较旺，若子孙爻旺，庙里僧人多。此为定律，望学易之人牢记此理）三爻官鬼酉金与四爻丑土半合，故断庙的西偏门正对着本家住房的大门。卦中父母爻亥水在月日上受克，酉金入丑库无原神，故断父母有高血压病，心脏病。（提示：八卦断风水，山为骨、金为骨，木主神经、门向主神经，水为龙、水为血液、水为宅气、金主武、火水主文，土主皮肉，又主内堂，又代表祖屋，又代表杂官等。）此卦亥水受克，水火相战，必定父母有血压高心脏病。变卦是乾金克巽木，故断四肢有伤灾。

二爻父母亥水化亥水休囚，主厅堂破旧，临勾陈，主残墙破壁，故断为房子很破旧。上六爻官鬼酉金动生五爻亥水，又酉金化戌土与日令辰土相冲，五爻亥水化官鬼申金，挂玄武，均主房子漏水之象，故断房顶漏水。卦中土金相生，金水相连，二五之爻临亥水，所断房内一片潮湿，阴气较重。墙壁渗水者，是五爻亥水化申金回头生又持玄武之故。家中人的身体常有病者，是五爻亥水休囚，化官鬼之故。不聚财者是三爻四爻临蛇虎之故。

5.卦中无木，木在月处死地，四爻为肝胆，丑土化午火临白虎，火土之旺，说明有胆囊炎。三爻为腹，临官鬼酉金化酉金，临腾蛇，亦主胃上有病。供血不足者，是五爻亥水发动得酉金合生，又化申金回头生，与月令是水火相战，入日令之库，又有丑动克制，必然是供血不足。头有时晕，是坤化乾主头，上六酉化戌受日令冲，月令午火克金，故断头有时晕。血液受阻，四爻又代表心脏，临白虎发动，必然心慌气短。二爻为肾处休囚之地，故断肾虚。巽为股为子宫，在月处死地，丑空化空，必定有妇科之病。坤主腹，世爻化子孙临白虎，亦说明做过人工流产，火为二数故断做过两次人流。子孙爻又代表医药，木火为中医，故告诉看中医效果较好。

6.子孙爻午火坐乾宫，临月建而旺，说明是男孩。午火旺也说明身体健康，聪明，临白虎主好动，午火主性急。午火虽旺但官星父星休囚，故断学习成绩不好。2003年是子孙爻与太岁相合，生助官星，官又生父，故到2003年学习成绩会好转。

7.庚辰年与官星酉金合生，官星旺相，世爻丑土临太岁发动，与酉金半合，太岁辰土冲去戌土之财，故断庚辰年又交一个男友。金主白主秀气，故断长相较漂亮。五爻为此男友之眼睛，亥水动入日库，与月令午火相济，亥水受伤，内含丑未相穿，故断右眼受过伤，有疤痕。水火交战必定视力不好，（主卦为右变卦为左，所断右眼有病。）左前额有大的伤疤者，是上六戌土与日令辰土相冲，乾主头临青龙，代表前额日角，故断左额有伤疤。为什么断是男友而不断是卦主呢？因上六官星动化乾主男，又丑酉半合，当然为男同志的双眼。若断此女的双眼应看，二爻亥水，（提示：此卦可以当作风地观看，此女的双眼近视带眼镜，为什么呢？风地观是五爻为巳火，巳亥冲视力不好，有带眼镜的信息。敬请读者多加领悟，若不懂，我给答疑）。初爻丑土为肛门空化空，因丑酉半合官局，当然是男同志有痔疮喽。为什么不断以前的丈夫呢？因此女摇卦主要信息反应的是现在谈的男友又《升》卦主眼前之事，官星酉金发动受月令午火之克，入动爻丑土之墓库。丑坐坤卦必是坐监之象，说明其男友是1997年入狱。1999年出狱是卯木合去戌土，克制丑土，冲出酉金，故断此年出狱。现有工作是2000年为辰酉相合，与太岁相合必有喜事临门，故为有工作。因是土财，所断工资不高。应有官位是官星坐坤得生，化乾为有权之故。官星得戌财之生，又合丑财，与日辰财又合，故为贪污受贿之罪而坐牢。与前妻离婚是1998年寅午戌三合局，戌土为酉金的前妻，与他人合，就是妻子跟了别人啦。1999年卯木合走戌土，说明前妻在1999年已结婚了。有个儿子跟他妈，是月令午火为此男之子，与戌土相合之故。白头偕老是世爻丑土化回头生，又丑土世爻与官鬼酉金生合，酉金入丑土之库。

8. 五爻为父，动化官鬼申金，金主呼吸系统，五爻又为呼吸道，金在五月受克，说明父亲气管炎较重。二爻为母亥水坐巽，巽主腿，在五月也主休囚之地，说明腿痛。

悬而未解　寓教于人

湖南孙先生测阳宅风水：

	戊寅年　　甲子月　　乙巳日　　（寅卯空）		
	《泽风大过》	《水天需》	六神
	妻财未土、、	父母子水、、	玄武
	官鬼酉金、	妻财戌土、	白虎
子孙午火	父母亥水○世	官鬼申金、、世	腾蛇
	官鬼酉金、	妻财辰土、	勾陈
兄弟寅木	父母亥水、	兄弟寅木、	朱雀
	妻财丑土 × 应	父母子水、 应	青龙

孙先生是1998年专乘到海口，找我断阳宅。

推断：

1. 房基下有坟地，主房三间，大门朝东南。房子西北方、北方、东北方有大池塘，为玄武压朱雀，主子孙无立断根。西北有水为水漫天门，家中难有长寿之人，损长子和掌门人。

分析：

爻丑土发动，丑为鬼库，故断房基下有坟地，主卦二重父母亥水为二间，三爻酉金化辰土为一大间，为主卧室，因辰酉合金旺生水辰为水库，故为主卧室。二爻亥水被日令巳火冲暗动，父母亥水坐巽卦，均指东南方位，冲亥者巳火为东南，化乾宫为坐山，故断大门朝东南。

四爻亥水发动化长生临月令而旺，兑化坎卦，坎主北亥主西北，初爻丑土为池塘，动化子水为北，故断此三方有大池塘。子水主北方有水，丑合子主东北位有水，亥主西北有水，卦中亥子丑临月而旺，主亥子丑三山有水，断为有大池塘，玄武为北方水临月，故断为玄武得势克朱雀。东北为福位，见水不利子孙，主卦子孙午火伏亥水之下受克，亦是不利子孙。西北主寿位见水破寿，主长子，主掌门人短寿。北方为禄马位，见水不利仕途，损财，损人丁。

2. 此宅为三尖地，为火宅。初爻龙动，巽化乾，蛇在四爻动，日令巳火主蛇冲亥水合申金，是蛇虎逞凶，我断此宅是个蛇行之地，此宅必有大蛇，小蛇无数，1993年家中出现过蛇，被大儿子打死，1994年大儿子得肝病而死。

反馈： 确有此事。

你的小儿子有肝病，是1997年得病，现正住院。

分析：

下巽化乾回头克，上兑克巽，巽主细弱尖，化坟主大，乾主细长，故断三尖地，三尖者火也，为败宅，主家中人丁少亡，亦主大凶。

卦中两鬼临勾陈，白虎凶煞夹世，世爻亥水临螣蛇旺相，巽主龙蛇，初爻青龙发动宅内有蛇，龙为大蛇之象，四爻为门，临蛇旺动，指门前是蛇行之地，下卦巽指蛇象，诸多迹象表明，因宅后池塘潮湿的环境而导致家中有蛇。故为此宅有大蛇，小蛇无数。1993年癸酉，是两鬼旺相夹世而生亥水，水旺蛇旺，因亥水冲巳火，又巳酉丑合官鬼局，故断 1993 年家中出现过蛇，蛇为巳火父母亥水反冲巳火，子孙午火伏亥水之下，故儿子打死蛇，是蛇死人必亡。子孙午火随亥水动而化鬼是亡身之象，1994 年甲戌午火入库，子孙遭殃。寅木为子孙的原神，寅卯木空亡，故其病必在肝上。现小儿子得病是亥子水而旺克制子孙爻午火，子孙爻处于囚地，寅卯空水旺火死，又父动化官鬼申金坐坎，坎中满说明此子肝病以成肝腹水。1997 年得病是丑未逢冲原神入库，土泄午火之原气，卦中午未合库，亦为住院之象。

3. 房子左边有路，右边是邻居的大臭水坑，阴气贯门庭，主家中不安宁，宅子东南来路分叉为刀剪煞，主阳宅大凶伤损人口，特别主女同志有凶灾。

分析：

巳火冲二爻亥水为路，巳主东南。四爻为右临亥水动，两鬼旺相夹亥水，兑卦也为水，但为浊水，只要是双鬼夹水临蛇，临勾陈，多指粪便池，臭水坑。主家人有病，会出现淫荡之人。

4. 祖坟在三个地方，爷爷的祖坟风水最差，主要是坟地底洼，葬在水坑里，最大的毛病是坟下还有坟地，主子孙后代短寿。

分析：

祖坟是三个地方，取未土戌土和丑土，取未土者是上六爻为宗庙代表太爷之坟地。五爻为父官鬼酉金化戌土是父亲的墓地，此坟犯黄泉大煞，应为亥山巳向的回龙象，水不归槽，绝后代败人丁（世爻为穴位，应爻为向上，巽卦为巳向，故断成亥山巳向）。上六爻代表爷爷之坟，未土之下坐官鬼，说明，爷爷坟下有一个少女之坟（兑卦化坎为死地）。初爻丑土为鬼之库，丑动冲未亦说明此理。

5. 本人出生死母，亲生父亲又后续一个妻子，命主在 8 岁时又死父，便随继母改嫁，是养父把你养大成人，现养父还建在。

反馈：这么复杂也能算出，真是高人呀！母亲是产后风死的。

分析：

父母爻亥水动化官鬼申金，又两鬼夹用神子孙爻午火伏在亥水之下，说明其母是生孩子得病而死，父母爻亥水坐在兑卦，兑主少女，亦说明其母在青年时死亡，兑见坎为死地。父亲又后续一个妻子是五爻官鬼酉金为父，化戌土为后母。8岁时死父是大小二限飞宫，世为阳爻顺数，8岁时，大限在五爻临官鬼，小限也在五爻官鬼，是鬼鬼相见必成阴府之客，故断此年丧父。随后母改嫁是戌土之下申金为用，申戌同宫之故。是养父养大成人者，是世爻亥水动化申金回头生之故。养父健在是申金与月令申子辰三合局与日令巳火相合，所谓天地之合，合者寿也。在一点是申金上有戌土生，下有辰土生也是长寿之相。

6. 下边我给此人断终生运气，我断此人是个医生，1995年出现过医疗事故，看病出错，死过一个男孩。同年败财，外出继续做医生1996年发财，1997年败财，1998年死妻子，儿子得肝病败财。为什么？我先不作解释，我想以此做答题，请读者回答，并写信给我。从而达到共同提高的目的。

反馈： 是打吊针，搞错了药，是死一个男孩赔了钱财，同年我又南下广州开门诊，经过就是这样。

电话测房屋　八卦显神通

宁波王先生来电话要求测房屋吉凶：

戊寅年　　　辛酉月　　　己未日　　　（子丑空）

《风地观》	《天地否》	六神
妻财卯木、	父母戌土、应	勾陈
官鬼巳火、	兄弟申金、	朱雀
父母未土×世	官鬼午火、	青龙
妻财卯木、、	妻财卯木、、世	玄武
官鬼巳火、、	官鬼巳火、、	白虎
父母未土、、应	父母未土、、	腾蛇

推断：

1. 所买之房是旧房，门楼是新建的。

2. 房下有坟地，阴盛阳衰，此为大凶之宅。

3. 1994年此宅暴死过一女性青年。因喝毒药而暴死。

4. 院内长满蒿草藤条之物，极为荒凉，现无人居住。厨房方位不吉，下水道不通。

5. 门朝南向，门前有水坑或池塘，主人丁破败大损。

6. 主房门是木质的已破损，西南方位有一偏门，房主不走正门，而走偏门。家人不安，子女难成。

7. 宅前宽后窄，为棺材之宅主大凶，主人得头脑神经之病，后人难存。

8. 此房西北方位有叉路，出凶死少年人。西南方有路，分岔射向大门凶灾必至人财去一半，西南方位有高大建筑，射向主房门，主家有血光凶死之人。

9. 此房不利子孙。

分析:

1. 测房最主要的是要卦旺，财、福、官、父、兄上卦为吉。今福神不上卦，兄弟爻不上卦，财官处休囚之地，二爻为房临官星巳火，在月处死地，临日为衰地，又临白虎主残墙破壁，所以不是新建的而是旧房。四爻为门楼，父母爻未土临日而动化回头生，又临龙星动，所以门楼新建的。

2. 初爻为房基，父未土化未土为坟为墓。主卦一到四爻为阴爻，且临玄武蛇鬼，子孙又不上卦而鬼爻四重，白虎临二爻，阴气太盛，阳气衰落，乃为大凶之宅。

3. 九四年此宅暴死过一女性青年，此卦二爻为房屋官鬼巳火，而化官鬼巳火，临月日处死地。宅经大全讲：官鬼在二爻，旺者家中可出高官之人，官鬼处死绝之地，家中必有暴死之人，人口衰败。又临白虎主凶神，为白虎坐堂，犯白虎大煞，立见残伤人口。另一点五爻为人，现五爻临鬼处死地，卦为反吟主大凶，人变鬼主家中死人，四爻未土发动墓门大开，财爻临勾陈为入土之象，当然是暴死女青年。1994年凶死，卯木入未墓，世爻未土动化官鬼午火又午未相合，1994年为鬼之库，是随鬼入墓之故。又四爻动化鬼，主门前有浮尸。

4. 初爻临蛇，蛇在草中，卯木三爻为门户化卯木处休囚之地，卯为花草藤条之物。现无人居住，极为荒凉，是财卯木在八月，为真空，兄弟子水不上卦，鬼爻交重，乃为宅内虚空，无人可居。宅经大全讲："二爻官鬼，五爻鬼行绝地，为游魂串宫"，所以极为荒凉，无人居住。二爻为厨房，官鬼巳火化官鬼巳火为死地化死地，阳气不生，所以厨房不吉。玄武在三爻主下水道，代表人的血液，玄武在坤宫，四爻未土动，所以下水道不通，主妇女犯穿心煞主大凶。

5. 大门朝南是四爻动化午而为南，门口有池塘是因四爻动化乾，乾为天，天圆地方为池塘，三爻临玄武之故。宅经讲：门前低洼不生财，犯黄泉大煞必伤人和家畜家禽，也叫雀投江，主耗散钱财，主牢狱，车祸，家败人亡。

6.主房门是木质的已破损，是三爻卯木化卯木临月破之故。西南方位有一偏门，是四爻未土坐巽宫发动之故。房主不走正门走偏门，是三爻克四爻。家人不安，子孙难成，是青龙临四爻，为青龙折足，又为龙入墓穴。

7.此宅前宽后窄，为棺材之宅主大凶，后人难存。因内卦为坤，坤为腹为大，外卦为巽为圆为细小，所以前宽后窄。老宅经叫：三不遇宅财败人丁败。主人头脑易得神经之病，是上六卯木和月令酉相冲之故。

8.此房西北方位有叉路，主凶死少年人，是指路煞为长蛇吐信，主大凶之宅。因二爻巳与亥冲主西北有路，西南方位有路，分岔射大门凶灾必至，人财去一半。五爻为道路，化申为西南方，申主丧车，故此路为阴箭煞也为刀刃煞，此为黑蛇入宅主人财去一半。西南位有高大建筑，射向主房内，主有凶死之人或有血光之灾。是指为墙角煞也为白虎坐高桩，这都是阳宅大忌之煞，若犯着都主大凶。

9.此房不利子孙，因子水伏在初爻未土之下，伏来受克，又不上卦，所以不利子孙。

反馈： 你测的很对，此女房主是死在1994年，得病很急，但到医院查不出病因，第二天女的就死了，男的神智不清。确实是生一女孩。后来此房无人居住。你所说的路也相符，门口确有一个大土坑，西南方有一个大楼楼角是射向主房门。现在这房子想便宜出售。

拜象封侯

电话测房屋吉凶亦可知

北京李先生电话求测房屋风水：

庚辰年	己丑月	乙未日	（辰巳空）
《雷地豫》		《天山遁》	六神
妻财戌土 ×		妻财戌土、	玄武
官鬼申金 ×		官鬼申金、应	白虎
子孙午火、应		子孙午火、	螣蛇
兄弟卯木 ×		官鬼申金、	勾陈
子孙巳火、		子孙午火、、世	朱雀
父母子水 妻财未土、、世		妻财辰土、、	青龙

推断：

1. 住宅是独门独院，而非楼房。

2. 房子坐北向南，房基为三角地，前高后低，主家中易破财耗财，易犯口舌官非。

3. 房子大门前有条路，路是由西北过来，转为由西向东的路。

4. 大门口靠左边有一个很高的东西，是电线杆。家人印证，是一个高压电线杆。

5. 大门朝南有条小路，正南方有个铁桥，为白虎煞，主家中不宁，易出现伤灾或牢狱之灾。

6. 房后东北方是低洼，有水坑或下水道，不利子孙。

7. 房子地基的东南和西南方位原来都有坟，阴气重。

8. 主房西北角的房顶漏水，不利身体健康，宜患神经衰弱症。

关于此房的风水，我就讲了这么多。李先生逐条印证后，不禁感叹六爻断风水之神奇。为了让他更深入地体会一下一卦多断的妙处，我又继续给李先生断了几条。

9. 你的住房不利子孙，尤其对长子不利，头部、脑神经方面，应该是有问题。

反馈：老大小时吃药造成脑神经方面的后遗症，智力低下。

10. 你的肾不太好，呼吸器官也有病。

11. 你太太应该有头晕之病。

反馈：是的。

12. 1995、1996、1997年财运都不错。1998年开始走下坡路，年上破财。1998年出车祸，破财，有官非。1999年仍然破财。2000年家中不宁，有官司。

反馈：1998年开车撞伤人，又破财又招官司。2000年正月有人无端来家中闹事，把窗户玻璃都砸了，还打人，为了这事又打官司，这几年事就没断过。这些事断的都对。没想到摇一个卦能看出这么多的事来，我真是服了。

经过我的详细解释，使李先生认识到家庭居住风水的重要性。并请我为他的住宅进行了调理。现在李先生和我已经成了好朋友。

分析：

1. 住房是独门独院。

父母爻伏于初爻未土之下受克，又受日月之克，说明住的是平房，独门独院，而且是旧房。

2. 房子坐北向南，前高后低，而且是三角地。

四爻为大门，午火代表南方。父母爻子水代表北方，故而房子是坐北朝南的。震主高，坤主低，所以房屋前高后低。上卦为震主尖，下卦为坤主宽，说明地基是三角地。这些都主钱财不聚，易耗财，易生官非。

3. 大门前有条由西北而来又转为由西向东的路。

五爻为路，申金化申金，震化乾，说明有一条由西向东的路，路是由西北而来。

4. 门口左边有一个电线杆。

震主高，乾也主高，上卦震化乾，震为长圆之物，又有戌土在六爻发动，午戌合，戌土为火库，故而说明门前有电线杆。

5. 出了门向南有条小路，经过一个铁桥。

四爻午火化午火临腾蛇，主南边有条小路。乾卦有桥象，五爻官鬼申金化申金临白虎，说明是一架铁桥，桥上有钢筋可视为铁挢。此煞主家中不宁破财。

6. 房后东北角有水坑或下水道。

初爻未土化辰土，辰土为水库，为水坑，水道等，艮为东北方，故断东北方有下水道。此煞主男主人肾衰，呼吸气管有病。

7. 房子东南和西南角原来有坟。

初爻未土化辰土，坤化艮皆主坟地，故断西南，东南方位有坟。阴气重，主家中事非多，破财。

8. 主房西北角屋顶漏水

六爻为房顶，丑未戌三刑临玄武，说明漏水，说明主人有血压高之病患。

9. 长子脑神经有问题。

子孙爻午火坐震宫为长子，子孙爻日月休囚，戌土发动，午戌合，午火有入墓之象。戌土在六爻代表头，丑未戌三刑，说明头部有问题。

10. 李先生肾不好，呼吸系统有问题。

三爻代表腰肾，兄弟化官鬼，金木相战，说明腰疼，肾不好。五爻为咽喉，官鬼化官鬼临白虎，有病疾之象，申金又受四爻午火之克，故断呼吸器官有问题。

11. 李太太血压高，头晕。

应爻为妻，火土旺而克水，子水不现，子午冲，故断血压高，丑

145

未戌刑，有时会头晕。

12.1995.1996.1997 年财运不错。

1995 年乙亥，亥卯未合局，兄弟爻旺相生子孙午火，午未生合为得财之象。1996 年丙子，午火虽然冲岁破，但仍有巳火可化泄卯木生财，此年运气仍然不错。1997 年财临太岁而旺，也是得财之年。

13.1998 年出车祸，破财，打官司。

1998 年戊寅，寅午戌合局，午火入戌库，不生世爻，寅申巳三刑财无原神，世爻受太岁之克，为破财之象。五爻为道路，寅申相冲，白虎凶神发动，乾震均有车象，故断此年有车祸，破财。五爻官鬼化官鬼临白虎，三爻兄弟化官鬼临勾陈，主有官司。

14.1999 破财，2000 年家中不宁，打官司。

1999 年兄弟卯木临太岁旺相发动克世，为破财之象。2000 年世爻虽临太岁而旺，但丑未戌三刑，世又化库，官鬼旺相耗财，又临白虎发动，说明仍然有官司。

六爻卦中信息千变万化，没有一成不变的既定规律，不同的卦例，分析方法千差万别。要想以不变应万变，只有刻苦实践，勤学苦练。

阳宅形势与流年吉凶

青岛黄女士打电话来预测租栋楼作商场，风水如何：

丁亥月　　甲申日　　（午未空）

《风地观》　　　　　　　**六神**

妻财卯木、　　　　　玄武

兄弟申金　官鬼巳火、　　　白虎

父母未土、、世　　　腾蛇

妻财卯木、、　　　　勾陈

官鬼巳火、、　　　　朱雀

子孙子水　父母未土、、应　　青龙

推断：

1. 此房风水太差，做生意很难赚到钱。

2. 房子没有正门，左右两边各有一个小门。

3. 进门要拐两个弯，刚进屋，房中间就有一个大柱子。

4. 此房地面潮湿。

5. 门口从西北方过来一条大路。

6. 左侧一条大路，右侧一条小路。

7. 东南方是大海。

8. 楼左右两侧各有一个烟囱。

9. 东北方向有条臭水沟。八白方位有煞主破财。

10. 要为此房犯口舌。管理房子的是二个人。

11. 你 1997 年离婚。现在交了一个男朋友，是有妇之夫，脾气不好，财运不佳，1998 年做生意赔钱。1999 年生意平平，无财可赚。

分析：

1. 此房二爻坐官鬼临朱雀，主经营使用后易生口舌是非。初、四爻旬空，二、五爻月破，又被日辰合去，兄弟、子孙皆不上卦，故言风水太差。财在亥月虽得长生旺相，但财库旬空，看起来挺赚钱，结账的时候却又没有多少，问题多，漏洞大。

2. 四爻为大门，旬空表明此房无大门，三爻为二道门，财爻卯木上下二现，主左右各有一个小门。

3. 卯木克未土，表示门要拐弯而进。未土两现说明要拐两个弯。卯木得长生旺相，坐坤卦表明进门有方形柱子。

4. 子水临月建，又在申日得长生旺相，伏于初爻未土之下，初爻为地，说明此房地面潮湿。

5. 巳亥冲，与二爻冲者为路，故而在西北方有一条路。

6. 父母爻未土坐坤临青龙为大路，坤主大。父母爻未土坐巽临腾蛇为小路。青龙为左，腾蛇在右。

7. 卯木临玄武位于六爻，亥卯相合，十月之水旺极，故为大河、大海。卯木坐巽，巽为东南，故东南方是大海。

8. 二爻五爻皆为官鬼巳火，卯木生巳火，巳火生未土，火土相生，故断左右各有一个烟囱。

9. 东北方有臭水沟是因为子水伏于未土之下，子丑合，丑未冲，子水代表北方，丑土代表东北，又代表臭水沟，排水沟，所以东北方有臭水沟。东北方为八白方，八白方有臭水沟为煞，易破财。

10. 卦中财生官，官生父，说明要先交钱给官鬼，才可得到房子。故断管房子的是两个人，官鬼月破，临朱雀、白虎是有争执之象。对方反馈，说管房子的二个人因要价不一致而发生争吵。

11. 卦中二财二官，婚姻不顺。五爻为夫，官鬼月破，又被日辰合去，有离去之象。世应俱空，1997年被太岁所冲，父母爻代表离婚证，1997年临太岁旺，故断1997年离婚。

二爻可看作现在男友。官鬼巳火有三爻卯木紧贴相生，为有妇之夫。巳火月破，巳亥冲，水火相战，脾气不好，运气也差。

1998年寅申巳三刑，为破财之象，非但不赚，反而赔钱。1999年财虽临太岁生官鬼，但子孙爻伏藏受克，卯年处绝地，故而无财可求。

黄女士听完我的卦后，非常兴奋，

108阵法之一

反馈说完全正确，并请我为她的房子做了风水调理与化解，起到了趋吉避凶，财运亨通的效果。

二五相冲　家中不宁

河北的萬女士摇卦测房屋：

己卯年	壬申月	甲午日	（辰巳空）
《震为雷》		《地雷复》	六神
妻财戌土、、世		官鬼酉金、、	玄武
官鬼申金、、		父母亥水、、	白虎
子孙午火○		妻财丑土、、应	腾蛇
妻财辰土、、应		妻财辰土、、	勾陈
兄弟寅木、、		兄弟寅木、、	朱雀
父母子水、		父母子水、世	青龙

推断：

1.此房不聚财，不利文书，祖上无做官之人。

2.1998 年家破大财，有官司口舌之事。

3. 家人常做恶梦。你有偏头疼病，浑身筋骨痛，血压不稳，有手术之灾。

4. 你生有四胎，其中二胎夭折。现在你有两个男孩，但学业欠佳。

5. 你的次子可成名。

6. 你夫妻关系表面上好，实际上不好，经常吵架拌嘴，说不到一起。

7. 孩子和你关系较融洽。但也经常犯点小脾气。

万女士看起来是个很有心计，且不善言表之人。认真地听完我的决断。我问他，你家的实际情况与我所断是否相符。

反馈：哎呀，全对啦。跟你所说的一样，我们家祖辈上到现在就没有大出息的人。说不上穷，但也不富裕，挣了钱也存不下，总有事。孩子念书也不成，大的还凑合，但愿将来能有出息。我结婚以后，曾有过二次流产。后来生了这两个男孩。丈夫脾胃不好，有肾结石症，我爱做恶梦，右边头疼，浑身酸痛，有时就跟散了架似的。血压高，心脏也不好。大腿让车给撞了一下子，缝了八针。

分析：

1. 主卦六冲，世应相冲，虽子孙午火发动化妻财丑土，但在合他人。测阳宅，六冲变六合说明此房不吉，犯黄泉大煞，主财上不聚。同时卦中辰戌丑未四库全，说明住宅气场不好。东北、西南方位有粪池或臭水坑，对财人都不利。所以说此房不聚财。父母代表文书，子水化子水坐震为泄气，卦中土旺克水，文书受损。辰土妻财居之，为父母子水之墓库，辰乃巽方青龙之位，文书忌神坐之，对文书不利，另外辰化辰为空化空，显示此方东南方位房屋缺损，说明宅中祖上文书欠缺，没有读过多少书的人。卦中子孙独发克官鬼，官鬼虽居五爻但化亥水为泄气，临白虎为自带凶神为不吉，六爻为祖上化出官鬼酉金去合应爻，综合推断从祖至今无做官之人。

2. 二爻为宅中，兄弟化兄弟临朱雀，五爻官鬼申金冲之，说明此房西南方位有路直冲房屋，为一大忌。官兄相战，必主官司口舌，破财多多。

3. 初爻子水化子水，说明水井错位，房中男主人脾胃不好，肾部有病。

4. 我生者为子孙，申金为子，金数为4.9受坐下午火之克为弱，取4数。申金被子孙午火克寅木冲二胎夭折之象。

5. 五爻申金为子，上六变爻酉金也为子。申金居阴爻化阴爻，变为阳，酉金阴与三爻辰土合，阴合阳为阳，所以是两个男孩。申金是大儿子，酉金是小儿子，申金冲寅木临白虎，好打斗惹事。酉金合财，临玄武，聪明伶俐，财官相生有名气。

6. 主卦六冲，世应相冲，显示夫妻关系不合。辰戌比合，有表面看好之象，实际不好。二爻为夫克世合亥，也说明夫妻关系不好，有外遇之象。

7. 子孙午火动克五爻申金，五爻为父说明跟父亲关系不好，子孙午火与世爻戌土生合，说明母子关系融洽。午火化丑土刑世爻戌土，刑者克也，爱犯点小脾气。

阳宅风水恶　楼中灾病多

广西一学员来电话，测阳宅风水：

戊子月	庚戌日	（寅卯空）
《风泽中孚》	《风火家人》	六神
官鬼卯木、	官鬼卯木、	螣蛇
父母巳火、	父母巳火、应	勾陈
兄弟未土、、世	兄弟未土、、	朱雀
兄弟丑土 ×	妻财亥水、	青龙
官鬼卯木〇	兄弟丑土、、世	玄武
父母巳火、应	官鬼卯木、	白虎

推断：

1. 此楼是建在一个湖泊之地。东高西低，阴气重。楼东南方位有铁栏杆，铁栏杆内是个小花园，增加了楼的阴气。东北方位低洼，聚臭水，导致楼的住户易得病。楼的西方有十字路犯黄泉煞，主破财。

2. 楼下是个乱坟堆，凡住此楼的住户，家中不安宁，常会出现伤病灾。

3. 从一楼到顶楼，人不得安宁，有阴气。特别到夜间 12 点后，响动、怪事较多。

4. 此楼的住户会得希奇古怪之病，会突然死亡。从一楼到五楼特别严重。

5. 尤其是从 1997 年到 2000 年凶事较为明显，对青年人最为不利，每年要死亡 2 人到 3 人。

6. 此宅不利子孙，不利妇女，楼中妇女易得难治之病，且好做恶梦，财上破耗较多。

反馈： 楼的周围环境测的完全正确。楼下确是乱坟堆，以前这楼的周围是坟地，这栋楼好多人家得难治的病，有的检查不出来。从1997年到现在这栋楼里已死亡16人，其中包括小孩、青年人、老年人具体病因查不出来。12点后楼内是有响动，有时能看到阴影。此楼经我化解之后，效果很好，平安大吉。

分析：

1. 此楼建在湖泊之地上，是因为《中孚》下为兑卦，代表沼泽湖泊之地；东高西低是官爻卯木发动化丑土之故；阴气重，是蛇虎临官鬼日合月生，官鬼旺而无制，二爻鬼动，五爻巳火，处死地。东南方位有铁栏杆，是因为官鬼卯木化官鬼卯木逢空，小花园是巽化巽之故；加重阴气是由于上六爻卯木化卯木临蛇，此是凶象。六爻为宗庙，不可克世，克世主风水极坏。东北低洼，因三爻丑土化亥水；十字路是勾陈克玄武，二爻克四爻，故断有十字路。

2. 楼下是乱坟堆，初爻化鬼临白虎，二爻鬼发动临玄武。

3. 人不得安宁是由于子孙爻不上卦，从初爻到上六爻是官鬼旺相克三爻四爻之故。

4. 初爻坐鬼临白虎，必主大凶。二爻为房屋，官鬼发动，克三爻四爻；五爻代表人，在三冬真空，故断此楼大凶，人会突发死亡。

5. 从1997年到2000年凶事最明显，是官鬼临旺地之故，《宅经大全》指出"六爻上下俱官鬼，鬼旺之时人俱亡。"为什么不断生官呢，因为卦不是断人的运气，而是测阳宅。本卦的主要重点是二爻坐官鬼发动，五爻空亡，子孙不上卦，财爻化绝地，所以断每年都有人损伤。

6. 此宅不利子孙，是子孙爻在月上为死地，又伏在库下；不利妇女，是财爻不上卦，伏在巳火之下为绝地。易患难治之病，财上破耗，但子孙爻不上卦，有病当然难治，财上必定破耗。

八卦风水　断明吉凶

海口的朱小姐测流年运气：

	庚寅月	己未日	（子丑空）
	《山火贲》	《地天泰》	六神
	官鬼寅木○	子孙酉金、、应	勾陈
	妻财子水、、	妻财亥水、、	朱雀
	兄弟戌土、、应	兄弟丑土、、	青龙
子孙申金	妻财亥水、	兄弟辰土、世	玄武
父母午火	兄弟丑土 ×	官鬼寅木、	白虎
	官鬼卯木、世	妻财子水、	腾蛇

推断：1.卦象成立，我首先断朱小姐的住宅风水不吉。主要的毛病如下：

（1）住宅前边高后边低，前高是犯冲天煞，主家中耗财犯口舌。

（2）东北西南方有水沟，主男女有外情，夫妻关系不和睦。

（3）房子大，大门小且后缩，大厅后边留有后门，正处在财位上，漏气，主破财。

（4）西北方向有条河，家中楼梯口正对大门。据此我断定朱小姐，头胎定生女孩，家中会有凶死之人。特别会出现车祸败财。

（5）大门口有条路，不吉，主财上不聚，原因是此路一溜下坡犯黄泉大煞，你家中常出现各种各样的蛇。

反馈：李大师你测的没错，如亲眼所见，特别是家中常有蛇爬动，真是吓死人。这几年家里连续出车祸破财，丈夫整天整夜不回家，今年丈夫又丢官。运气真是太差了。

分析：世为坐山，应为案山，也就是朝向。应在艮宫，艮主高，所断是前高后低。在风水学上，前高后低者，主不旺子孙，败财败人丁，主宅中有凶死之人。五爻子水化亥水为空，亥子水主西北，所断西北有条河。西北有水为淫荡之水主老公红杏出墙，败财丢官。二爻丑土逢空发动与子水相合，丑为东北，故东北有水沟。西南有水沟者是六爻位，官鬼寅木发动化酉金临勾陈之故。房子大是变卦地天泰之故。三爻为大门，三爻亥水化辰库，卦象离化乾，所断大门小且后缩。再看四爻兄弟戌土化丑土，组成丑戌未三刑，也说明大门为破财之门。二爻兄弟丑土发动化官鬼寅木回头克，又被日令未土相冲，逢空又逢冲为破，说明此宅留有后门，应主前，世主后。为什么说后门为财位呢？因日令未土与丑土相冲，斜角财位也。何况丑土合财爻子水，子水空，空者洞也，这叫金柜无底漏财。阳宅遇者为一大忌。四爻临青龙，主楼梯，三爻离卦变乾卦临蛇虎，又辰戌相冲，亦说明大门与楼梯相冲。蛇虎并临，又官鬼寅木临白虎，说明此房犯白虎大煞。白虎坐家中必犯凶险之灾。因乾卦主车，说明家中必有车祸，有撞死之人。因子孙爻不上卦鬼旺无制，所断朱小姐头胎必生女孩。由于外卦动艮变坤，艮高坤低，所断门口有条路一溜下坡不吉也。门口过水背门而流为黄泉大煞，为凶宅。此房败财损人丁为一大忌。初爻官鬼卯木化子水临蛇必是长蛇出入之地，所断家中常有蛇虫爬动。此物出现家中人财去多半，也会出现伤灾手术车祸牢狱等凶险之灾。具体情况要结合卦象而断，方能准确无误。如此卦父母爻午火伏藏不现，得月生而旺，说明家中装修豪华漂亮，必是新盖之房。卦中官鬼爻旺子孙爻休因，说明此房来路不明，不是正道得来的房子。这些信息要全方位的参考而断，方能出神入化。如此房厅堂高大且面积小，为头重脚轻犯冲天煞，易丢官罢职。实际情况前厅两层楼高，但厅堂很小。因世应之间为明堂，水土相克为小，相生者临旺为大。二爻动化乾卦主高主漂亮此为断宅之法也。

推断2：我断朱小姐婚姻不顺，夫妻各有所欢。1996年交了一个男朋友，岁数较大，到 1997 年分手。1999 年又交了一个情人，曾跟你借过一笔钱，年底此人应在车祸中丧生。2000 年你又交了一个年轻的男朋友，你给他买了一辆新车。

反馈：1996 年交了一个岁数大是搞艺术的。1997 年回北京以后再没有来往。1999 年又认识了一个男友，向我借了十多万现金，没想到车祸死了，算是破了一笔财。2000 年交的这个朋友是比我小几岁，在我手下做事，很能干，我给他买了一辆新车。真没想到在大师面前是没有什么秘密可言的。

分析：卦逢两鬼两财俱是婚姻不顺的信号。官鬼旺相，财行弱地必是破败婚姻。女测卦官鬼持世，又世应相克均为婚姻破败之相，世爻化财相刑，子卯刑为桃花，均主男女红杏出墙，各有所欢。卦中财化兄，官化子孙主男女各有外遇。六合卦变六合卦，我的经验是男女各自另有所欢。此卦子孙爻不上卦，官鬼无制，财无原神，必定婚姻破散，不论男女摇卦，合多者，偷情多也。官鬼持世化财子水，子卯刑，财爻子水可看作异性，此是八卦反推之理。财坐乾，乾主老男，初爻代表过去，所断 1996 年交友岁数大。卦中官星临勾陈腾蛇白虎，财化退，化库临玄武，必有偷情性乱之事。1999 年是亥卯未合局又寅亥相合，说朱小姐交此友是有妻之夫。三爻财化兄弟爻辰土为库，临玄武，说明朱小姐借了一笔钱给男友。由于亥水化库与官鬼寅木相合，官鬼随财入墓，上六爻官鬼寅木动化子孙酉金回头克亦是凶象。此用神应取亥水，亥水化库与鬼相合，月上处病地日上受克，又重重兄弟爻包围，勾陈发动白虎动，俱主凶死之相，艮化坤离化乾，俱主车象，所断 1999 年年底其友车祸而死。1999 年者是鬼旺之时灾祸必至。

戌为应爻为对方，坐艮宫，艮主少男，女摇卦合者为桃花，当然是年轻的男友。2000 年为庚辰年财入库，那么土也入库。卯戌合，卯随戌入辰库，男女入库，正是暧昧关系所至。切记寅亥合，男女有节制性。若卯戌合，男女是无节制的，双方性要求特别强，其中道理大家去理解，我以后再解。

2000年是兄弟爻旺相劫财，五爻子水化亥水为财上化退神，亥在坤宫主车象，亥水与世爻卯木相合，说明钱是朱小姐本人的财。世应合临青龙，变爻世在乾主车，坤也主车，故朱小姐给年轻的情人买了一部车。再看世爻化空应爻化空，为空合，说明是没有结果的"露水夫妻"。再分析一下卦理，五爻为夫，空化退艮化坤，子丑合，被动爻合走的子水所化出的亥水被月令寅木合走。说明朱小姐的情人中必有车祸而丧生的，正应1999年的男朋友。

推断3： 我给朱小姐讲：你丈夫1995年到1999年都有情人，此用神应先看应爻代表丈夫，再看官星寅木，应爻临兄弟为火之库，兄弟戌土临青龙。火主文书，土主布匹纸张，龙主官位，主酒色，说明丈夫是搞文秘工作的，又是当官的。

反馈： 他是市政府的秘书长。

卦中寅午戌三合局说明丈夫文化水平高。由于丑戌未三刑又化空，丈夫无多大权力，也说明丈夫个子不高，圆形脸，体肥，有高血压之病，且左心室有病。

反馈： 李大师连丈夫身体长相也能测出。我讲：只要卦技精，无论什么事情都能测准。

反馈： 我丈夫1.65米高，体胖，有高血压心脏病。

分析： 因应爻为戌土，土在人体主肉，水主血液，木主神经，金主肾，土多当然是体胖。五爻为脸，虽为水，但是艮化坤为地，必定是圆形脸。水被月耗日克，上六爻代表头化酉金回头克，当然是血压高，头上有病。子水化亥水为退，亥水为左心室，必定左心室有病。此是卦中之理，学者需多加领悟其中道理。1995年、1996年有桃花者是应爻为兄弟，兄弟者劫财也。切记不论男女临戌土未土乃性要求强烈，性生活频繁。戌土上有子水下有亥水化丑土，被日令未土冲起暗动与财子水相合，与酉金半合，不正说明丈夫在暗动找女人吗？丈夫四周被财包围正说明女人多，临青龙说明色劳过度，亥子水酉金卯木与应爻具有关系，正说明其丈夫桃花满盘无制，所找女人都长相漂亮，能说会道，嘴巴甜。1995年、1996年太岁为亥子水正是财旺官旺无制，乃红杏出墙。1997年为丑年兄旺合桃花。1998年为戊寅年是寅午戌合局寅亥合。1999年卯戌合是老少之合，此为桃花盛开之年。对方讲：这几年正是如此，我实在看不下去，闹了几次离婚却没离成。

推断4：我给朱小姐讲：1997年你长兄有车祸死亡。1998年你老公有车祸，人虽没有事，但车报废。1999年你老公又出车祸把别人撞死，你本人开车把别人撞伤，此年破财很大。

反馈：你断的完全对。1997年我大哥被大巴车撞死。1998年老公开车，翻车，人虽没事但车报废，损失20多万。1999年老公开车回老家路上撞死一个男孩，下半年我开车撞伤一个女青年。此年损失20多万。

分析：二爻兄弟丑土发动化旺官回头克，又受月克日冲处死地。正说明两车相撞之意。旬空动化鬼回头克，父母爻不上卦无原神，虎在二爻动，必是兄弟有车祸，而是死灾。兄弟爻在卦中虽多，但被旺官所制，再一点兄弟爻丑土发动之故。1998年为戊寅年正是官星临岁，寅年为虎年。也是白虎凶煞神更凶。鬼旺克用，太岁克用，必有凶灾所至。卦中丑未戌三刑，均主不吉之象。怎么断出车毁人没事呢？应从三个方面分析卦理。（1）应爻代表丈夫，坐艮化坤，坤主车象。1998年木旺克土，坤卦气衰处死地。主车报废之意。二爻动化乾卦主车象，木旺之年金损也，亦主车损之意。（2）看父母爻午火伏在二爻易出，因丑土旬空受木克制，午火旺相得出，但父母爻临白虎发动，说明车上出凶险之灾。午戌合局说明丈夫开车出事，卦中四鬼临岁，为真虎动也。（3）应爻土临世星青龙可逢凶化吉，戌土虽受太岁与月令之克，必定是寅午戌合，卯戌合，又六合卦化六合卦，所断本人无事。1999年为卯年，初爻官鬼临蛇，二爻虎动，二大凶神在初爻二爻，前边讲过此房犯白虎煞，故易出现车祸，血光之灾。1999年官鬼临岁无制，世临蛇，蛇在乾主翻车。再看六爻官星动化酉金回头克，寅年无事。卯年呢？子孙酉金冲克太岁卯木，子孙为小孩被官鬼临岁反克，又临勾陈子孙酉金处死地，必有生命之危。本人撞伤一女孩是世爻卯木化财子水临蛇之故。

推断5： 我断朱小姐2000年破财。

反馈： 破财几十万。

分析： 1.卦中兄弟众多，又发动，鬼旺耗财，子孙爻不上卦财无原神，被群兄所劫，必是破财之象。财不是被合，就是入辰库，必是破大财之兆。此卦最大特点是六合变六合，朋友多，婚姻关系复杂，异性朋友多，丈夫外遇耗财多。

2.此卦官鬼旺相无制，子孙爻月破不上卦，财无原神导致破财之大，灾祸多。父母爻不上卦，官鬼寅卯木无泄主住宅风水大凶。

3.财爻虽多不是被合就是受克，家中损财必大。

4.六爻只要官鬼化子孙回头克冲，不论是子孙爻旺相还是衰。均有车祸或牢狱之灾手术之灾。

5.只要蛇虎在初爻二爻动，家中定出现凶灾和血光之灾。若勾陈动，家中必出现死人和牢狱之灾。二爻变卦临官星，寅卯木临白虎，家中必犯白虎大煞，男人在外偷情，女人红杏出墙败财。若变卦是乾震在下卦，临龙虎，家中是龙盘虎踞，楼梯口必对大门，主车祸死人，也主女人不正经。此卦所显现的凶灾主要是车祸和破财。

聚宝盘

财爻受克　家运不济

上海的梅先生电话测家运：

戊寅年　　壬戌月　　辛亥日　　（寅卯空）

《天泽履》	《水天需》	六神
兄弟戌土○	妻财子水、、	腾蛇
子孙申金、世	兄弟戌土、	勾陈
父母午火○	子孙申金、、世	朱雀
兄弟丑土 ×	兄弟辰土、	青龙
官鬼卯木、应	官鬼寅木、	玄武
父母巳火、	妻财子水、应	白虎

妻财子水

推断：

1. 你父亲在 1995 年或 1996 年出过车祸，动过手术。现在有高血压病。

2. 你母亲小腹做过手术，现有偏头痛。

3. 今年六月份，你哥哥家破财，你自己家中无财可存。

4. 1998 年 4 月份你头上有灾，腰颈椎有病。1988 年得过肝炎病。你泌尿系统有病。

5. 你家中没有做官的。

6. 你家住房为两室一厅，门朝西南方位。北边有门，与邻居家的门相对。

7. 你家房西边有条路。下水道向西北流水。厨房在西北方位，与厕所连在一起。

8. 你家西方位有一高大建筑。

9. 你家屋内阴气重，你的床是东西铺放。

10. 你先后谈过两个女友，都没成。

反馈：

父亲 1996 年 11 月出车祸，险些丧命，现在有血压高、心脏病。母亲偏头痛，腹部因阑尾炎而动手术。家庭整体情况很不好，没有什么积蓄，哥哥家因头晕症常年吃药，又因与别人合伙做生意，而受骗赔钱。其它如房宅情况也一一验证无误。最后在梅先生的请求之下，我为他家的风水进行化解，后反馈效果很好。

分析：

1. 初爻父母巳火居阳位化阳位，又化乾宫，初爻为父，乾也为父，父居阳爻也为父，又自带忌神临白虎，日令冲克，入月墓，必有血光之灾。1996 年丙子年，忌神临太岁，居乾宫，子水临太岁旺冲克父母巳火，巳亥为车象，乾为车象，亥子都从乾宫出，故断其父车祸伤身。水旺火息。幸有二爻卯寅相生才使危中有救而保全性命。

火为心，受克而入戌土之库，戌土之库为五爻申金化出，五爻为父，所以其父心脏患病。六爻为头戌土动克子水，水为血液，所以是血压高。

2. 四爻午火为其母，二爻为腹，卯化寅与午火相合，子孙申金居坤宫，坤为母也为腹，子孙申金代表手术刀，申金直冲克二爻寅木所以是其母腹部动过手术。六爻为头，戌土坐之，合父母午火，克妻财子水，水为液因受克而流通不畅，所以是头上有病。

3. 兄弟为哥们弟兄。兄弟戌土临月建是大哥，临六爻化妻财子水，为破财之象，卯戌相合，卯木官鬼为病气，六爻为头，木为神经故脑神经有毛病而头晕，寅午戌合父母克子孙又官鬼临玄武，所以是合伙做生意而上当赔钱。

4.1998 年戊寅，太岁冲世爻申金，太岁冲身必有祸，申金又居乾宫，乾主头，所以是其头上有伤灾。五爻又代表颈椎，受冲必有病，所以是颈椎也有病。三爻为腰丑戌相穿相刑，辰戌冲所以是腰部也有病。卦中木弱，又坐兑受克有伤，原神子水又受克，八卦诊病木主肝，金木相战必然木损，所以是肝上有病。初爻之子水代表人的泌尿系统在卦中重土之克，所以是泌尿系统有病。

5. 官鬼寅卯木在卦中旬空，又子孙申金持世居五爻，原神又不能通关，官又居宅爻受克无生，所以家中没有当官的。

6. 八卦测阳宅，辰、戌、丑、未四库为室，世应之间为厅堂。现卦中丑戌为二室，间爻父母午火为一厅室。所以是二间一厅。合二爻者为门，戌动合卯，戌为西北，化坤宫为西南。三爻为门四爻为户，三四相生，门相对。四爻午火化申金临朱雀，申金为西南，所以门是向西南方位。合二爻者为门，戌合卯化子水又居坎宫，故北边有门，子午相冲，四为右邻，所以是后边有门与邻居相对。

7. 冲二爻者为路，酉为西，故房子西边有路，辰土为水库居乾宫，乾为西北，故下水道向西北方位流。巳、午火主厨入戌库，故厨房在西北。水临玄武为厕所，玄武临乾位，乾中有亥水，子水，故厕所在西北，巳火化子水，所以厨房厕所相连。

8. 申金主高入丑土之墓库，丑在兑，所断在西方有一高大建筑。

9. 二爻为宅官鬼居之，又初爻父母巳火受日冲入日墓，化回头克，所以阴气重。三爻为床席丑土为床头居兑宫，必床为东西铺放。

10. 戌克者为财，子孙申金持世冲克寅木卯木，所以是曾谈过两次对象都未成。

108 阵法

青龙螣蛇齐发动　宅现大蛇灾来临

海南的黄先生经我弟子庞学康引见，找我测住宅吉凶，得：

庚寅年	寅月	丙申日	（辰巳空）
《山水蒙》		《雷水解》	六神

	《山水蒙》	《雷水解》	六神
	父母寅木〇	子孙戌土、、	青龙
	官鬼子水、、	妻财申金、、应	玄武
妻财酉金	子孙戌土×世	兄弟午火、	白虎
	兄弟午火、、	兄弟午火、、	螣蛇
	子孙辰土、	子孙辰土、世	勾陈
	父母寅木、、应	父母寅木、、	朱雀

推断：

我看了卦象与五行，对黄先生讲："你的房宅是座北朝南，你的宅基下原来是个大水坑，你是用土垫平盖的房。你的厨房是在你的住宅东南角。住宅的东北角是个臭水沟，厕所也在东北角。你的房后低洼，房子后面也是个坟场。你在院子的西边墙上开了个西门。你的主大门门前左边是水泥路，路面修的特别好。门前的右边是烂泥路，高低不平。正对着你家大门南边这一家楼房高大，楼房上面有个三角架，多指是电视机的接收架。你房子东侧有家医院，煞气较重。

你从2006年起至今破财，你今年不但要防止破财，还要防止车祸。你离过三次婚，2002年第一次离婚，2004年结婚，2006年又再次离婚，2007年第三次结婚，但2009年妻子却因车祸死于非命。你是先穿父孝，母亲长寿，你父亲在2004年死于肝癌。你的住宅为凶宅，在你的宅院东北角臭水坑旁出现过一条大蛇，应在2008年，结果你妻子在2009年出车祸了。"

反馈：

我讲到此处，黄先生非常激动的说："对呀，对呀！是一条非常大的红色毒蛇，师傅你是怎么看出来的？我找几个师傅预测过，都没看出来有蛇。我家的住宅原来是一个大水塘，我是用土垫起来建的房子，房后是低洼，还有好多的坟。大门朝南，院子西边是留个小门，门正对着我家的厨房门，厨房的北头有个厕所，还有一个积水沟，也就是你说的院东北角上。门前左边有水泥路，是医院出钱修的，右边是泥路因没有人出钱修。正对着我家对面的楼，是比我家的楼高，楼上是个电视接收架子。我们家自搬进来住后，运气就不好，从 2006 年至今干什么生意都干不成，还亏钱。至于我的婚姻，你说的都对，我离过两次婚，最后这个老婆是在 2009 年去沈阳的高速路上，与一辆大货车相撞，当场死亡。父亲是 2004 年得肝癌死的。2008 年我家出现过三次蛇，看上去是同一条蛇，我们没打，后来再也没看到过。"

分析：

房下大水塘，是下卦为坎，坎为水。房后有坟场，是二爻辰土化辰土，辰土又是官鬼之库，初爻父化父，也代表房后有坟。

大门朝南，是三爻为门午火化午火。院子西边有小门，是二爻辰土合酉金，酉又伏在世爻之下，四爻代表院子，故断西边有门。西边有门主婚姻上不好，此门对女人有影响。

房东北角上有水坑和厕所，是官鬼子水在艮卦，艮主东北，又坐玄武，所以破财、有血光之灾，也叫破血财。

门前左边有水泥路，是外卦为震；右边有土泥路，是主卦的上卦为艮之理。房子东侧是医院，上六爻父母寅木发动化戌土与三爻午火三合火局，螣蛇白虎在三爻四爻，子孙爻戌土又动，故断是医院。五爻官鬼子水化申金临日令，申金主医生，又代表手术刀，申坐震卦也说明东方有医院。东方有医院主家中阴气重、破财，也主家中的人常有病灾之苦。

大门南边有高楼，楼上有高架火煞，是上卦艮主高，艮高代表楼高，艮又变震代表高架电视接收塔，震也主高，震卦子孙戌土半合午戌火局，也代表电视接收塔，故断是电视接收塔。艮卦为什么不断东北而断门前为南边呢？因艮为上卦，不是下卦，艮卦五行寅木动化子孙戌土，子孙戌土动化午火，正是寅午戌三合火局，午火为南也。此火煞照门主家中之人会有心脏病、高血压、肝癌，故断此宅为大凶之宅。

黄先生2002年离婚，2006年离婚，是卦中财爻月破，父母爻临月旺又发动克冲财爻，又兄弟爻旺克财爻，子孙爻旺克官鬼，故断2002年、2006年离婚。2009年第三个妻子出车祸，是卦中二爻克五爻，又五爻官鬼子水动化财爻申金与月令寅木相冲，2009年是丑土临太岁为申金之库，又是官鬼子水合子孙辰土，人与鬼同库临玄武主血光之灾，五爻为道路，月令寅木冲申金乃车祸也，震卦也主车象，父母爻也主车象，卦中应克世也主多婚之象。

2004年父亲肝癌，是财爻临太岁克杀父母寅木，寅木动化戌库之理。家中出现蛇，是三爻临腾蛇半合六爻，三合局临青龙，腾蛇青龙齐动，家中必有大蛇出现，因合的是火局，此为火蛇在家中出现人口财产去一半，为大凶之宅。

此卦还有好多没有解释出来，望读者边学边悟，此卦非常有意思，值得研究。

厨房建在西北方　火烧天门必遭殃

浙江杭州的张女士找我测婚姻，看家宅环境：

	戊寅月	壬辰日	（午未空）
	《风火家人》	**《风雷益》**	**六神**
	兄弟卯木、	兄弟卯木、 应	白虎
	子孙巳火、 应	子孙巳火、	螣蛇
	妻财未土、、	妻财未土、、	勾陈
官鬼酉金	父母亥水○	妻财辰土、、世	朱雀
	妻财丑土、、世	兄弟寅木、、	青龙
	兄弟卯木、	父母子水、	玄武

推断：

我看了此卦，心里一惊，张女士是克夫之命，三婚难到头。卦里官星不上卦，官鬼酉金伏在父母亥水之下泄气，官星不得令不得生处于绝地，世爻虽然是财爻丑土持世，又应爻生世爻，按命书上讲应生世在婚姻上主大吉，女测婚，财爻持世主大吉，可张女士财爻丑土为官鬼之库，应爻在五爻位代表配偶，也代表老公，可子孙巳火化巳火，又临着蛇与月令相刑，实为凶象，说明此女为克夫之命。

本卦财爻虽临日令，但丑财冲未财又有相刑之意，卦中兄弟重重而旺劫财，又反克冲官鬼爻，使官鬼爻无存身之地，三爻父母亥水独发，化财爻辰库，可见张女士的厨房在西北主克伤老公大凶。我们可以看出亥水动冲克五爻巳火，五爻代表老公，主老公有血光或重病之灾。特别是金水旺相之年，必克夫。此卦兄弟爻克世，半生辛苦劳累。

据八卦的信息，我对张女士讲："你住的房屋风水有问题，厨房在西北主克老公，厕所门对着你家的主门，主家人有难治之病，败财。你家的客厅太小，没有老公生存的空间。你一生最不好的就是婚姻运。主门对着厕所门，不但主人有病，还主没有靠山，没有靠山就是没有老公。

你第一个老公在2001年或2002年会有严重的肺病，2003年你老公必遇到有病无治的死灾。2005年你有二次婚姻之喜，但在2007年第二个老公有血压高、血脂稠、脂肪肝之病，此年多为脑充血而死。你本人也有心脏病，2006年破财。"

反馈：

"李老师，您讲的就好像到我家看过一样，我家的大门是对着厕所门，厨房在我家西北角。我家客厅很小，放一个电视机，还有一个沙发，中间只有能走一个人的空间。我第一个老公是2001年得了肺癌，2002年花完了积蓄，还向朋友借了好多钱，到2003年就去世了。我2005年经朋友介绍认识了一个四川的男友，见了两面就结婚了。我这位老公有高血压，心脏还不好，当年就住院治疗，出院大概只有半年多，到2007年上半年就脑充血突然死亡。我本人心脏也不好，李老师能不能给我化解一下家中风水，以后我还有婚姻吗？"

分析：

大门对着厕所门，是丑土为厕所，四爻为主房门，丑未相冲，故断家中主房门对着厕所门。厨房在住宅的西北角，是三爻父母亥水动化财爻辰土，说明张女士的厨房在一进门的左边，也是西北位，主老公会有血压高、血脂稠、糖尿病、肺病和头晕等病。

客厅小，是世爻与应爻之间代表客厅，世应之间两爻相生代表客厅大，相克代表客厅小，还要看此两爻的五行是旺是衰而定大小。张女士摇此卦是间爻亥水入库，未土逢空，未土克亥水，客厅肯定小。

2001年老公得肺癌，是子孙爻巳火临太岁，冲去亥水合出官鬼酉金，巳酉丑三合局，金主肺也，巳火克金，未土乃燥土也，冲开丑库，官鬼酉金入库，2002年也是此理，午未合燥土不生金，2003年未土临太岁冲克丑土，土是越冲越旺，土旺金埋，故断2003年死丈夫。2005年再次结婚，是官星旺得出，丑土半合太岁酉金，与太岁生合有喜事，所以此年结婚。2006年破财，丑未戌三刑之理。2007年脑充血，正是金水旺相之年冲克五爻巳火之理。

卦中四库乱冲动　　婚姻不顺灾气重

高女士摇卦测婚姻如何，摇卦得：

未月	己未日	（子丑空）
《雷天大壮》	《雷泽归妹》	六神
兄弟戌土、、	兄弟戌土、、应	勾陈
子孙申金、、	子孙申金、、	朱雀
父母午火、世	父母午火、	青龙
兄弟辰土○	兄弟丑土、、世	玄武
官鬼寅木、	官鬼卯木、	白虎
妻财子水、应	父母巳火、	腾蛇

高女士一生最大的爱好，是喜欢年轻的帅男，所找的情人可以做自己的儿子，在有老公的同时还喜欢在外边找年轻的小伙子做情人。凡是女同志摇得阳刚的六冲卦，说明此女风风火火，性生活要求特强，好在外边找年轻的情人，养小白脸，结果呢高兴一时痛苦一辈子。

无主见，无定性，败家克夫又克子。再看此卦是世应相克又相冲，是体克用，应爻休囚又入库，兄弟爻满盘临月令日令而旺无制，不论男女摇卦只要兄弟爻旺，性生活就特强，不检点，跟多数人乱来。再看世爻本身是午火化午火为红艳桃花，与月令日令相合，说明高女士心在外，无心在家又入戌库，成桃花库也。卦中辰土冲动了戌库，月令未土冲动了丑土，群兄泄午火之气，真是群蝇叮着一块臭肉。

再看卦中五爻代表老公是子孙爻申金化申金与世爻相克，与官星相克所以此女克夫克子也。卦中四库齐全乱动，克杀应爻，应为配偶，可见此女不仅是克夫，而是克伤男人太厉害。再看卦中的二爻官鬼寅木化官鬼卯木临白虎，鬼化鬼为不祥之兆，也主妻死夫再嫁之信息，临白虎多指凶死，又月令日令为官鬼之墓库，说明此女所找的老公不进病房必进牢房，要不就是凶死。

推断：

我看了卦爻卦象给高女士讲："你住的房子有问题，不聚气、不聚财、克丈夫。你家的厨房在西北克丈夫，不是身体不好就是有意外的灾情，也主你不想进家门，心在外人也在外。你家的大门对着厕所门，主家中不安宁，多病，特别是你难生育，就是有了孩子也养不活。你家没有大厅，只是一个走道，主男人有灾。你家窗户多门多，不聚财气更不聚人气。你住的是破旧房子，家具、窗户、门都是破旧之物，阴气较重。你房子西北处有个高大的发射器，特别压运，非常不好。

你是1998年结婚，2000年生一个儿子。2001年你丈夫得脑溢血，头上开刀动手术没救活，也说明你生这个儿子克父亲。到2003年开始你同时认识了两个男人，和他们都有来往。你最喜欢高个年轻的，他住到你家，而你又常在外边过夜，后来你跟这个年轻的结了婚。到2004年由于你经常在外边过夜，你这个丈夫为此事经常和你吵架，最后你这位丈夫提出离婚，在2004年下半年你们离婚了。2005年你与外边同居的男人结婚了，其实外边这个男人是有妻子的。可好景不长，2006年你的第三个丈夫因打伤人，进了监狱。2007年你儿子车祸死于非命。

你现在是原气大伤，心脏不好，经常头晕，最不好的是你胃里长瘤，要手术的，就是今年不手术，2009 年必定手术。你还要注意肾上的病，你的右肾有炎症，以后要振作精神，先把身体治疗好。"

反馈：

高女士非常感动的说："谢谢大师的恩情，我当永远不会忘记，你刚才讲的都对。"高女士反馈一切正如我所断。

分析：

这个卦对测婚来讲是一个特殊的卦例，主卦六冲变《归妹》，实为大凶之卦。不但婚姻难成，重则伤配偶，不死则离，多灾多难，这位高女士不仅是克夫且克子，是老来孤独之命，真乃一卦定乾坤，终身难伸。

家的灶房在西北，因二爻代表是厨房，官鬼寅木坐乾卦，乾主西北。不聚气、克老公，是寅木冲五爻，五爻代表掌门人，代表老公和长子，冲者不聚气也。不聚财，是五爻申金生子水财爻，财爻子水被众兄所劫，子水又化巳火为绝地之故。女主人心在外人也在外，是午火世爻与月令未土相合之故。

主房门对着厕所门，是三爻为主房门，三爻辰土动化丑土坐兑卦临玄武，玄武代表水，水为厕所，辰化丑为主房门对厕所门。家人有病有灾，是兄弟爻旺又丑未戌三刑。难生育，是丑土被月令日令冲动，子孙爻入库也，入库又三刑，说明子孙难活，此为土多金埋。

家中没有大厅，是二爻克三爻之故。中间只是一个走道，是五爻冲克二爻之理。家中窗多门多，是因兄弟爻多，兄弟为土神也代表窗户和门。住的是破旧房子，是二爻五爻休囚入库之理。家具窗户门都是破旧之物，是卦中木处绝地，水处绝地，父母爻虽旺，但入库。西北有个高大的发射器，是外卦午戌合局坐震卦，震主高也。

1998 年结婚，是世爻此年见官星，又得旺官之生入戌库，1998年是寅木也，故断此年结婚。2000 年生儿子，是辰土为太岁，与五爻子孙申金生合之故，申子辰三合局也。

2001年丈夫得了脑充血，头上开刀没能抢救过来，是应爻子水代表结发之配偶，水代表血液乾代表头部，2001年为巳火之年，是水火相战，子水入动爻辰土之库，辰土化丑土，子丑合，血液受阻塞之故。乾为头，化兑卦为兑上缺，又丑与月令土相冲，冲者伤也，乾的上爻兄弟辰土动化兑卦，不正是头上手术吗？又临玄武动，玄武动主流血，二爻官鬼化官鬼当然是老公的头上手术了，临白虎代表血光，初爻子水化巳火为死绝之地，故断老公抢救无效。子克父，是五爻申金冲克官鬼寅木之故。

2003年为未土，戌土旺相与世爻合也，故断此年认识两个男人。高女士喜欢年轻的高个，是上六爻戌土，戌土坐震卦主个头长的高。住到高女士家里，是午火与戌土同坐一宫之理。午未合的是官鬼库，说明高女士在外彻夜不归，是到男人家住，午与戌合是桃花库，戌土主青年，未土主老年之理。

2004年吵架离婚，是子孙爻冲克官星寅木之故。实际上高女士在外边又认识了一个年轻的男人。2005年与在外同居的男人结了婚，正是太岁为酉金之年，酉冲官鬼卯木，卯未半合桃花局，午未合库之故。

2007年儿子车祸死，是2007年为丁亥年，二爻官鬼临长生，寅木旺冲克五爻申金，官星坐乾主车，五爻坐震卦也主车，申金在亥主病地，寅申冲，寅申巳三刑，实际上是儿子突然过马路，被小骄车撞上了。

2006年第三个老公因打架进了监狱，是2006年戌土临太岁旺与三爻辰土相冲，辰化丑为退，戌土化戌土为进，可见辰土吃了亏受重伤，因临玄武，主流血，丑戌未三刑，故断有牢狱之灾。

高女士心脏不好，是卦中辰土过旺，心跳动过速。头晕，是上六爻戌土化戌土之理。胃里长瘤，是辰土动化丑土之理。2009年手术，是丑未相冲之故。

住宅不好风水差　招灾破财犯了法

广州的杨女士飞到海口找我测身体和婚姻，摇卦得：

戌月	壬辰日	（午未空）
《乾为天》	《天泽履》	六神
父母戌土、世	父母戌土、	白虎
兄弟申金、	兄弟申金、世	螣蛇
官鬼午火、	官鬼午火、	勾陈
父母辰土〇应	父母丑土、、	朱雀
妻财寅木、	妻财卯木、应	青龙
子孙子水、	官鬼巳火、	玄武

推断：

卦爻卦象成立，玄机在其中。

我看完卦，对杨女士讲："你2002年结婚，2004年怀孕，却流产了。2005年又怀孕，但是又流产了。你2007年、2008年均怀孕，又流产，你已成习惯性流产，现在孩子没生成却落了一身病，你头晕、偏头痛、心脏缺氧、供血不足、休息不好、常做恶梦、虚惊、神经衰弱，并且腰疼、月经不调、内分必失调、经血少、肚子痛。

你住的房子风水太差，你家的厕所在你家的西北，并且房外西北方有高压线或者有电信塔发射器之类的东西。另外主房门对着厕所门，均主你身体不好。你老公也有大灾，你的客厅太小，对老公也不好。你家的厨房在你家西边的阳台上，偏点西北位，是形成你自然性流产的主要原因。你的主卧在你家的西南位，是开门见床，主你家男主人破财。2008年七月，你老公有牢狱之灾，你老公是做娱乐行业的，犯了法，应有四年的牢狱之苦。"

反馈：杨女士说："我正是为此事来找你的，顺便看看我的身体和以后的运气。我是 2002 年结婚的，2004 年怀孕两个月的时候流产了，也没摔倒也没碰着，不知不觉就流产了。2005 年、2007 年、2008 年都是如此，确实像你说的那样孩子没生成落了一身病。我家是住的旧房，厕所是在我家的最西北边，阳台是在西边方位的，在我住房的外边靠西北方是移动公司的高架塔。我家大门是在房子的西南位，厕所门朝南，主房门也朝南，正好开主房门看见厕所门，是门与门相对。主房门西边是阳台，门东边是主卧，以整个房子来讲，主卧室是属于西南位，西边阳台靠北那边，我用玻璃和木板隔起来做厨房了，也就是厕所的墙西边就是厨房。我老公开的是茶楼和棋牌，公安局的人说我老公变相赌博，判了四年，进了监狱。"

分析：卦中五爻兄弟化兄弟，四爻官鬼化官鬼，必有伤灾。世爻父母戌土化戌土临白虎，主有血光之灾，所以杨女士的血光之灾应在了流产上。再看应爻辰土发动是子孙爻之库，辰库临日令旺相，又有月令冲开辰库，所以杨女士总是流产，遇到这种情况，十有九无一活。初爻子孙子水受日令月令之克又化官鬼巳火为化绝地，所以杨女士是无小孩之命呀。临白虎主克夫。

古语云：女怕白虎临世必克夫，男怕腾蛇持世，有死亡之灾，克妻之命。今世爻戌土是官鬼墓库，主克夫，也主老公不进医院必进牢房。

2002 年结婚，是世爻此年见官星寅午戌三合财官局，2002 年乃马年也，故断此年结婚。2004 年怀孕，是子孙爻子水得长生，2004 年为申金之年，只可惜卦中寅申巳三刑，所以此年流产。2005 年怀孕流产，是兄弟旺，申金与子水合局入库也，辰化丑一个是水库，一个是金库，辰戌冲，丑戌刑，子孙入库命难成。2007 年怀、2008 年怀，是子孙爻临太岁而旺，又流产，是 2007 年亥水冲官鬼巳火，2008 年为子年冲官鬼午火。

切记子孙爻冲克官鬼，化官鬼化父母十遇九无一活呀。

头晕、偏头痛，是世爻乾卦化乾卦，乾主头，又上六爻戌土化戌土相刑，日令辰土又冲戌土上六爻也主头，故断头痛、偏头痛。心脏缺氧、供血不足，是五爻为心脏申金化申金，二爻为寅木五爻申金冲克二爻寅木之故。作恶梦，是五爻临腾蛇之故。内分泌失调，是二爻寅木化寅木之故。月经不调、经血少，是初爻子水入库之理。厕所在西北方位，是三爻辰土动化丑土，水库厕所也，乾卦主西北，丑土坐兑主西，丑主东北，合起来为西北方位。西北方向有移动公司的塔，是午戌合局，坐乾卦，乾主高，乾为西北，戌土也主西北，故如此断。

客厅小，是午火克申金。厨房在西边的阳台上，是二爻主灶房寅午戌三合外卦，卯戌合外月令，戌为火库，也为阳台。2008年老公进监狱，是官星午火化午火入月令戌库之理，2008年为子水之年，子午逢冲之理。

家中阴气重必定灾祸来

青海的刘女士找我测近几年运势如何，得：

戊子年　　己未月　　甲戌日　　（申酉空）

《泽地萃》	《天地否》	六神
父母未土 ×	父母戌土、应	玄武
兄弟酉金、应	兄弟申金、	白虎
子孙亥水、	官鬼午火、	腾蛇
妻财卯木、、	妻财卯木、、世	勾陈
官鬼巳火、、世	官鬼巳火、、	朱雀
父母未土、、	父母未土、、	青龙

推断：

我看了卦象爻象后，对刘女士说："你这五年运极差，首先你家的住房不聚气，克人。家中阴气重，灾祸之多，房基下有坟地。你住的宅是凶宅，也是响宅。"

刘女士问："什么是响宅？"

我说："从晚上11点到凌晨3点，你住的房子四周或房子里边有响动之声。"

刘女士说："对，对，对！常能听到，有时还能听到脚步声。"

我又对刘女士讲："你住的房是西边低洼，有个水坑，水从东边向西流，为倒流水，门前也低洼，主家中病人多，不聚财，还伤人。你住的房子西北有条路直冲你家的房子，使你家连遭不幸。"

刘女士很惊奇的说："确实是这样，西北角是有条大路直冲我家房子，我也找人看了说不好，我还放块石头在房脚下呢。"

我对她说："石头太小，不管用，此冲煞对你父亲不利。你家的厨房是在你家院子最东南边，门朝西南，对你母亲不好，你家的院门也是开在西南位，主败财，伤兄弟。"

据卦中信息，我又对刘女士说："你有个哥哥在2001年得肝病死了。"

刘女士说："我哥得的是肝癌，肚子里全是水。"

我说："那是肝腹水，是肝癌的末期了。你父亲在2003年有死灾，是脑子长瘤，恶性的，开刀没成功，死在医院。2006年你母亲得了胃癌，无钱医治，命归黄泉。"

说到此处，刘女士伤心地哭了，对我说："母亲死时我没在家，是姨妈办的丧事。"

我问她："你是不是讲过监狱里？你是黑道上的大姐大，2004年打伤人进了大狱，到2007年才出来？"

刘女士点头称是，最后我给刘女士讲了好多做人道理，劝她走正道。

刘女士问："我还能结婚吗？有人要我吗？"

我说："只要你好好做人，你后半生会很幸福的，别急，2011年你定会成婚，好好把握吧。"

这是我半生当中遇到的一个典型卦例，因住宅不好，丧送了全家人的性命，特把此例供给广大读者参考学习。

分析：

住房不聚气、克人，是二爻鬼克五爻人，又巳酉半合，申巳合，人与官鬼合，必伤掌门人，五爻为父，二爻为房，又为母亲，二爻克五爻为房克人。

家中阴气重，灾祸多，是子孙爻亥水受日月之克，兄弟爻化退不生子孙亥水。房基下有坟地，是初爻父母未土化未土，二爻又是鬼化鬼，同坐坤卦之故。卦中官鬼午火与初爻未土又合，子孙爻又休囚不制鬼，更说明此宅以前是个乱坟堆。

凶宅者，是卦中官鬼旺父母爻太旺金和水休囚，又二爻官鬼克五爻的人，故断凶宅。五爻临白虎多指人凶死。响宅者，是夜11点到凌晨3点为亥时、子时和丑时，亥时冲官鬼巳火，子时冲官鬼午火，丑时冲初爻未土，冲者必动也，故断是响宅。

门前西边低、有水坑、水从东朝西流，是三爻四爻主门户，亥水酉金坐兑卦兑主西边，亥水者水坑也，兑也主水坑，酉金生亥水，但金水不旺为浅水，倒流水者，是酉金化申金为化退神，亥水化午火，主干燥，而午火坐乾卦也主地势高，因午戌合土是也，主卦为右边也是西边，变卦方向为左边也是东边，故断东水西流，西边有水坑。西北有条大路冲房子，是指亥水冲巳火，冲二爻者为路，亥水西北也，又亥水化午火，午火坐乾卦也指是西北。西北放块石头，是指乾卦的申金，申金不旺，土多金埋，故断石头太小。家中厨房在院子东南，是财爻卯木主炉灶，二爻巳火为厨房，卯木巳火均主东南方向。卯木巳火坐坤卦，故断灶房门朝正南。院门开西南者，是四爻午火与月令未土相合之理。

2001年哥哥得肝癌，是五爻为长兄，本卦又是兄弟爻酉金化申金临白虎，主凶死之相。2001年是官鬼爻巳火临太岁，巳酉半合、申巳合，人鬼相合必定是灾祸了。肝病者，是卯木生巳火为死地，兄弟爻酉金与卯木又相冲，酉金坐兑卦主金，兄弟酉金化兄弟申金坐乾卦，也主金克卯木，必是肝病，故断长兄有肝病。

父亲2003年脑长瘤开刀，是上六爻父母未土动化父母戌土，兑卦化乾卦乾主头，兑上缺，临玄武主血光，当然是手术了，又未土临月令，戌土临日令旺均为燥土，土相刑，当然是恶性之瘤了。死在医院，是戌土为官鬼之库。上六爻代表头部，未土动化戌土，当然开刀了。

2006年母亲胃癌，是坤卦主母，初爻父母未土化未土代表是母亲，土代表是胃，坤也代表是胃，二爻官鬼巳火化官鬼巳火，代表是胃有病，火生土旺必定是癌了，2006年戌土临太岁初爻未土见戌必刑，二爻巳火见戌入库，此为燥土，也为癌也，当然是母亲胃癌了。母亲死时卦主不在身边，正是世爻巳火入日库之理。

黑道上的大姐大，是世爻巳火合五爻酉金又合申金，五爻主领导，申金坐乾卦，巳火是官鬼代表统帅之意，临白虎代表心狠恶毒，官鬼化官鬼，就不是正道之人，故断黑道上的大姐大。2004年兄弟申金临太岁又临白虎，主血光，申巳合，更说明有伤灾，申巳合，世入库，所以此年坐牢。实际上，申巳虽合，也有相刑之意，2007年出狱，是亥卯半合生巳火，又亥水冲巳火之故。

2011年结婚，是卯木生巳火，此为桃花相生，为什么庚寅年不能结婚呢？因寅巳相刑也。

第二部分　阴宅风水

第一章　阴宅风水基础知识

第一节　阴宅风水概述

虽然阴宅风水在现实生活中有条件、环境的限制和制约，但是为了满足广大读者求知的需要，笔者再专门讲解阴宅风水知识。

阴宅就指坟墓，是死者灵魂寄居的地方，这是每个人都明白的。但阴宅之理与人的三纲五常相同，相信者却为数不多。人在大自然中生存，禀受天地之气，同样与自然界中有生命的物体一样，受五行生克的制约，生命的荣枯在金水木火土五行中受生受克，形成了生命的运动规律。因此，人有三纲五常，地理亦然。地理的三纲是指气脉、明堂、水口，五常即指龙、穴、砂、水、向。

人受阴阳五行之气而生，气即脉，脉就是龙。葬得贵龙则发贵，葬得富龙则发富，葬得贫贱之龙则主贫贱。富贵在龙穴、土为气之母，有土则有气，土肥则气壮，气壮则脉真。有气无气专看过峡，一过峡线短而细，蜂腰鹤膝气不束，得气来方结地，龙若无气束不束，要看束气不束气，万物结果先有蒂。

蒂即地，结地之处即是出气之处，出气之处大则气散，出气之处要细而不断节，如蜂腰鹤膝。

发富发贵之地，必须是龙真穴明，开帐起伏，忽大忽小，穿帐过峡，曲屈如活，中心出脉到头一节，尖圆方正，穴星凸起，龙砂虎砂，重重环抱，外山外水，层层护卫，前案眠状如卧蚕，水砂环抱似玉带。

地之吉凶，只在砂水。穴分阴阳，凹凸全明。入首气壮，形如龟盖。外晕内晕，穴土五色，红黄滋润，真穴之地。阴宅地理的要诀虽多，而主旨只有三个字：乘、生、气。凡是龙诀、穴诀、砂诀、水诀、向诀，尤如人的五脏一样，必赖生气以生存，所以阴宅要诀，即：乘、生、气。察识生气，为阴宅的纲领。察识生气，即是看来龙的气势，审察穴位的正误。要知道生气的聚地，看生气来方有无砂水卫护，有无风吹散的气势。这是察识生气来止散聚的简要方法。相择阴宅，龙砂穴水四者并重，无非教人察识生气而乘天地阴阳五行之气相顺而不可相逆。

另外一点，论阴宅非常注重深浅。深浅是阴宅的基本，深浅得乘，风水自成。地中生气，葬得深浅合度，遗骨得乘生气以阴子孙。深浅失当，遗骨难得生气，虽得吉地吉穴，效应毫无，葬等于没葬，甚至未见其富贵，而先见其害。因此，阴宅当深则深当浅者要浅，深浅相差虽在咫尺之间，而接脉不同，其吉凶富贵也不同。

深浅为阴宅的一个标准，也是风水学中一个要点。但是诸家立论各不相同，虽然各执己见，莫衷一是，但以阴阳五行而论乃合天地之易。南方山脉土薄而多石，气浮宜浅葬，北方山脉土厚而无水，气沉宜深葬。凡遇土厚，气脉沉者，虽葬于数丈之下，不谓之过深。而土薄之地，气脉浮者，虽葬于土皮之上，另用土封筑成坟，不谓之过浅。深浅的适度以阴阳而定，罗盘定位，宜浅宜深，分清阴阳，便一目了然。

看阴宅，常常有看旧坟，来复断其祖坟风水的吉凶。遇到这种情况，应该先将其旧坟前后左右遍看一周，再到穴前看来水归于何处，在水口上立一标杆，再到穴上坟之正中，摆罗盘用外盘缝针，看穴前内水口两水交于何处，归于何库，看天干上几分，再看地支之向；看天干生旺与否，看龙是生龙还是死龙，龙水配不配，通窍不通窍，看贵人在天干或是在地支。贵人得位主有前程，不得位则无前程。次看山方有山水无山水，则知有人丁无人丁。看旺不旺大小山水，则知有财无财。看天柱山高低，则知有寿无寿。看天干几分地支几分好否，则知是贵穴还是富穴。一一审察周到，然后依法判定，吉者断吉，凶者断凶。

富贵人家旧坟，往往穴之前后左右遍筑围墙，以壮观瞻。殊不知龙以生动活泼为贵，一筑墙垣龙身受困，尤如囚笼，气脉受塞，名曰困龙，纵有兴旺之气，亦不发了。而且各坟立向有限水口都因墙垣遮挡，形成人造风水环境，将自然风水改变，甚至破坏了，却毫不知觉，往往形成只兴旺一代，其子孙则难受其富贵之地的福荫。

初学风水者，须先将罗盘层层熟悉，还要学会使用，知龙之生旺死绝，穴位的阴阳之气，砂之贵贱，得位或失位，水之吉凶，进神退神等等，一一辨别清楚。每到一地，首先看龙之生旺死绝，水口在某点上，或是天干上或是地支，务求明确；次看高峰或得峰某贵人方。旺山旺水，生山生水，临官位有峰无峰，二十四山用线牵开，依法立向，用八卦断其富贵吉凶，便一目了然。

第二节　六爻坟墓占断法

一、占坟墓以爻位断吉凶

以六爻安静为吉，若发动，主祖坟不安宁，主家中起祸灾。世爻在初爻、二爻、三爻大吉，四、五、六爻无风水，主家中人丁不旺，文星不显，官星不出，败财。六冲卦，为坐山立向有误，伤人口。乾坤之卦为上吉，世应相生风水吉，六合卦是好地，内外卦相生为吉地，五爻动伤子孙，三爻动伤妻败财。最忌鬼动，鬼动亡灵不安，家中有灾。

世爻为穴，应爻为向。

世在一、二、三爻，指龙脉地气比较好。最怕六冲，六冲主一点风水都没有，但是注意，乾坤二卦除外。

测坟之卦，就是利于静，一动就有讲究，就是亡灵不安宁。

世应相生，旺相安静，六合主吉。

六合，主风水有情；六冲，主风水无情。特别是在山区看风水，首先得看地势，如地势为山环水抱，此为卧凤朝阳之地。

坐山坟前宜于有水。

如图：

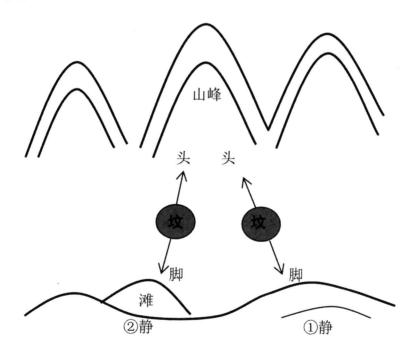

坐山：是死者头朝的地方。记住，头朝的地方要有势。"头枕高山，脚蹬河川。""川"即是河流或地势低洼之方。

平原：要看土，即土质的好坏。

明堂：世应之间为明堂，相生临旺大吉，主家中有财气。看家中有没有钱，只看坟墓的明堂就可知道。

世在内卦为四兽有气，大吉；若是六合，世在外卦也为有情，次吉。明堂宽广水旺，不是六合，世在外卦也为吉。

六爻为风水口，生世、合世大吉，次看世应间的明堂，生合世为吉。

看坟，世在内三爻为好，世在外三爻不好。世为六冲且在外卦，应生世，或世应间的爻相生为吉，因为明堂主财。

看坟地主要看六爻，六爻为风水口。若逢冲（包括月、日动爻），则为"水不归槽"。世应间明堂好，这家女儿必大贵，因为左为长子，右为次子，明堂又主女儿。西南为老三，东南为老四。

看地势，要山环水抱。六爻与世相生相合也为山环水抱。明堂要阔广端正。

六爻旺相，必有奇峰秀岭。若坟墓在平原，则主地好。风水上有个"拱照四环"，又叫"青龙回头"为风水有情贵人多。

若青龙之爻临子孙爻旺，第六爻旺相与青龙生合是上等之地，与世爻生吉，家中必出大官。

六爻与世爻相冲克为龙不真，水无情，六爻空不聚气，间爻旺相，是大吉之地，称万马明堂，聚气藏风，大吉之地，若应爻生世，六爻生世为四水入明堂，大吉也，人丁大旺。

测阳宅，六爻为宗庙，也很重要。但测阳宅与测阴宅不同，如有好几个坟，以爷爷为主，如测祖父，那以祖父为主。

如测坟，对老大好，说明风水对老大有利，测的坟对老小不利，说明风水对老小不利。

左青、右白、前朱、后玄是永远不变的。

世爻为坐山，初爻、二爻为坐山旺，坐山高，空主衰，坐山薄弱；若是临寅申巳亥，为地壮山雄；辰戌丑未为广阔平原；世爻临亥子水，为水有情，临青龙最好；临虎，逢空，无风水。

案山：为应爻，为坟墓前面的山，又叫向口。要用罗盘找，如世临申，罗盘找到的案山与应合局，但不能冲，要能构成三合局，午山要达到戌位，偏向旺，主子孙大贵。头枕高山，脚蹬川（低洼之地）此为顺势龙，为得势。

一个技术过硬的风水师，必须要精通六爻和地理。

白虎旺，为白虎抬头，主水无情，有反弓水。如旺而生世则大吉，如犯官克世则大凶。

青龙旺，为青龙抬头，主龙脉从左而来，主家出大学生。

青龙白虎两旺，家中能出文武之官。

勾陈是来龙之祖，代表祖上，如临寅卯木，说明来龙比较远，在亥子水爻主近有力。

朱雀为案山，朱雀临应比较好得势。

腾蛇为穴位，旺相为真龙穴，衰败主假龙穴，空亡主没有龙脉。

坟地，水旺比较好。坟地有水没水，须看亥子水、玄武水，如玄武水坐在火上不好（主无水），坐在金木上主有水。

世爻临青龙主大吉，为真龙。

世应临龙虎相合，主有情大吉，为龙真，主聚风藏气。

应在朝山（指应临朱雀）有显祖之事。

世应临水口，即六爻，带合，是卧凤朝阳之地。

若青龙带合而旺，为青龙摆尾，主贵。

青龙与子孙生合，为青龙摆尾。

白虎与父母爻生合为白虎抬头，指世临父母爻。

白虎抬头，生合世为吉，冲克世为凶。

日辰临世为玄武，吐舌之刑，不好。

案山发动与日相冲是朱雀开口。

世爻临勾陈，主败财和田园。

应临玄武，主有破败之人。

蛇临父母主文书大喜（蛇也为路）。

世应临龙虎摆头，主家中之人长寿。

世爻临子孙，主家中子孙满堂。

假若测古坟，卦爻静为强，发动之时便反常。初爻持世，主出官，为大吉；二爻持世次为良；三爻持世平平稳；四爻持世，半吉保安康；五六两爻持世俱不吉。测坟，逢游魂卦，后代必为商；逢归魂卦，犹其三分好。坎卦占来定不昌。为甚乾坤无忌讳，高低无物不包藏。未葬之前亡在外，既葬须知内是亡。内外相生为上吉，比和决定福难量。杀交内外还相克，损宅伤财祸几场。青龙旺相来持世，管取存亡获吉祥。乾坤不动坟安稳，龙喜交重道吉昌。五墓劫神伤子息，三丘阴爻损妻房。世旺身生官入墓，子孙代代入朝堂。杀临父母忧家长，劫犯阴爻宅母当。鬼爻不动亡人吉，身位安宁祭主康。破家只为财化鬼，发家多因阴变阳。冲破临身发有碍，合神持世却无妨。

二、看坟墓断子孙兴衰的方法

1. 人家代代富：其祖坟必定是下砂来重重包裹，秀水曲折缠绕之地。

2. 人家代代贵：其祖坟必定是文昌位之方有文笔尖峰之秀山当面。

3. 人家代代富有名：其祖坟必定是被层层秀山包拱，而且那些秀山是一层高过一层，层次分明不杂乱。

4. 人家代代贫：其祖坟必定是下砂空缺不包坟，无秀水。

5. 人家几代不发财：其祖坟之地的活水没有源头。

6. 人家阳人眼不明：其祖坟的明堂之上，必定有土石堆。

7. 人家妇女欺丈夫：其祖坟的白虎之方上有尖山峰。

8. 人家子女多淫贱：其祖坟上或四周栽种花草。

9. 人家惹枷锁横祸：其祖坟上有藤蔓缠绕或旁边有大树，其树根伸进坟墓，缠绕住了祖先尸骨。

三、辨别男女古墓的方法

男坟左边之土高于右，左边之草盛于右，草根白色直生，草头向东。女坟右边之土高于左，右边之草盛于左，草根黄色曲生，草头向两边；坟上清爽为少女，坟上草乱为老妪。

第三节　六爻地理占断法

天地之间纯阴不生，纯阳不长，一阴一阳二气交感，化生万物。若天欲降生人才，则假地之气脉，阴阳融结，必有贤者出。故凡人子，须当以亲之体安昔得所，财亡者安而生者庇。

夫六合者，阴阳相配而不相离，初四、二五、三六更相朝顾，是为有情。凡地理不过山环水抱，四兽朝迎，拱卫有情，罗城无缺，似此卦中六合之义也，大吉之地。若卦无六合，世在内卦四兽有情者，乃次吉之地也；世爻虽在外卦却得宾主有情，左右回顾，明堂宽广，水口关阑乃小结局，亦可用也；若遇六冲卦乃山飞水走之地，不必更详。

此二句乃一章之要旨。

入山寻水口不宜，六位空亡到穴看，明堂喜见间爻旺。

第六爻为水口，与世相生相合是为有情，若加临青龙贵人财福者，水口重重关锁必有奇峰秀岭，拱照回环；若第六爻与世相冲克，山直无情地枯无气；若六爻值空亡，则水口散漫，不能聚气。

间爻者，乃世应中间之二爻也，旺相临月建谓之万马明堂。明堂容万骑，水口不通风，此为大吉之地；明堂众水所聚，宜静不宜动，静则聚高，动则倾泻，水带吉神生克间爻，乃四水归朝堂也。

世为坐下之山，又云：初爻二爻为坐山，生旺坐山高厚，休囚空亡坐山微薄。世爻临巳亥寅申，必定山雄地壮；世爻临辰戌丑未，必居广阔平原；世爻临亥子，穴中出水；世爻临辰巳，带杀且有地风，白虎带杀逢空主有白蚁，若临诸吉神则坐山尊岩穴中，洁净属木必林茂，属水必近流泉，当类而推之也。九曜说婚姻章内，旺相则吉，案山带子孙贵人旺相，其山耸拔秀丽，若生世合世端正有情，空亡向山不正，带杀逢冲乃欹斜破相之山，若应临墓绝必是案山低小，应若属金即言金星属水，即言水星之类是也。

木爻持世主东震寅甲卯乙，金爻持世主西兑申庚酉辛，火爻持世主南离午丙巳丁，水爻持世主北坎亥癸子壬，辰戌丑未却言艮乾巽坤，各有所宜。

山间之龙虎即卦中之龙虎，青龙虽吉忌克世，相生乃妙，白虎大旺便是昂首，刚强皆为不吉。

青龙旺带木主林木葱郁，带土则山岭崔巍，其秀气从左而来，白虎盛临水主流泉源远，加金则岩石奇丽，其秀气从右而至，皆喜相生，最恶相克。

若世下有本宫官鬼伏，必有旧穴在下，左右者龙与虎也，若见何爻空亡便知有凹缺招风之处，主墓穴不安，为不吉也。

勾陈乃龙之祖，若在木爻或临世上，来龙必远也。朱雀为案山，若临应上必有两重对案。

卦中以腾蛇为穴，旺相真龙，休囚为绝穴。

卦中无亥子，必无池塘溪涧，虽有水爻却逢墓绝乃是干流之地，水爻动是活水，静者死水而已。

水爻旺相流派绵长，水位休囚根源浅少，有水爻相生相合主透曲有情，若相克相冲主直来无气。

若六爻无水可将玄武爻推看。

玄武临吉神，是水于我有益有情，大吉；若临凶杀则无益无气主凶。

第四节　葬埋占断法

葬埋礼仪乃先王之所设，虽为送殡而然，风水之因持后世之所兴，祸福吉凶攸系，故坟占三代，穴有定爻。一世二世，子孙出王候将相之英；三世四世，后嗣主当贵繁华之茂；绝嗣无人，为世居五六。为商出外，只因世在游魂；八纯凶兆，归魂亦作凶推，吉兆相生相合亦将吉断。

初子孙，二父母，三兄弟，四妻妾，五坟，六祖宗。以前穴爻从定为正，如遇日辰长生之神持金，下必有石或休囚死气无别物为穴，有定爻，穴葬之处为墓，卦各有其名，而无其位，如金穴取金墓在丑便是，不必明见丑，余仿此。又占坟飞得之传，属木亡命，属土不宜应上命，子孙不利。六太婆，五太公，四婆，三公，二母，一父。又云：六太婆，五太公，四公，三父，二婆，一母。

穴带龙来入穴，更遇世临穴爻，相生相合，龙虎环抱有情，为龙真穴正。又例，若龙起穴在五黄中宫亦是，若逢冲动则又非，若得龙起于穴爻则为吉地是也。

山带水为朝带来山与穴相合是山环水抱重合生气，带财福贵，乃为吉地。

动逢生气旺气，水火爻见厨灶，闻鸡鸣犬吠之声。

世应带龙虎，穴居世应之间，生合有情，主龙盘虎踞之势。

宾主山与龙虎日辰动爻逢三合、六合，穴爻若合，主藏风聚气之势。

应在朝山，朝山带来山，有显祖之势。

戊己鬼死绝无气之鬼，主近有回古之坟，穴中有长生旺气主有寿穴，内卦有香墓之穴法也。

内为穴，外为墓，合为向。若午酉之间应爻并日辰爻隔断，主金井阳门向背不同。

穴临巳未二爻，世并日辰临午爻，分开左右之穴，主穴道相反也。

龙山龙形，虎山虎穴，重逢本宫卦象之生，及动爻之生为穴得山形之正。

世应临水口之关若带合，主关锁有情之势。

如寅为龙，见亥则生头角，见火为泄气为摆尾。

且如坎山所得申爻临穴，为坎居水生申有气，最怕爻临忌神空亡之位，若然逢化，主弃毁不用也。

凡占生墓，要在生年得穴之生旺气，山有生旺之气，忌山运与卦爻相克相刑，尤忌伤刑本命爻，若山运与本命爻相生有气为吉，若遇空亡却不怕空，反为吉地。

若青龙临子孙重重有气，有摆尾之势，与白虎同。若白虎爻遇父母爻重重生身者，必有昂头之势，与青龙同。

来龙并日辰入穴，明堂兼脱气，为玄武吐舌之形，或来龙不住。

朝山主爻发动并日辰逢冲刑害，主有朱雀开口之象。

世坐穴若临勾陈之爻，或临土局必是破败田园。

若应临玄武之爻，或临水爻，主有泉坑之类。

若临月破白虎之位，必为古旧坟茔，在归魂卦为鬼飞入穴，还魂葬地。

蛇为索带交加之象，父母为文书契字，主重重丰叠交加产业。

勾陈巳土鬼，逢死绝之爻，为古墓游魂，鬼动逢冲空傍。有改葬之地。日辰克白虎穴爻，主有崩颓之墓，青龙爻动主有新坟，若归魂飞入穴爻，主有还魂改葬之地。

金为石，玄武为水，主有滴沥自出之泉。乘旺主穴中有水，宜有它井，白虎临亥子水爻，亦主有水或近泉岩。

若青龙临父爻动，或值于子孙必是新迁未迁之象，如飞起在穴，亦依此断。

朱雀鬼并动爻日辰，或临官府主有争讼事，克应得理，克世失理，穴爻之内见朱雀官符鬼等杀，日辰飞入穴亦依此断之。

若应爻木爻临玄武逢冲克，主墓前有溪桥。

腾蛇为路，并日辰，辰戌丑未之爻与日辰动爻冲克，主近道路。动爻带来山，日辰冲，日辰带来山，动爻冲，为应库龙路。子午为来山，日辰带杀卯酉为来山，子午冲为腰路。子卯见午酉冲，午酉见子卯冲，为曲尺路，破穴为斜路。丑亥见巳未冲午为穴，巳未见丑亥冲为不规则之路。卯戌见辰酉冲为交叉路，冲穴为当胸路，冲马为驿路，横直冲为十字路，为四冲路，为新路，衰为旧路，震为大路，艮为边路。冲克穴爻为白虎带索之类也。又如子为穴，巳动亥为日辰冲亦为不规则之路，辰为穴爻，卯日酉动为交加路。

玄武世爻并日辰动飞入穴，主偷埋盗葬，或者暗地出殡。勾陈土动或空或发动，必是依山浅葬也。

鬼旺有气，或临青龙贵人与日辰相合主近神庙，或古迹灵坛之所。

华盖穴爻，鬼动逢空乘旺有气主近寺观，若华盖带劫杀刃为工匠人家，有响应之声。

世应在重龙重虎之位，逢白虎寅爻为龙虎磕头。

水爻动在日辰旬中居穴之前，或日辰旬中之水并动爻居穴之前，主有沟河插脚之水。

福德逢穴爻之生，更在三传之位，相合有情主有百子千孙。

六亲世应，日辰动爻，重重墓在一爻之内，主有三坟四穴。鬼父同墓，主始祖与父，或太祖祖父同葬。财鬼同墓，始祖与祖同葬。财父同墓，主始祖与父同葬，或公姑媳妇同葬，阴为女阳为男，财为太始祖妣，父为儿曾孙，鬼世同墓爻，主家人同葬，应鬼同墓爻，主外人同葬，中间未能尽述，临应可详断。

　　亡命作鬼逢空，穴爻化鬼爻，墓处逢空及临游魂主鬼不入墓，游魂鬼，乃在外卦应爻动空，主客死或葬他乡，空爻空墓主无埋葬之地，若带凶克身必主恶化。

　　亡命穴爻相生相合，并鬼爻逢墓为鬼巳山，主魂安埋葬毕也。外卦游魂鬼动，穴爻逢空，墓在外卦，世爻主招魂安葬，若在内卦应爻亦主附葬也。

　　日辰并玄武应爻带杀飞入穴，或动爻破穴破墓，主劫开棺，冲克亡命主暴尸弃骸，世应并日辰之杀动契穴爻，主自家起墓开棺盗财移葬，若克亡命必主暴露不葬。

　　用为世爻并日辰动爻克应，主侵入坟地作穴，动与应爻并日辰克世穴，主他人强行侵占自己坟地而埋葬。

　　克土者，外卦应为土，与穴爻墓爻发动相合相生，即但是土为坟，或傍土为左右臂。

　　朝山在贪狼贵人位，主穴前有贵峰耸秀，若穴空主有贪峰失穴之象，勾陈不空却即朝耸山秀之美乎，然贪狼乃是长生也。

　　子孙在日辰之后逢空，或勾陈亲己土杀，或爻在明堂宽大之地，多平地作穴。

　　世应同临穴爻，更有兄弟之爻在世应之间，主坟两处，或在日辰前后两旬之爻依此断。

　　日辰发动破墓爻，世应相克冲尸冲棺，或父化父，兄化兄鬼化鬼，财化财皆主重埋改葬。又云：金为尸首，木为棺，土为墓兮仔细看。

　　重交生穴，两重爻发动，皆生穴爻，并日辰主加工用事非一日之可成。

　　青龙临财爻子孙生旺有气，与穴相合相生主迁造之坟，美丽悠久，若逢四废神临穴，必然错而无用也。

　　如应爻飞入穴爻，主外人同葬，或是他人之地，不然是他人旧坟地。

凶煞犯亡人死绝之位，更带鬼克之命，主迟？小鬼，火土鬼带日旬主瘟疫死，金带刃主刀兵死，水鬼带浮沉杀主水死，木鬼并蛇勾绞杀主缢死，金鬼白虎带杀主虎口死，旺金主劳死，土鬼主咽喉脾胃黄肿死，若冲主魇鬼死，火鬼烧死热症死或化葬，木鬼冲刑主被物打死及跌蹼死，白虎持世鬼，蛇鬼应爻克身穴，主被人打死，金木鬼带三刑羊刃年月，朱雀鬼符克身，主刑杖死，金刃并刃主自刎死，可以逐类详断。详断如胎生为幼子，旺为中年人，衰为老者，然卯前为勾，酉后为绞是杀。

第五节　六神卦宫的作用

用爻逢凶逢克逢冲，或逢刑为凶险之兆。

青龙福德为吉神，相生相合，或扶或拱为吉庆之兆。

穴生之爻临子孙，逢官星贵人临三传，生本命作印绶主官职之荣。

穴临旺气，有子孙财官爻在五爻下，若与子孙相生相合，若财禄两旺当积金聚宝之人，乃富家之子。

子孙逢空冲并日辰，一冲在游魂卦主逃离之人，空亡主流浪不归乡，若生旺见财贵吉神亦主废离逃亡之人也。

白虎腾蛇凶神并鬼克身世，为鬼神临爻发动主有凶横死亡之灾祸，用爻带凶神动变亦不为吉兆。

卦内父受损兼不上卦出孤儿，子孙受伤兼不上卦出绝，财爻受伤兼不上卦出鳏夫，鬼爻受伤兼不上卦出寡妇，要指引明白不可概论。

鬼临破碎杀，兼三刑六害叠刃亡劫同克用爻，玄武乾坤宫主头面喘急，咳嗽小肠之疾，坎宫主臂面两耳，小便气血腰痛胁心之疾；艮宫主鼻疮，手指腿足之疾；离宫主骨胃瘫疽，眼目痛心，惊心惧热，症阳火气之疾；离宫主肚腹呕吐，血泻痢黄肿之疾；兑宫主口齿缺，脊椎皮肤之疾。金鬼乘旺咳嗽；木鬼风邪，火鬼热症；水鬼吐泻；土鬼黄浮肿之疾。中间不可尽述，依理推详。

玄武无头并劫杀拱位临世爻，在坎出外偷盗或因盗至死，玄武并咸池带合主女堕风尘，或淫奔。世爻并胎神受克主有堕胎产难之厄，青龙华盖孤神值空亡有气，是为僧道类。

月卦是月将，勾陈土鬼临世身爻，主时灾瘟疫相侵。

朱雀怕临火，更忌在火位，或临烛火杀，主有火灾之患。

父母为孤杀，且如子孙爻属火，火绝在亥，若父母临亥爻动，主后嗣伶仃断。

若子孙爻临命，或在兄弟爻临旺相自假宫来，主假枝兴也。

劫亡刑刃丧吊月破等杀在日辰旬中发动，若占有者被冲刑伤克身命，主见灾危，劫杀之事，余仿此。

进神者，甲子甲午己卯己酉为进神，逢财福德主人有财之兴进，当得康宁，且如戌寅日占得己卯逢龙德财福是也。

观以往可见之形，察吉凶，过去未来之兆无不验。

世为体，应为用，看体用发动，系关事体如何，方可论断。

动爻与日辰互相照应，则吉凶悔吝之事可见，不可拘执而断，古圣人之意未可发明，贤者更宜斟酌，则无差无误矣。

第六节 六亲坟墓定位

一、爻位断坟之法

上爻	祖坟
五爻	父坟
四爻	妻坟
三爻	兄叔坟
二爻	母坟
初爻	子坟

注：此法用于一卦多断论阴宅吉凶。如兼断祖坟，看上爻，若值阴爻阴卦，为祖母坟，又以克祖母坟者为祖父坟，临何爻在何卦以定吉凶；而生祖父爻为曾祖坟，以此类推，若不现又无伏，即从祖父坟爻上飞之。

坟爻伤克世爻为凶，生合世爻为吉。坟爻空死败绝又受三传伤害，坟墓之凶。坟爻旺相无伤而生合世爻，便是佳城。已葬之穴，以鬼爻为尸骨，世为穴场，鬼旺静生合世者吉，冲伤世者凶；鬼无气而世有气，非此地所荫；世无气而鬼有气，坟必荫在他枝。

世爻、父爻论，以地支、卦象定之。父爻为坟地，世爻为穴位，应爻为朝案。

世爻为本人，鬼爻为亡人，父爻为家长，兄爻为兄弟姐妹，财爻为家业，孙爻为后代。此论人物。

二、证穴兼断吉凶法

世持水鬼或坎宫水爻持世，穴中有水。兄木持世动，穴有地风。世持空虎，穴生白蚁。世持龙贵德合，穴地干净。阴世阴宫，寒冷之

周易八卦与阵法

地。阳世阳宫，高爽之区。鬼空休囚，尸骨腐毁。鬼败绝，荒坟无气。鬼空旺，穴破骨存。卦无鬼与游魂卦鬼动，魂不入墓。卦无孙或孙空绝，或世父旺动，不旺子孙。卦无财或财空绝或世兄旺动，出鳏夫。卦无鬼或鬼空绝或孙世旺动，出寡妇。三传生合孙者，多男；衰逢合生者，丁少而不绝。鬼化鬼，葬地不吉；父化父，改旧新葬。鬼旺静，亡人安。

第七节　阴宅实地风水

一、来龙

勾陈为用，临地支之旺衰论来龙之生死强弱等形势。勾带禄马官贵，得三传生扶拱合者，龙必贵。勾带亡劫刑刃被三传克伤者，龙必凶。勾临爻旺相，龙气旺；休囚则龙气衰。

勾临子爻，来龙状如波涛层层。勾临丑爻，来龙状如奔牛驰野。勾临寅爻，来龙状如猛虎下山。

勾临卯爻，来龙状如脱兔跳跃。勾临辰爻，来龙状如龙行蛇蜒。勾临巳爻，来龙状如惊蛇盘行。

勾临午爻，来龙状如天马行空。勾临未爻，来龙状如羊群踊跃。勾临申爻，来龙状如瓜藤延引。

勾临酉爻，来龙状如凤凰翔舞。勾临戌爻，来龙状如步兵荷戈。勾临亥爻，来龙状如九曲河流。

二、穴的

世爻为穴场，此爻可判定穴之高低或结穴与否，地之吉凶如何。世爻旺相无伤可结吉穴，世爻空败破休不结穴。世爻宜安静逢生合，忌动或逢鬼冲，则葬之不久必迁移。穴分三停，即天穴、人穴、地穴：

$$\left.\begin{array}{l}\text{上爻}\\ \text{五爻}\end{array}\right\}\text{天穴}$$

$$\left.\begin{array}{l}\text{四爻}\\ \text{三爻}\end{array}\right\}\text{人穴}$$

$$\left.\begin{array}{l}\text{二爻}\\ \text{初爻}\end{array}\right\}\text{地穴}$$

三、龙虎

左青龙，右白虎，以六神中之青龙、白虎临爻论之。旺相高大有力，休囚低小无力。龙虎生合世爻，龙虎为案，环抱有情。龙逢冲，虎生世，龙去虎回。虎逢冲，龙生世，虎去龙回。龙虎相冲者，龙虎相斗。龙虎持世者，龙虎紧抱，贴穴近。龙虎克世者，逼穴不吉。龙虎旺相逢冲，龙虎昂头。世克龙虎，砂飞走窜。龙虎动，左右有人行路。青龙临水爻，名青龙戏水。白虎临金爻冲克世爻，白虎衔刀。

四、明堂

以间爻为用，近世一爻为内堂，近应一爻为外堂。间爻旺相明堂宽阔，休囚为狭窄。静则聚窝，动则泄泻。临月建，明堂容万马。间爻水动生合世，明堂有腰带水。水爻临贵禄龙动来生合间爻，四水归堂。间爻生合世爻，明堂关锁。

五、水口

以六爻为用。六爻生合世，水口有情。加贵马龙德财子者，水口重重关锁也。六爻刑害克世，水口无情，或割脚也。冲世，则水射心胁也。日辰带贵禄龙德来冲，或罗星塞水口也。火见水合勾陈，一针水口也。水加父动，为邱浮水面也。水加鬼动，鬼把城门也。六爻寅木，五爻伏亥水者，水口有桥，旺高衰低也。（寅为人马之宫故云桥道。）寅下伏子水，水口有船舫也。又水旺木衰为桥，水衰木旺为盘舫水阁也。蛇加福动，水口有路；雀加财动，水口有烟火人家。虎加鬼动，水口有庙也。鬼属火，赵玄坛五福祠也。属水，观音、三官、玄帝、龙王祠也。属土，土谷祠；属木，东岳帝祠；属金，关帝、释迦及金妆像也。六爻带亡劫、刑刀、大煞来冲克世者，行至山运衰处，必被祸也。坎宫蛇水世动者，水环绕也。（水动何爻，即知何方。）间爻动水，动有腰带水也。临卦无水爻者，但从玄武断之。玄武生旺水汪洋也。空绝墓胎者干流也，旺空水散漫也，休则浅近，囚死则停蓄死水也。

六、断阴宅风水要点

生合主有情，克害刑冲主无情。生旺主高大，衰弱主低小。注意金木水火土五行取象。孙爻为子孙后代，为关键点。

巳在巽卦空亡克世，凹风射墓。卦中六爻不见水爻，无风水之地。内卦为坟墓，外卦为人口，宜内生外忌内克外或外生内。三合化六合，聚气藏风。卦逢六冲，飞砂走石。六合化六冲，穴地将败。六冲化六合，穴地将发。

世爻逢木爻来动冲，凹风吹穴。水爻暗动冲世，穴被水攻。应爻刑害冲伤世爻，案山逼压。应爻休囚空亡，无案山。应爻空动冲世，明堂不关。

七、总断坟墓

以世爻为主。世上一爻为祖墓，祖上一爻为曾祖坟，曾祖上一爻为高祖墓。世下一爻为父母坟，父母下一爻为兄弟坟。生合世爻者吉，刑冲克害世爻者凶。六兽静来生合穴者吉，动来冲克害者凶，坟爻带月虎月勾空动者绝也。木加龙下代兴隆，金见虎出人强暴，水加龙职在当朝，虎加福富居山野。合中再合，水绕沙回。空动又冲，气飞风播。水鬼动奇形怪穴，木父动蹊路绕山，火见金而石岩出现，水合火而水火相朝。木空有死木也，木旺有大木盖坟也。木见休囚有亭破多年也。金动有白石也，水囚水法破裂也。金见金临玄武，傍有醇泉也。土见土，有横路交加也。水冲克刑害，坟有斜水相冲也。坟爻逢官贵禄马者发贵；逢财福、德、禄生气旺相者发富，逢空休死败及四直刑动克害者，出贫贱，逢孤辰化盖羊刃者出僧道。逢旺福发丁，逢刑害克冲出子孙不肖且多残疾，福逢空绝者绝也。坟爻属木，下一爻又是木者，坟下有小坟，主阴人腹灾杂症，幼口惊嗽，年月小祈小祷不绝也，坟爻属水，下一爻又是水者，主穴下有水。主恶毒妇人淋漓产伤，幼口失水也。坟爻属金，下一爻又是金者，主穴下有石，远年雷伤，目下祛症，祖宗牌位破裂，有人发肺痈而死也。坟爻属土，下一爻又是土者，主横路交加，出大腹胖体人，后有虫亡水死日伤者，不死亦有争田夺地之官司也。坟爻属火，下一爻又是火者，主加遭回禄，出忤逆妇人为非，子孙横暴刀伤人命之事也。又凡穴爻受伤者，以八卦定其何方受伤，以五行定其何物所伤，以六亲定其被何人伤也。若问子孙何房盛衰，何房发，何房绝者，但以坟爻为主也。坟上一爻为长房，坟爻为次房，坟下一爻为三房，坟上二爻为四房，坟下二爻为五房，坟上三爻为六房也。上下轮飞，切勿错乱。看其盛衰发绝，如坟爻旺上下二爻衰则中房发运，坟上一爻旺长房兴，坟下一爻旺三房兴，若见外爻旺则四五六房发达也。

八、未葬之穴

父为主山，世为穴位。世下伏神之五行或纳音看地下之物。父旺主山高，世旺穴气足。卦无孙爻，风水散乱；无兄爻，地势不佳；无父爻，穴不结；无鬼爻，穴无气。穴临月破白虎有古墓，穴临空鬼必废穴。穴持鬼墓有旧坟，穴临正四废弃不用。

九、已葬之穴

已葬之地，以世为穴，鬼为亡人，父为家长，兄为卑幼，财为家业，子为祭主也。世空穴不正，世持水鬼与坎官水世者，穴中有水也。世持辰巳带勾陈煞，与巽宫木兄持世动者，穴有地风也。（巽为风兄主风又木动为风也）。世持空虎，穴生白蚁或猫狸穴冢也。（空空亦然）世持龙德贵喜穴干净，值长生中有寿域。阴世阴宫寒冷之地，阳世阳宫高爽之区。鬼空尸腐毁也，鬼败绝荒坟无气，鬼空旺穴破骨存也。卦无鬼，与游魂卦鬼动者，魂不入墓也。卦无子或子空绝，或世父旺动者，出独夫。卦无财或财空绝或世兄旺动者，出鳏夫。卦无鬼或鬼空绝或子世父旺动者，出寡妇。卦无父或父空绝或财世旺动者，出孤子。卦无兄或兄空绝或鬼世旺动者，主只影也。三传生合子者多男，生旺者聪俊，衰逢合生者丁少而不绝。加官贵者，发科甲。加龙贵者，多财艺。加刑刃者，出凶徒。加德喜者，出善良。子逢冲动，离祖过房。空子扶世，假支兴旺。阴子下伏鬼与阴子化阳子者，招婿成家也。财带禄旺静者，发富。财化鬼兄空破败绝者，贫也。子逢劫墓，子息伤也。父空带劫煞动，阳损父，阴损母也。财墓带阴煞动，阳伤妻，阴损妾也。世临财带勾煞动，主发掘也。子化子，小口灾厄。财化财，妻奴逃散。父化父，改旧葬新。鬼化，鬼葬地不祥，兄化兄门户荒凉，家多争竞也。鬼旺静，亡人吉；太岁与五爻生子者，子孙贵。（太岁五爻俱为天子。）世旺身生官入墓者，阳发而阴泰也。

第八节　阴宅卦例

好运佳景即将来　勿忘调理阴阳宅

一个卦例就是一个活生生的故事：

乙酉年　　癸未月　　辛酉日　　　（子丑空）

《离为火》	《火风鼎》	六神
兄弟巳火、世	兄弟巳火、	螣蛇
子孙未土、、	子孙未土、、应	勾陈
妻财酉金、	妻财酉金、	朱雀
官鬼亥水、应	妻财酉金、	青龙
子孙丑土 ×	官鬼亥水、世	玄武
父母卯木〇	子孙丑土、、	白虎

推断1：你是属蛇的，今年41岁了。你妻子是属鸡的，今年27岁了。你们在2004年不离婚也会出现感情危机。

反馈：是的，我属蛇，她属鸡。

分析：主卦中兄弟爻巳火持世，安静不动，巳为蛇，生肖应该属蛇。应爻官鬼亥水化妻财酉金，化出之酉金代表妻子。酉为鸡，所以说妻子是属鸡的。

《离》卦中兄弟巳火持世，身太旺，不利妻。从妻子角度来讲，离卦中之酉金太受压抑，逢生旺之年，必起抗争之意。2004年之所以离婚，是因为太岁为申金，申金一方合住巳火，另一方面生应爻亥水，亥水变旺相，而且2004年大、小限皆行走在三爻官鬼亥水上，亥水为应代表妻子，冲克世爻巳火。主卦为六冲，本主婚姻感情不

199

周易八卦与阵法

利，又逢不利之年，故有婚灾。

推断2： 你的命运坎坷曲折，历经磨难，尝尽艰辛。但你最大的安慰是，研易用易其乐无穷。你学易有成之象。今后三年有小成，五年有大成，八年为鼎盛期，可名扬天下。经过火的煎熬，才能炼出真金来。你是学易的好人才。

反馈： 是吗？谢谢老师的鼓励，既然老师已对我道破天机，那么我明年就开始独立门户了。我该如何选店铺呢？

分析： 卦主摇得《离为火》之六冲卦，这种卦象就主一生波动大，经历坎坷，艰辛曲折。

离为火，火为文化、文明的象征，起得《离》卦，是非常有利学易的卦象，所以说他学易有成之象。卦中父母代表学习，父母为卯木发动，生助世爻巳火，巳火于卦中逢生助，后劲足。今年开始大限行在三爻官鬼亥水上，接着行财爻酉金，对事业名利皆非常有益，所以说卦主最大的安慰是学易有成，其乐融融。而且今后三年有小成，五年有大成，八年为鼎盛期，名气会很大。

世爻兄弟巳火，兄弟持世之人都能脚踏实地，吃苦耐劳。世爻巳火位居离宫，离宫之火永不熄灭，智慧源泉永不枯竭，可谓地灵人杰，所以说卦主是学易的好人才。

推断3： 你搞周易开店铺，最宜在城市的北面，门向朝东或朝北都好，这样会非常有利于名气的宣扬。

反馈： 谢谢老师的指引。选店铺时我会谨记老师嘱咐的。

分析： 主卦中官鬼为亥水，又为应爻，父母为卯木，搞学术方面的生意注重官与父。因为官鬼代表名气，亥水主西北偏北的方向，卯木代表东方，应爻为风水口，主门向，所以说卦主搞周易业务开店铺，最宜在城市的北面，而且店铺的门向朝西北偏北或朝东都好。

推断4： 你本人2001.2002这两年财运很好。2003年有破财之灾，还有车祸伤灾、口舌官非之事。

反馈: 我 2001 年、2002 年的财运确实好，有些偏财。2003 年发生撞车事故，我受伤了，而且破了财，还因保险赔偿金的事情打了官司。

分析: 世爻巳火在月日不旺，身弱之时难胜财。遇 2001 年、2002 年巳、午火流年帮身，身强能担财，所以 2001 年、2002 年财运很好。

2003 年未土流年入卦中五爻未土，临月建持勾陈，子孙很旺，泄世爻巳火之气。巳火更弱，身弱财旺，故易有破财之事。卦中初爻卯木父母发动化丑土与太岁未土犯冲，持白虎，白虎主血光，主伤病、车祸、官司等。二爻丑土持玄武也发动，冲太岁未土，玄武主突发的、意想不到的祸事。太岁临五爻道路逢白虎、玄武动来冲击，所以会发生车祸、伤灾之事了。因子孙太旺，子孙是制官的，官爻代表执法部门，子孙爻与官鬼爻相冲突，就会有官司、口舌之争，所以还因保险金的事打了官司。

推断 5: 你是 2004 年出现感情风波的，该年你心情很糟糕，曾经去过寺庙，要出家当和尚，但结果未遂心愿，因为你尘缘未了，六根未断，暂时无缘出家。

反馈: 老师，连我去寺庙要出家之事都看出来了，您真神了！我那年真是感到心恢意冷，毫无生趣，好想出家当和尚，但寺庙方丈不收留我，说我应是红尘中人。

分析: 2004 年甲申流年逢大、小限亥水冲击命主巳火，亥水为华盖，为天门，也代表寺庙，冲则为动之象，故卦主萌生要出家当和尚的念头，但流年太岁申金又与巳火相合，此为刑合的关系，刑者，伤也。该年卦主很伤心，心情不好，既逢冲又遇合，矛盾心理尤其明显。华盖亥水化出酉金为妻财，为女人，为桃花，表明卦主六根不净，尘缘未了，无缘出家，最终还是给太岁老爷合住了，最终还是未遂心愿。

推断 6： 2005 年，你较为平安顺利，没啥大事。

反馈： 今年到现在为止，确实如您所说，平安顺利。

分析： 2005 年乙酉，太岁入四爻妻财酉金，且大限行走在三爻官鬼亥水上，小限行走在四爻妻财酉金上，财官相生，主卦初爻卯木发动，金水木火连续相生有情，所以确实工作顺利，财运亦佳。

推断 7： 明年 2006 年直到往后的年份中，佳运渐开，可独当一面。搞周易研究，好运逢佳年，名利皆可图，好好把握吧。

反馈： 就凭李老师您这一番话，就值得我去努力啊。既然天赐良机，我一定好好把握啊。

分析： 卦中看卦主行大限为三、四、五爻，皆为连续相生的子孙、妻财、官鬼，五行流通有情，所以说名利皆可图啊。因三爻持朱雀，四、五爻在离宫，皆主文明、文化的象征，所以说佳运渐开，搞周易学术研究再适当不过了。

推断 8： 不过，以前的你历尽坎坷，多灾多难。常有伤病灾。你小时候发高烧很严重，差点丧命。也有过水灾。虽然灾难多，但你为人倒是很聪明的。

反馈： 确实如此。记得的车祸伤灾就有四次了，手腿断过。听母亲说我小时候有一次发高烧很严重，差点送了命。水淹过一次，也是差点丧命。所以我妈说我的命硬，大难不死。

分析： 世爻巳火在离宫，巳为火，离也为火，巳火在八卦里也有手术刀的含义，所以巳火代表多灾多难，代表火灾、水灾、伤灾（血光）。巳火有杀伤力，而且巳火持世。主卦为六冲之卦，难得安宁。十二生肖中蛇最易得灵气，善解人意和一些虚惊怪异之事，最聪明。所以逢巳火持世之人，头脑都很聪明。

推断 9： 按理你应该是兄弟姐妹三个。但看你此刻摇出之卦，依照世爻旺衰，目前你只有二个兄弟姐妹，有一个应该是夭折或短寿。

反馈： 对！我还有两个姐姐，我们兄弟姐妹共三个。不幸的是我有一个姐姐1993年因病去世了。

分析： 世爻在离宫，离宫数主3，世爻为巳火，火之数主2.7，因巳火在卦中临年、月、日休囚不旺，且卦中有巳酉丑三合金局入丑之金库，故说其中有一个是短寿或夭折的。为何去世在1993年？流年为酉之年也。最终判断卦主兄弟姐妹为两个。

推断10： 你母亲目前的身体不好。父亲早在2000年就离开人世了，可能是因心脑血管疾病而终。你父亲家的兄弟少，仅兄弟两个。

反馈： 是的。我父亲就兄弟俩人。父亲早在2000年就因高血压去世了。母亲一直身体不好，现在在敬老院里。

分析： 卦中取初爻父母卯木为父亲，取二爻子孙丑土为母亲。

初爻父母卯木临岁，日破，发动入月未土之墓，在日代表近期，在月代表有几年了，在年代表时间更长，说明去世有好几年了。父母卯木持白虎发动化出子孙丑土也为墓，白虎主血光，主丧事，卯木主狭长，代表脑神经、脑血管，在离宫，离主火，主红，主血，所以判断父亲由于脑血管疾病去世的。为何在2000年庚辰呢？因为辰为万物之库，也为木之库。

初爻父母卯木休囚逢破，当然兄弟就少。卯为木，木之数为3.8，在卦中动化丑，丑之序数为2，基于卯在卦中处衰地位，所以判断为2个。

二爻子孙丑土为母亲，发动化出官鬼亥水，持玄武，说明母亲身体不好，水旺为阴气重。丑在艮宫，为寺庙，也可看作养老院。所以说母亲现在在养老院里。

推断11： 你母亲明年即2006年丙戌有病痛折磨，右腿血脉不通。2009年即己丑年将遇到一生死关口。

反馈： 谢谢老师提醒！我会多加注意母亲身体的，照顾好她老人家。

分析： 为何说2006年丙戌有病痛折磨呢？2006年小限行走在五

爻子孙未土上，二爻子孙丑土为母亲，遇逢流年戌土，组合成丑未戌三刑，土发动，土旺相，二爻丑土化出官亥水，土旺则克水，水主血、血脉，所以该年多数因血液的问题受病痛折磨。亥水在变卦，变卦为右边，所以母亲右腿血脉不通。

为何又说2009年己丑会遇到生死关口呢？因为2009年小限走在二爻子孙丑土之上，与流年丑土伏吟，大灾之信息。丑年冲动五爻未土，未库被冲开，代表父母之木入库。五爻为路，也为黄泉之路。父母卯木化丑土临太岁，临白虎，化出之丑土也可以理解为母亲，白虎主丧、病、伤等，此卦里子丑逢空亡，本为吉象，但临丑年逢值之时，为填实，不空则大凶也。所以说该年母亲有生死悠关的大难。

推断12：你母亲出身为大户人家。兄弟姐妹多，至少有8个。

反馈：是的，我母亲为大户人家出身，家族也大，读书人多。母亲实际兄弟姐妹8个，其中姐妹5个，哥哥3个。目前还有6个兄弟姐妹。

分析：母亲之位为二爻子孙丑土，与卦中五爻未土相冲，五爻可视为掌门人，为父母卯木之库，未库门开，丑未冲可视为出生于五爻未土尊位、尊贵之家。未在离宫，离宫为火，为灯火通明之象，所以说母亲家庭出身为大户人家。

推断13：你们家的阴宅祖坟葬的不好。坟前低洼，后山不高，所以发财不长久，无靠山难有做官之人。

反馈：以前曾经有风水先生看过，也说不好。因为家庭困难，都没往心上去。待我经济好转，一定重修祖坟。

分析：世爻在六爻上，是风水不好之象。世为坐山，应为向口，世居六爻，说明坟后没有靠山。应为向口临亥水，水主低，说明坟前低洼。世在外三爻皆为无法藏风聚气之墓穴，为凶穴。常言道，山管人丁，水管财。此墓穴前低洼后无靠山，说明后代发财不长久，不聚财，无靠山，不出当官之人，不旺人丁。所以卦主及卦主的父亲兄弟均少。

推断 14： 以此类推，你目前的住宅也有问题。要想名利双收，人财两旺，还是要尽早调理一下才好。

反馈： 谢谢李老师指点。我会首先考虑调理阳宅，有一定经济能力时再调理一下阴宅。虽说阴宅比阳宅更重要，但毕竟调阴宅不是一朝一夕的事，还有经济因素得考虑呢。调阳宅会见效更快更直接一些吧。

分析： 看阳宅与阴宅大同小异。从断阴、阳宅角度看，此卦组合确实太差，表明阳、阴之宅不藏风不聚气。特别是阴宅不利。初、二爻代表地爻，代表地基及坟墓，临白虎、玄武发动，化出之爻亥、丑冲五、六爻，六爻为天，天爻为气场，天地犯冲，所以气场不吉。

是否葬准了龙脉　墓穴深浅有讲究

在风水面授班中，一个学员摇得卦例测阴宅吉凶：

丙戌年　癸巳月　癸卯日　（辰巳空）	
《水泽节》	**六神**
兄弟子水、、	白虎
官鬼戌土、	腾蛇
父母申金、、应	勾陈
官鬼丑土、、	朱雀
子孙卯木、	青龙
妻财巳火、世	玄武

推断：

1. 你家坟地的地势较低，地脉一般。

反馈：是这样的。

分析：卦中上坎下兑，大卦象为坎宫，下卦兑也当作水看。水在低处流，坎兑组成的卦，主低，所以说坟地地势较低。初爻为地脉临妻财爻巳火持玄武在兑卦，所以说地脉一般。

2. 此坟为壬山丙向，壬丙一线，是回龙向。

反馈：是的，此坟我曾用罗盘确定坐山立向。

分析：八卦阴宅风水看坐向，一般是世为穴为坐，应为碑为向。但此例卦中，世爻巳火逢空，所以它是回龙向。巳中含藏丙火，申中含藏壬水，为壬丙一线，具体的应该是壬山丙向。

3. 坟的东北角有一条小河沟，对男丁不佳。特别是对小儿子不好，本来很聪明，但上学就是上不出来，文化不高。

反馈：我的小儿子目前很难管教，不听话，原来是与阴宅风水有关啊。

分析：三爻丑土与六爻兄弟子水合，丑为水沟，丑在艮宫为东北方位，丑临官鬼持朱雀，为小河沟，六爻子水在坎宫主男丁，被丑土合入库不吉，丑土在兑宫主少年，丑临官鬼，说明这条小河沟不利男丁，而且是最不利小儿子。兄弟子水主男丁，主聪明灵活，但被合入丑库，就发挥不出来聪明才智。

4. 你有2个妈妈。前妈贫穷，后妈富。后妈是当时地主大家族，是当地当时最有钱的人家。

反馈：是的，我有2个妈妈。

分析：生我者为父母，二爻子孙卯木坐大坎卦是得生，临日建，为阳爻，持青龙，断为父亲。我克者为母亲，三爻官鬼丑土及五爻官鬼戌土皆为父亲之妻。三爻官鬼丑土为前妈，五爻官鬼为后妈，所以说有2个妈妈。前妈丑土占三爻，后妈戌土占五爻，与日月生合，为君位，所以说后妈是当时地主大家族，是当地最有钱的人家。

5. 你家阴宅中有天折坟，那是你前妈的，死的时候应该不超过30岁。

反馈： 是的。我前妈是28岁那年天折的。

分析： 卦中官鬼丑土为天折坟，为前妈之坟。丑土在兑宫为年轻，为折损。故说坟当中有天折坟在里头。

6. 你前妈坟下葬得不够深度，为浮尸，接不到地气，不吉利。如果再往下多深挖，50公分至80公分就好了，就为点正青龙穴位，为大吉了。

反馈： 是的，以前下葬时也没有深挖，因为也不懂风水。

分析： 官鬼丑土持朱雀，说明穴不但小，而且不够深，二爻持青龙，为真正的地气地脉，青龙之正穴，但官鬼丑土在二爻孙卯木之上，为浮尸，没有接到地气龙脉。三爻官鬼丑土，土数为5.0，取5数，为50公分，二爻子孙卯木；木数为3.8，取8数，为80公分。所以说如果再往下多深挖50公分至80公分就为点正青龙穴位了。能接到地气龙脉那当然为大吉了。

7. 前妈的坟不但要深挖50公分—80公分为点正龙脉，如果还往后（即往北）移6米至8米，就更加锦上添花了，为青龙得水啊。原来下葬位置（坟穴）偏南了，而且点在了明堂上，说明穴位打错了。坟打错了一点也不行，你回去后重新调理后，一定是最佳风水。

反馈： 回去后我会谨尊李老师您的指点把他调过来，我们家子子孙孙会感谢您！

分析： 挖正了龙脉，还得有水才行，世应之间为明堂，三爻官丑为坟穴，在明堂之间，所以坟穴点到了明堂上，为穴位点错了位。官鬼丑土在应爻父母申金的前面，父母申金应该为坐，在前面就意味穴位点到了明堂中，故穴位应该往应爻父母申金之后（后为北边）移6米（上卦为坎，为6米）或8米（下卦兑2加上卦坎6为8）。六爻兄弟为子水，往后退6米至8米，为兄弟爻子水持青龙的位置上，如此才能青龙得水。调理过后一定为好风水，为最佳风水。

8.坟前右边西南方向有一条小斜路，不吉。对坟里阴魂不利，不安宁。

反馈：关于这点不吉利，还得烦请李老师您课后给指点指点，该如何调啊？

分析：卦中世爻妻财巳火为坟前，与应爻父母申金刑合，为路，是不直的路，不是环抱的路，是斜路，无情水之路。父母申金入丑之金库，丑为墓坟，金在丑库内，金逢刑动，则为阴魂不安宁。调过以后就好了。

9.此坟地里有两座坟为主坟，为双头坟，你爷爷奶奶合葬一座坟，你父亲与母亲合葬一座坟，父母那座坟带夭折的，另外还有一座为单头坟。

反馈：是的。

分析：卦中五爻官鬼戌土临月生日合，为旺，为双头坟，是爷爷奶奶的坟。三爻官鬼丑土也是临着月生，但日克，也是双头坟，但逢日，说明内有夭折之人。丑为阴，在兑宫，表明是女性的，亥为他前妈。另外，应爻父母申金为鬼魂，持勾陈也代表坟墓，申金临月克日耗，衰弱，所以断为单头坟。

10.此阴宅能出有钱人，利求财；还能出文化人。对女人有利，特别是小的，你小女儿文化肯定高。对男人特别是排行小的不利，你小儿子肯家难管教。

反馈：正是这样，女儿是大学生，小儿子不听话。

分析：卦中初爻临妻财，临月建旺日生扶，财为女人，对女人好。巳火在兑宫，小女儿好。巳火在巽宫，为文昌主文化高，所以小女儿可以考上大学。六爻兄弟子水在坎宫，代表男人，子丑相合，兄弟子水给合绊住了。子水在坎宫，坎为水，子也为水，水主聪明，但给丑土合绊住了，不善于发挥聪明才智。子丑合，丑在兑宫，主小，所以说男人特别是排行小的，不利。子水在坎宫，个性非常活跃，难管教。

11. 你有3个孩子，2男1女，大儿子还行，事业财运稳定。而小儿子难管教不听话，让你操心费神。2001年小儿子还惹是非，致祸临身，使你破了财。女儿为最小的，还挺有出息的，文化程度高，工作稳定，收入好。

反馈：完全正确，我有2个儿子，1个女儿。大儿子现在是有事业单位之人，有一点小小官职，他懂得为人处事，人缘好，办事有主见，财运收入还不错，就是文凭不高。二儿子，也就是小儿子，真不成器，工作不好好做，总想着换工作，为人不稳重，虽然聪明，但总爱往外跑，不顾家。2001年他与几个朋友一起喝酒，酒后打架，被关押了100天，我花了5万元保释他出来，才算搞定此事，真伤透脑筋，他已成家但仍然象小孩子似的整天不着家。小女儿比2个哥哥都好，不但大学毕业，取得高文凭，而且也有了一份理想的工作，财运事业都稳定舒心。

分析：我生者为子孙，世爻火生土，卦中五爻官鬼戌土为长子，世爻官鬼戌土逢月生日合，为人缘好，办事有主见。月令巳火财旺，生助戌土，官也旺，大儿子仁义敦厚。身旺财官同旺吉利，是有事业之人。取二爻官鬼丑土代表二儿子（小儿子），持朱雀，能说会道，丑土与外卦子水合，与月建巳火半合，外卦及月令为家外环境，表示他常常往外跑，不着家。2001年巳火流年，财爻火旺生官鬼，鬼旺逢刑则是非多。太岁巳火妻财去生官鬼丑土，为是非花钱，有刑必有伤或牢狱，断2001年巳火妻财为花耗在丑土身上，多少钱？丑土主5.0，按一般化解牢狱之灾，得以万计算，故说花了5万元保释你小儿子出来。取二爻卯木为小女儿，因卯戌相合为手足，卯临子孙也为孩子，子孙卯木在兑卦，兑为少女，所以子孙卯木为小女儿，二爻卯木临日建持青龙，其个性干脆利落，象男子性格一样直爽，做事有魄力，能干。卯木临青龙真龙，是聪明能干大事之人，当然文凭就高。

12. 你的身体健康方面还行，除了血脂高，其它没大病。但你妻的身体体质较柔弱，主要是颈椎病及偏头痛。2005年妻子为治病花钱了。夫妻和睦恩爱。

反馈：对！

分析：卦中初爻持世，巳火临日建旺，二爻木临日建紧贴世爻巳火相生，世爻火很旺，火旺则生土，土在卦中临官鬼为病，土旺相刑，火土同旺，血脂高之病症。

卦中应爻申金为妻宫，二爻子孙卯木代表妻子，应爻申金逢月克日耗处休囚，是妻子的动态，即为身体柔弱，体质差。五爻临日合暗动，克制六爻兄弟子水，四爻父申代表颈椎骨，四爻申金与月令巳火刑合，也为暗动，五爻官鬼戌为阻隔堵塞，使四爻申金与六爻子水无法流通相生，四爻申金被月令刑克，是为颈椎病。六爻兄弟子水为头，持白虎，白虎代表右边，主卦也代表右边，白虎还代表痛症，说明妻子常常患有偏头痛，是右边痛得厉害。根源在于五爻官鬼戌土堵塞，使血脉不通而致偏头痛。土主软，说明颈椎有钙化的趋势。四爻、五爻都在暗动，说明颈椎有骨质疏松之兆。2005年酉金为太岁，卦中巳酉丑合金局，旺并且冲克二爻妻子卯木，卯木被冲动入戌库，戌为医院，所以该年妻子住院治病花钱了，初爻巳火持世与二爻卯木妻子为相生关系，旺，所以和睦相处，恩爱有加。

13. 你目前已有4个子孙，其中你的大儿子生2个男孩，你的二儿子生了1男1女。你的女儿还没有孩子。

反馈："一点都不差，真准！"学员竖起大拇指兴奋地夸奖着。

分析：卦中五爻官鬼戌土为大儿子，则二爻子孙卯木就为他的妻子。二爻卯木本身就临着子孙，持青龙临日令建旺，坐着兑宫，兑主2数，为2条龙，即2个儿子。三爻官鬼丑土为小儿子，则四爻父母申金就为儿媳妇（小儿子之妻）。我生者为子孙，申金生子水，故说子水代表小儿子的孩子，子水与申金同性，申金为女性，所以有1个女儿。子水中藏癸水，癸水与丑土为同性，丑土为小儿子男性，故还有1个男孩。也就是说小儿子生了1个男孩1个女孩。二爻子孙卯木代表女儿，女儿所生的子孙就是火，妻财巳火为女儿的孩子，目前逢旬空，虽不为真空，但卦中毕竟是一种空象。初爻生者为子孙，可视为还没结婚生孩子。

14. 此坟旺财不旺官，女的比男的会更有发展前途。发女不发男。因为坟的西南方是长流水，不干涸的水。西北方有出水口。目前没有水，但雨季时节还是水打坟前经过，流向出水口的。将来以后对男丁不利。

反馈：既然如此，我会尽快作调理。

分析：卦中妻财火旺，为旺女人，旺财源。官是土爻逢刑，兄弟子水休囚，是为不利男人发展的信号，有官不大，或有官也不长久，或有官易招灾引祸。西南方是长流水，因为四爻父母申金是六爻兄弟子水的源头，申为西南方位，所以西南有长流水，即坟前右边是长流水。西北方有出水口，也就是说坟的后面靠右边是出水口，卦中应为后为坐，五爻戌土就是出水口，目前临月令建生旺，看不出来，但戌土毕竟是坐在坎宫低处，雨季来临时，还是有水打坟前经过流向出水口的，卦中戌卯相合，卯在二爻内卦为坟前面，水打坟前经过，官戌坐坎卦，聚水，申金与子水半合水局，此时的戌土为湿土，暂时无法克制水，所以戌土西北方是出水口。按风水中的水法，壬山丙向应该收正西，西南两方来水大吉，此坟只收得西南一方的来水，为后天水，欠缺先天来水，美中不足。应该为东南去水大吉，但此坟为西北去水，所以水法不正，风水不为最美，有所欠缺。西北不应去水，有则对男丁不利。

15. 不论阴宅，阳宅，财源还是能聚住的。不过，如果能调改为乾山巽向更好。

反馈："我就按李老师您建议去调改！"学员异常兴奋地说。

分析：因为按卦中信息，调为乾山巽向，即坐五爻官鬼戌土，向二爻子孙卯木，乾主权主武，巽主文，为双龙腾飞之象，五爻持腾蛇，二爻持青龙。卯戌相合，为阴阳合璧，真乃难得的好风水。

八卦象息何其多　阴阳宅运仔细说

面授班上学员当场摇卦测阴宅：

丙戌年	癸巳月	癸卯日	（辰巳空）
《水山蹇》		《雷风恒》	六神
	子孙子水、、	父母戌土、、应	白虎
	父母戌土〇	兄弟申金、、	腾蛇
	兄弟申金 × 世	官鬼午火、	勾陈
	兄弟申金、	兄弟酉金、世	朱雀
妻财卯木	官鬼午火 ×	子孙亥水、	青龙
	父母辰土、、应	父母丑土、、	玄武

推断：

1. 你家阴宅地气不吉。

反馈：以前请过地师看，也是这么说的。

分析：看坟，即阴宅，重点看内三爻，也就是内卦。初爻父母辰土逢空，空则为暗，为阴。初爻临父母爻且为四库土，皆为阴气重之信息，不吉。

2. 阴宅的地势不高，西高东洼，南高北洼，西南高，东北低洼，东南角有坑。

反馈： 地势确实象您说的那样，西南较高，而东北趋于低洼。

分析： 主卦外坎内艮，地势不平。五爻戌土在坎宫，主北边低洼，发动冲初爻辰土，辰土在艮宫主东南偏南方位高。辰为暗动，化出丑土持玄武水神，水在低处，也说明丑土东北方向低洼。总的趋势看来就是西南高，东北低。

3. 你家阴宅为艮山坤向。

反馈： 是的。

分析： 按常理，阴宅的座向定义为：世代表墓穴，应代表向口，但在这里要具体看卦中组合并结合六神参断。初爻父母辰土临应持玄武，在艮宫。玄武主后面，艮为高，说明应爻父母辰土坐山为艮；三爻、四爻为大门，为向口，三爻兄弟申金持朱雀为前面，世爻兄弟申金占在四爻上也为门为向口，说明阴宅向口为申金的方向，申在坤宫。总的看来，此阴宅为坐艮向坤。

4. 你母亲是近几年刚下葬的，具体点说是在2001年下葬的。从下葬后她的灵魂一直没得到安宁。

反馈： 我母亲是在2001年下半年去世的。

分析： 取二爻官鬼午火为母亲之坟，在二爻临日月生旺，发动，动则有不安宁之象。二爻官鬼午火在卦中很旺，化子孙亥水回头克是吉利的，但2001年流年为巳火，冲去子孙亥水，二爻官鬼午火无制，故断其母命归黄泉。

5. 你给母亲下葬时，是先把父亲坟劈开后，再让母亲与父亲合葬在一起。葬好多年的坟，是不宜再行劈开的，你们对子孙后代犯了一个大错。

反馈： 是这样。我们那边的地方风俗都时兴夫妻合葬。不知道这也犯忌讳啊。

分析： 伏神财爻卯木代表父亲的坟。官鬼午火中藏着丁火，故午火阴阳两全，代表双坟之意。官鬼午火发动，财爻卯木伏神临日建，卯木旺也为动，说明母亲下葬时动过父亲的坟墓。父亲的坟是先葬下去，劈开就动了原有坟墓的吉利气场，阴阳就会失衡而影响后代，所以是犯忌讳的。

6. 你母亲的坟葬在父亲坟墓的左边了，这样就下错了位置。按东方的男左女右之理母亲的坟应该葬在父亲坟墓的右边才对。

反馈： 我母亲的棺材确实是葬在父亲坟墓的左边。在当地风俗上还没注意到这点。老师您真神了。

分析： 二爻官鬼午火为母亲之棺，持青龙，在左边；二爻伏神妻财卯木为父亲之坟，伏在主卦之下为右边。即父亲的坟在母亲坟的右边，则母亲之坟就是在父亲坟的左边，所以说，母亲棺材下错了方位。阴阳颠倒了，故父母辈的灵魂不安宁啊。

7. 你家阴宅明堂不平整，明堂低，不敞亮，而且不是方块地。整个明堂的地势低洼，不吉利，不利财运啊。

反馈： 坟前地势是一边稍高，一边稍低。确实不平整。自母亲下葬后，几年来的财运一直不好。

分析： 取三爻、四爻为明堂，三、四爻临兄弟申金，兄弟爻为不漂亮，不敞亮，三爻临朱雀，四爻临勾陈，朱雀指明堂小，勾陈代表有坑洼，地势不平之象，所以说明堂不平整，明堂低，不敞亮。官鬼爻发动克三、四爻，兄弟申金在日月休因，为不得气，以遭克论，受克则明堂地形不成方正之地。常言道：山管人丁，水管财。向为水为财，明堂为向代表是否聚财，此卦中显示明堂低洼不平，故不利财运，聚不了财。

8. 此阴宅最不利的是向口，对子孙后代不利，日后难出读书人，小孩学习不好，宜改向。

反馈： 好，我回去后就按您的指点调改坟向。

分析： 二爻官鬼午火临日、月很旺，再行发动，冲克六爻子孙子水，六爻子孙子水化出父母戌土回头克制，多方面受冲受克制，所以很不利子孙的前途发展。再说二爻官鬼午火动化子孙亥水回头制旺火，形成了水火相战，是旺火反克弱水之象。孩子不但没有读书运，上不好学，而且时常会有伤灾出现，这是水火相战的结果。世爻兄弟申金发动化出官鬼午火回头克，说明向口立得不对，宜改向口。

9. 你家的祖坟地有3块墓碑。一块是爷爷的，一块是太爷的，一块是父母的，这3个坟皆为双头坟，也就是夫妻合葬的坟。

反馈： 正如李老师您所测的一样，完全正确。

分析： 申金代表石头、墓碑。此卦主卦、变卦中出现3个申金，视为3块墓碑。取变卦中六爻父母戌土为太爷的坟，取主卦五爻父母戌土为爷爷的坟；取主卦二爻官鬼午火及伏神财爻卯木为父母之坟。这3个卦爻都为阳地支中藏阴干，阴阳俱全。又旺者为双头坟，衰者为单头坟，戌土与午火皆为旺相，所以说3个坟皆为双头坟，即为夫妻合葬之坟。

10. 这3个坟墓当中数你太爷的风水最好，其它不行。

反馈： 以前的地师也曾说过太爷的阴宅风水好，现在李老师您也这么说，我更信了。

分析： 变卦六爻父母戌土为太爷坟，临日合月生旺相，为吉。主卦父母戌土发动，说明在以前就动过此坟。代表坟墓的爻位如未明动，则代表气散，化出兄弟申金临日、月休囚，不得气，表示对后代的福荫力弱。

主卦二爻官鬼午火发动，又临日、月旺相，说明为近年下葬的新坟，刚动过。代表坟墓的爻位明动则气散，化出子孙亥水临月破，临日泄，在日月皆不得气，休囚处死地，所以说父母之坟对子孙后代的福荫之力也不大。

11. 你母亲去时是戴着金、银首饰下葬的。

反馈： 是的。

分析： 卦中酉金代表首饰。酉金在变卦坐巽宫，巽为棺材。

二爻官鬼午火代表母亲发动克酉金，为戴着金银首饰物，酉金入到初爻父母丑土金库里，在初爻也代表入土之象，即为母亲戴着金、银首饰一起下葬了。

12. 你家阴宅的南边有河，水较大，由东南往东北流去；北边也有一条河，水流较小，由东边向北边流去。南边河大，北边河小。

反馈： 没错，是2条河流，流的方向正象李老师您所说的那样，北边那条较小的河是前几年才修好的。

分析： 二爻所在的主卦与变卦代表南边那条河，因为南边地势较高，二爻持青龙，变卦子孙亥水在巽宫，巽代表东南方向，为水之源头从东南方起，源头水大。亥水为大水，流向东北方。主卦二爻官鬼午火在艮宫，艮代表东北方，源头虽然水大，但流到东北方向后水流有所减弱。

五爻所在的主卦与变卦代表北边的那条河，因为北边地势较低，五爻持螣蛇，变卦五爻申在震宫，震为东边，为水之源头，从东边起源。主卦五爻戌土在坎宫，坎为北，即北边，河流流向北边。

南边的河持青龙，水大，北边的河持螣蛇，水小。北边的河低洼，戌与日建卯合动，所以说是近几年才修造起来的。

13. 你父辈有三个兄弟，其中有夭折的。此阴宅对老大最不利，难有后代子孙。老三最好。父辈里有拿枪的。

反馈： 我父辈有三个兄弟。我大爷十多岁时为了救我叔叔（老三），给牛车压死的。听我父亲说，以前大爷在村里是有威信有权的人，也拿过枪。

分析： 看父辈兄弟几个，看卦中的父母爻。变卦六爻父母戌土在震宫为老大，持白虎，为有威信有权的霸气之人，拿过枪。变卦上震下巽，约在十九岁时夭折了，当然也就不会有子孙后代了。五爻父母戌土在坎宫为中男，是卦主之父亲，初爻父辰代表的是他叔叔（老三）。五爻、六爻的戌土为火库，说明目前都已不在人世间了。初爻父辰化父丑，皆湿土，有水份有生命的，所以父母辰土是三叔，还健在人世间。

14. 你父亲生你们兄弟姐妹四个，其中也有夭折的。对老大不吉。

反馈：是的。听我父亲说我原来有一个大姐，夭折了，现在剩我和一个弟弟一个妹妹。

分析：五爻父母戌土发动化出申金在震宫，震主4数，所以是兄弟姐妹四个。月令巳火克合申金，巳与申为异性，所以是对老大不吉，大姐夭折。

15. 你三叔的情况最好。他命硬命大，要不是小时候你大爷救他，他就完了。他目前有7个孩子，多子多孙，福气啊，再说他日后必是长寿之人。

反馈：我三叔是生了7个孩子。村里人都说他命硬，克性大。三叔能长寿，那是值得我们庆幸的啊！

分析：初爻父母辰土为三叔，辰土安静不动，是为吉。辰土为水库，水在卦中代表子孙，辰为子孙之库，父母辰土坐在艮宫，艮主7数，所以三叔多儿多女，生了7个孩子。代表三叔的父母爻辰土紧贴着二爻官鬼午火，得其动生，又临日、月建，旺盛之象，所以断三叔日后将是一位高寿之人。

16. 从风水的水法上说，你家阴宅几乎没有风水，特别影响子孙后代，难出读书人。别说做官，反易因官致祸。

反馈：看样需要尽快调理了。到时还少不了麻烦李老师您呐。

分析：看阴宅，注重水法。此卦中虽有水但似没有。六爻子孙子水化父母戌土回头克，这是先天水，有似无。二爻官鬼午火动化子孙亥水，在巳月份，变卦亥水临月破，这是后天水，破了为凶。卦中虽看似先天、后天之水皆有，但这2个水法不是休因就是破了，不能为用。所以说从风水的水法上说，此阴宅没有风水。阴宅坐艮向坤，地势为西南高，东北低，为前高后低，违背了"后枕高山脚蹬川"的基本风水法则。人常言：山管人丁水管财，此阴宅山水皆不得气势，故说没有风水，特别影响子孙，不利子孙学习、事业及求财，不利仕途官职等。

17. 你家的坟地之所以没有风水的另一个原因是：这块地是许多年代的老坟场地。没有龙脉，没有地气。

反馈：是的，这块坟地不知经过了多少年代了，年限非常久远了。

分析：看主卦，上坎下离，水不得利，一片燥干硬土质之象，没有地气及龙脉，也就没有风水。卦中库多土旺，为老坟地，所以说是许多年代的老坟场。

18. 坟地的地势收不住水，高低不平，不谐调，难为好的风水啊！好的风水宝地地势要平坦。

反馈：我也觉得奇怪，地势表面看去，似乎平坦，但雨季到来就一目了然地看出那儿有积水了。

分析：看坟地不能不看地势。此坟地是南高北低，西高东低，前高后低，水收不住。艮山坤向，按照水法，出水口应该往西南流大吉，但西南较高，水流不出去，按照水法来说不符合。所以说此地势收不住水，不为好风水。

19. 自你出生以来，你家的坟地曾多次动过，至少 2 次或 2 次以上，其中 1958 年、1966 年、2001 年都有明显动过坟的迹象。

反馈：是的。我有印象的是：1958 年动过一次，是奶奶死后与爷爷合葬，动过坟。1966 年动过一次，是当地一位年轻女子死后，为了给大爷配阴婚，将大爷坟从外地迁回来，并将此年轻女子之棺与大爷合葬。2001 年是母亲死后与父亲合葬，也动过坟。

分析：卦中多爻动。二爻、四爻、五爻皆可看作为坟墓被动过的信息。1958 年戌土为太岁，在五爻动，说明 1958 年动过坟；1966 年午火为太岁，持勾陈，四爻兄弟申金发动化官鬼午火，是动过坟墓的信息，为大爷的坟；2001 年巳火太岁二爻官鬼午火为母亲之坟，在下葬之时，太岁冲克官鬼午火动化出的子孙亥水，巳火与午火为阴阳两性，为父母亲合葬之象。

20、你本身有三妻之命。多子多孙之象。孩子目前共有5个。

反馈：我已有3个女人，也可以算是有三个妻子，这3个妻子一共生5个孩子，3男2女。

分析：卦中妻财不上卦，财爻卯木伏藏在二爻下。二爻为家庭，为妻子。妻财卯木，木主3数，所以也可以说有三妻之命。卦中水为子孙，有申子辰合水局；子孙旺，为多子多孙之象。六爻子孙水，因有三合水局，水主1.6，取6数，但六爻子孙子水化父母戌土旺而回头克，水也为1数，则6-1=5，实为5个孩子。另外一种看法，应爻父母辰土为妻宫，逢空，化出父母丑土不空，主卦五爻与变卦六爻皆有戌土，共计3个妻宫，即三妻之命。各个妻所在的宫位不同，个性一定也不一样。

21. 你目前从事的主要职业为火类性质的，不是最理想的。应该以金水类职业为主。流动性大或与水类有关的职业最适合你。比如记者、水产品、酒吧、茶艺等等行业。

反馈：我目前主要职业是摄影工作，拍外景较为辛苦。因为一直做此项工作，换工作之事暂时还没想。今天听李老师您这么一说，我真得考虑考虑改改行了。

分析：卦中世爻临月克日耗，处休囚，又发动化出官鬼午火临月建日生，官鬼旺回头克制世爻兄弟申金，一方面为卦主工作压力特别大，官鬼也代表工作、行业、职业；另一方面，兄爻衰弱，化出官鬼午火旺回头克制为不吉，为职业选择不对路，所以最好改换职业。卦中子孙爻为水，世爻为金衰弱，故应该改换为金水之职业大吉大利。对求财，工作事业皆大利。

22. 你家住宅风水也不行，挣钱不够花销，无法聚财。住宅是门与门相对，窗与门相对，门窗较多，散气之宅。大门破旧，该换换了。

反馈： 正是这样。李老师你好象能亲眼见到我家一样。

分析： 主卦、变卦中，三爻、四爻为厅堂、为门，兄弟爻重重，为不聚财之象。兄弟爻也代表门与窗，说明宅屋门与窗多漏气。兄弟申金本为休囚，再遇官鬼午火回头克制，为旧门，破败之门，应改换为宜。

23. 你家的厨房与卫生间都设在东北方位上。其中厨房在左边，东北偏东方位。厕所在右边，东北偏北的方位。

反馈： 正是这样。

分析： 卦中伏在二爻下的财爻卯木为厨房，财爻主食物，二爻为灶厨，在艮宫，为东北方位，二爻持青龙，财为卯木，卯为东方，所以厨房在左边，东北偏东方位。变卦初爻丑土代表卫生间，临着玄武水，玄武主北边，此宅屋北边为右，所以厕所卫生间在右边，为东北偏北的方位。

错卦断阴宅

某人测阴宅风水吉凶：

辛亥月	庚寅日	（午未空）
《泽风大过》	《水地比》	六神
妻财未土、、	父母子水、、应	螣蛇
官鬼酉金、	妻财戌土、	勾陈
父母亥水〇世	官鬼申金、、	朱雀
官鬼酉金、、	兄弟卯木、、世	青龙
父母亥水〇	子孙巳火、	玄武
妻财丑土、、应	妻财未土、、	白虎

注：在整理此卦时，发现当时竟把卦支排错了，但对于断的结果，对方都肯定称断的非常准确。

推断：

1. 坟地是葬在低洼的地方，坟前低洼。

分析： 世爻为穴，在兑卦动化坎卦，兑为泽，坎为水，均主低洼平地。三爻酉金，二爻亥水主坟前，金水相生之地，又在坎卦中，主坟前低洼有水。

2. 坟地明堂不宽，穴位没有点好。

分析： 间爻为明堂，化反吟，主明堂不宽。世爻为穴位，发动就不好，化官爻休囚日绝，主穴位没有点对。

3. 此坟地，不藏风，不聚气。

分析： 世爻亥水动合卯木兄弟爻，风煞入穴，主不能藏风，且上爻未土为水口，兄弟卯木克亡，水口不关，主不聚气。

4. 坟地是南北向，为子午向。

分析： 世临父母爻亥水，亥水为北，偏北方门，故主坟地为子午向。

5. 爷爷和奶奶不是葬在一起的。

分析： 官爻为祖上，主卦两个官鬼酉金，中间夹一个动爻亥水穴位，动主阻隔，故爷爷与奶奶不是葬在一起的。

6. 奶奶的坟，左高右低，地势高不得水。

分析： 三爻官鬼酉金临阴爻为奶奶的坟，在坎卦的上爻，主高化卯木反吟，有风吹入，高处主招风。虽酉官坐下亥水，金水相生，但不宜亥水化回头冲，冲主散，即水气散了，况且亥水又化绝地。

7. 老大一般，老二贫寒，老三夭折（实际是 40 岁死的），你本人为老四。

分析： 以此劫者为兄弟。世爻亥水，二爻亥水，变卦上爻子水，月令亥水，共四个水爻，主四兄弟，月令上的亥水为老大，生合卯木，兄主劫财，主运气一般；坎卦二爻亥水为老二。动而化巳火，巳火逢破，水化绝地，主老二贫寒；变卦上爻子水为老三，受未土之克，坐下戌土之克，临蛇凶煞，未土在变卦临白虎，主有凶灾；世爻亥水在兑卦为小，就是卦主老四。

8. 不利子孙。

分析：二爻父母亥水动克子孙爻巳火，对子孙不利。

9. 兄弟之中有二个男孩，兄有一个能抱孙子。人口衰败。

分析：卦中子孙爻为小孩，变卦二爻为一个，壬午太岁为一个，即两个男孩。而巳火月破，又临阴爻阴位，故只有一个能抱孙子。子孙爻不当令，主人口衰败。同时也可以看五爻为人口，临官鬼不利子孙后代。

10. 你本人有一个儿子，但脑袋不开窍，学习用功，但成绩不好。

分析：子孙巳火是他的儿子，父旺，主学习用功，但因卯亥合，动逢合，主成绩上不去。

11. 你本人论才能，论交际，论财富，是家中的佼佼者。

分析：世爻为本人，临月令当旺，有能力，日建合之，动化回头生临朱雀，交际好，运气顺，是家中的佼佼者。

12. 妈死得早，父是今年死的。父母合葬在一起。

分析：二爻临父母亥水为母，动而化破，又受初爻白虎之克，阳主过去，主母亲死得早。五爻为父，受太岁之克，亥水之泄，又化戌土受克，故主今年父母死亡，应在亥月泄酉金之气甚重，有泄无生应灾。若以四爻亥水为父动而化鬼，日冲鬼破，申受岁克，亥水逢值月之时乃应死亡之灾。卦中两个父爻亥水比肩均动，化巳火子孙，巳申相合，主合葬。若以五爻为父，二爻为母，金水相生，五爻动化戌土二爻动化巳火，火入戌墓之中，亦表示合葬。

13. 你父母是当官的，是正职（反馈是部队当团长的）。父亲有两个老伴。

分析：五爻为父，官星持之，酉官为正职，卦中金水相生，即官父相生，有官有印，主父亲是当官的，五爻为父临酉官，上爻一个未土生，自身动化一个戌妻之生，所主双妻。

六爻断阴宅　玄机在卦中

某人摇卦测坟墓吉凶：

戊辰月	己酉日	（寅卯空）
《水火既济》	《水山蹇》	六神
兄弟子水、、应	兄弟子水、、	勾陈
官鬼戌土、	官鬼戌土、	朱雀
父母申金、、	父母申金、、世	青龙
兄弟亥水、世	父母申金、	玄武
官鬼丑土、、	妻财午火、、	白虎
子孙卯木〇	官鬼辰土、、应	螣蛇

推断：

1. 你祖母的坟地是乾山巽向，是藏在一个山坡之上的。

反馈：是的。

分析：世为坐下之山，世为亥水，为西北主天门。故断乾山巽向。世爻持寅申巳亥必定山雄地壮。变卦为艮，所以是藏在一个山坡上。

2. 坟的东北方位和东南方位、北方位均有坟地，而且有条从北斜向西北方向的小路。

反馈：一点也不错。

分析：世爻下临官鬼，必有古墓临左右。二爻官鬼丑土，初爻动化辰土，主东南东北有鬼坟。六爻为兄弟子水与世爻比和，是为有情。子水临应也是坟。亥子水重重，主重重关锁必有奇峰秀岭，拱照回环，说明此穴有情有气能聚气。此卦三爻持世，主家中平平稳稳，世应拱穴爻，有虎踞龙盘之势，说明此坟地是块好地。腾蛇在初爻发动，卯木化辰土说明书东边有条路，从东南起到北，到西北方位。五爻为路戌化戌又坐在坎宫，所以此路从东南到北斜向西北。

3. 东北方位有座高山，比西边的山要高而有气势。坟的明堂较宽亮，主吉。

反馈：是的，你好想看见似的，太对了。

分析：世在内卦，主回兽有情，乃大吉之地也。初爻动为坐山，卯木临岁而旺，亥子水相生，可谓龙真砂秀，山水环抱有情。内卦动化艮山，临蛇虎，说明山高大雄厚。栾山带子孙贵人相助，其山耸拔秀丽。所断东北有山比西方高大，乃龙旺虎衰之故。世应之间的为明堂临月日，能容下万马，又水口不遇风，是大吉之地。明堂众水所聚，宜静不宜动，静则聚气，所以断坟的明堂较宽亮，主大吉。龙在上虎在下，所以龙高虎低。

4. 坟地的西边有个山沟上宽下窄，逢雨天有水，正常天无水。沟西边是条大路，路西有条大河，源头从西北而来，对东南方向流淌。可说是山环水抱，明堂宽亮，大吉大利。

反馈：对，坟地西边有山沟下雨有水，旱天没有水。

分析：四爻为坟之右侧也是西方，父母爻申金化申金临日而旺，临青龙。三爻亥水化父母爻申金临玄武，所断西边有个山沟。上卦为坎；断山沟上宽下窄，逢雨天有水，平时无水是亥水下坐丑土之故。五爻为路，戌土化戌土指大路，也作水来看。路西有条大河是上六爻子水化子水，是真龙得水。子为大门，所以源头起自西北，月令辰为水库，辰为东南方，故断向东南方流水。

5. 坟西边有山较底，此坟利官，利财，利子孙，主人口旺盛。

反馈：坟西边山是低。

分析：六爻子水化子水坐坎，坎为低洼，故断西边有山较低。勾陈临水口是龙之祖，是一路来龙振起，朱雀飞来临明堂是两重对案相迎。综合本卦龙真砂秀，利财利人口；明堂宽亮，水口旺，藏风纳气，所以利官利子孙。

6. 此坟对老大、老三不利。老大败财败人丁，老三妻妾有灾。除此，还不利老大和老三之子。老大老三之子皆有血光之灾，难以长寿或半残疾。如化解，可保全家平安。

反馈：我给罗先生断完后，罗先生说断的太准了，就好象亲眼看见一样，连连赞叹，李老师你断的太准了，八卦真的太神奇。随后，我告诉他化解之法。

分析：因西北方高大，来水分八字为披头煞，主老大子孙有血光牢狱之灾，故断老大子孙不好有灾并败财。去水向东南方位流，为黄泉煞，因而主老三人衰败财。

明堂临玄武　　此坟发女人

摇卦测坟墓风水：

壬午年	丑月	己卯日	（申酉空）
《山火贲》		**《山天大畜》**	**六神**
官鬼寅木、		官鬼寅木、	勾陈
妻财子水、、		妻财子水、、应	朱雀
兄弟戌土、、应		兄弟戌土、、	青龙
妻财亥水、		兄弟辰土、、	玄武
兄弟丑土 ×		官鬼寅木、世	白虎
官鬼卯木、世		妻财子水、	螣蛇

推断：

此男为老大，下面一弟一妹，你妹妹情况好，父亲弟兄三个，夭折一个，其父为老三。

1. 大象六合卦，主风水还不错。

2. 青龙临应为向为旺，为青龙抬头，东南边低洼。

丑戌临蛇又相刑，且有卯戌合。

3. 此坟旺老三，发女人。

明堂为女人，临玄武，有财，故此坟发女人；此坟主老三好。

4. 卦主本人一个儿子，一个姑娘。

5. 坟地右边有条路，不宽大，不好。

6. 此坟之缺点：看六爻为风水口，主家中财运，官爻与世爻比合（如冲克世爻，就主出毛病）又临勾陈，勾陈代表祖坟，不是破财就是丢官。

7. 祖坟在三块地里。

以世为基准，寅木一块，世爻卯木一块，日令卯一块。

明堂为世应之间，明堂开阔者为好，能容千军万马者好。

测坟见卦中有亥子水为有风水，如没有亥子水，应爻者得月、日令也为有风水。明堂开阔，说明还是可以的，又因明堂代表姐妹，旺就是有钱。

反馈：其妹夫为地市级干部。

8. 本人为老大。

在此例中，五爻不能为儿子，本人的大孩子为女儿，将来比男孩有出息。

9. 坟前二十米开外，越来越高。

艮主山，临应主外，所以主高，应爻又为望山，岸山，坟又坐离宫。

10. 坟地左高右低。

变卦为乾主高。

11. 坟的左边有条小草路。

变卦代表左边。

12. 二爻白虎动主白虎抬头，临丑土为土包。

13. 坟的右边有个坟，对自家坟影响大，劫半个风水去。

因四爻戌合卯，卯动。

看坟地，左边为三，右边为四，以五行配八卦而定家庭，以十二地支配卦宫。

14. 四爻兄戌土坐艮，艮为少年又为坟。爷爷的大儿子去世早，本人弟弟在他家中略差一些。

看坟地，左为长，右为次，西南看坟是老三，东南为老四，老五看寅山，坟为乾山巽向。

特点：本人、父亲这一辈都不好，但老小好，老小是辰土，宜经商，不宜做官，官做不大。葬人时头为山，脚为向，看坟五爻为前面。

卦打六冲不聚气　　此坟后代不发官

陈先生摇卦测坟地：

壬午年	五月	己卯日	（申酉空）
《天雷无妄》	《雷山小过》		六神
妻财戌土○	妻财戌土、、		勾陈
官鬼申金○	官鬼申金、、		朱雀
子孙午火、世	子孙午火、世		青龙
妻财辰土 ×	官鬼申金、		玄武
兄弟寅木、、	子孙午火、、		白虎
父母子水○应	妻财辰土、、应		腾蛇

推断：

1. 此为六冲卦，不聚气，不藏风，文不显，官不出，大象为凶，不吉。

2. 凡六冲卦，子女没有出息。本人弟兄两个，本人为老大。

3. 二嫂肝腹水死亡，因临白虎临震化艮，白虎在右主次

4. 青龙持世应该是好的，但不宜反吟，卦变相克。

5. 老三看西南，西南为坤为未申，卦中申金空，老三两个女儿，老大好一点。

某男测坟

某男士摇卦测坟墓：

癸丑月	己卯日	（申酉空）
《地雷复》	《雷天大壮》	六神
子孙酉金、、	兄弟戌土、、	勾陈
妻财亥水、、	子孙申金、、	朱雀
兄弟丑土 × 应	父母午火、世	青龙
兄弟辰土 ×	兄弟辰土、	玄武
官鬼寅木 ×	官鬼寅木、	白虎
妻财子水、世	妻财子水、应	腾蛇

推断：

1. 坟在高处，向口低。

亥水主江河，在五爻，为远处有大河，坤也主大。

2. 元运。看坟是以向口而看。

此坟为艮山坤向，应爻坐在坤宫，左边高西低，东高西低，世坐

震，震为左。

3.六爻为风水口，偏点向。如再偏点西南就好了，有碑但不大。碑不大是因为休囚又入墓。

4.他奶奶的坟，下雨流下的水，往两边流，犯披头煞。

总之，穴点的还可以，财运还可以，主名气，人口衰败，坟左高右低。明堂相克，但还算旺，明堂还可以，看爻位，分长辈、同辈、下辈。

四爻持世　此坟不吉

某先生摇卦测阴宅：

戊辰月	甲子日	（戌亥空）
《风泽中孚》	**《风水涣》**	**六神**
官鬼卯木、	官鬼卯木、	玄武
父母巳火、	父母巳火、世	白虎
兄弟未土、、世	兄弟未土、、	腾蛇
兄弟丑土、、	父母午火、、	勾陈
官鬼卯木、	兄弟辰土、应	朱雀
父母巳火○应	官鬼寅木、、	青龙

推断：

1.四爻持世，代表穴位，不吉，凶。此坟为父坟，坟坐山无水，不聚气（初、二爻持世大吉昌，三爻持世发儿郎，四爻以上持世为散气，凶，即没有龙脉，这是占断阴宅的基本判断方法）。

2.此坟不利文（读书人），不利官（官运），不利儿孙的前途。

分析：四爻临腾蛇，为不聚气，不吉。世应之间是明堂，丑未相冲为很低，是坑洼不平之地；丑为湿土，未为干燥之土，故下雨时有积水。天晴后又为干燥之处。此种水为败水，叫朱雀水，对明堂不吉；丑未冲即为坑洼之地不平。二爻为卯木，即远处有树木，临朱雀，官鬼卯木动化兄弟辰土，辰土代表气之库，朱雀为口舌，故家内易有阴人作怪不宁，外有口舌是非。

不利文，是初爻父动，月建上是泄气；不利官，是寅巳相刑；不利子孙，子孙爻不上卦。明堂无水不聚气，明堂不平难容千军万马。

3. 此坟为坐巽向乾。

分析： 世爻为坐，应爻为向，世在上卦，为巽宫之卦，故为坐巽方；应爻为巳火，处下卦，为兑宫之卦，巳火为金之长生之地，故为乾向。

4. 此坟青龙制不住白虎，易有血光口舌之灾；1992年伤人丁，卦主有胃疾。

分析： 主卦为左，变卦为右；左青龙，右白虎；巳火为青龙，在兑卦宫为火克金受牵制受泄耗，寅木为白虎，在坎卦宫为水生木，寅木得生受助为旺。故此坟为白虎旺于青龙，寅巳相刑主有血光口舌之灾。1992年壬申，寅巳申三刑，青龙白虎相刑，故此年其兄长得脑溢血病故。1998年戊寅，寅巳相刑，卦主胃病住院。2001年辛巳，卦主胃病手术。目前卦主有两个儿子，文化水平高中毕业，在家无事，常与街坊邻居不和，口舌不断。

5. 此坟旁边有一条小路，弯曲不直，行人稀少，坟前有一条大路，从艮方而来，绕巽方而去，路的前方是一个小城镇。

分析： 世爻为未土，临腾蛇，故是小土路，蛇为弯曲之象，故不直；行人稀少，未土不动不变，处静，静为闲荒之故。坟前有一条大路，应临青龙，故是大路；寅木回头生巳火，寅处艮宫，故是由艮方而来，巳火得生故为通向巽方而去。巳处兑宫，兑为口为悦，即为热闹繁华之地，但兑主小，故只能断为小城镇，不能断为大城市。

财生合世　身运亨通

某先生摇卦测前程：

<table>
<tr><td></td><td>巳月</td><td>癸巳日</td><td>（午未空）</td></tr>
<tr><td></td><td>《山火贲》</td><td>《火雷噬嗑》</td><td>六神</td></tr>
<tr><td></td><td>官鬼寅木、</td><td>父母巳火、</td><td>白虎</td></tr>
<tr><td></td><td>妻财子水、、</td><td>兄弟未土、、世</td><td>腾蛇</td></tr>
<tr><td></td><td>兄弟戌土 × 应</td><td>子孙酉金、</td><td>勾陈</td></tr>
<tr><td>子孙申金</td><td>妻财亥水〇</td><td>兄弟辰土、、</td><td>朱雀</td></tr>
<tr><td>父母午火</td><td>兄弟丑土、、</td><td>官鬼寅木、、应</td><td>青龙</td></tr>
<tr><td></td><td>官鬼卯木、世</td><td>妻财子水、、</td><td>玄武</td></tr>
</table>

推断 1：你不是部队的就是在银行工作的。

反馈：我在银行工作。

分析：为何断他不是在部队就是在银行呢？因为世在初爻，卦中三爻妻财亥水动化出震卦。震为部队，震主动，代表军威，所以有在部队之象。再说，卦中有亥卯相生，财亥水动为旺，生官卯木，为官也旺，世爻化出妻财子水回头生官鬼卯木，故说财官皆旺，内卦化出震宫也主大，三爻妻财亥水发动化出辰库（为水财之库，辰为最大的库，也代表银行），坐在震宫里，亥水为天河水，滔滔不断，天河代表西北，代表大水，大财汇聚之象，故肯定是个银行。两者必居其一。

推断 2：你不是在交通银行就是在工商银行上班。

反馈：我在工商银行上班。

分析：妻财为水，水的源头为金，金主金钱、金属、工业、商业等。内卦化出震卦，震也主道路，所以断不是在交通银行上班就是在工商银行上班。

推断3： 你步入社会早，21岁参加工作，同年结婚，为双喜临门。学业上没能一次性完成，应该为两次完成学业。24岁为进修期。27岁开始走好运，是人生的转折。27岁后，官运亨通，步步高升之象。

反馈： 我是两次完成的学业。24岁那年去进修学院学习。我是1961年出生，属牛的，步入社会早，21岁就工作了，而且确实是那一年结了婚。从1987年开始，即27岁，我的人生旅程的确有很大的变化，是好的转折。

分析： 卦中父母爻不现，又逢空亡，四爻兄弟戌土发动，对学业上有阻碍。在日和月令上临2个巳火父母，学业上必是两次成功。卦中官鬼为木，父母为火，木火相生，为通明之象，定为高材生，但不是一次修成。父母临日、月，此人定有邪才，即此人绝顶聪明。十二地支中，巳是最聪明的生肖，巳火临日月为如虎添翼。21岁大限走在三爻妻财亥水上，小限也是走在三爻妻财亥水上，大限小限皆行在三爻妻财亥水上，21岁流年太岁为辛酉，酉金冲动世爻官鬼卯木，官动，且财旺来生官，说明卦主参加工作有经济收入独立之象。再说大小限皆临财星，动来生世，结婚之象，为双喜临门。凡是初爻临财官相生，皆为早婚。27岁大限走在三爻妻财亥水上，小限还是走在三爻妻财亥水上，流年太岁为丁卯，世爻卯逢值，财官同旺，又是喜事之年。所以说是好的转折。

推断4： 你妻子是一个能干大事的人。有魄力，能说会道，为人大气豪爽，有阳刚之气。如果没有妻子的开阔胸怀，也不会有你今天的前途无量。很多事情都是你妻子在后面帮助你，扶持你，为你做决策的。夫妻感情和睦，可白头偕老。

反馈： 是是是！确实如此。

分析： 卦中三爻妻财亥水代表妻子，发动为旺，化出辰土在震宫，为女人命做男人的事业，为能干大事的人。辰为万物之库，所以说妻子有开阔的胸怀。妻财亥水持朱雀，能说会道。三爻妻财动来生世爻官鬼，说明妻子对卦主的仕途帮助很大，能扶持卦主步步高升。主卦为六合之卦，卦中财官相生，主夫妻感情和睦，可白头偕老。

推断5：你1987年提升为副科级，1989年提升为正科级，1995年提升为副处级，2003年提升为正处级。你目前在工作单位感到压力大，今年下半年有动的迹象。我认为动比不动更好。今年农历九月至十月指定有动态。

反馈：大师说得真准！一年也不差。正是这些年间提了官。本人就是想在下半年调动，但不知如何定。今听大师一席话，好似让我吃了一颗定心丸。

分析：1987年提升为副处是因为大限走在三爻妻财亥水上，小限也在三爻妻财亥水上，流年为丁卯，官星入世爻，逢大小限亥水财星动来生合世爻，财生官，有升官之喜。

1989年提升为正科级是因为大限走在三爻妻财亥水上，小限走在五爻妻财子水上，流年己巳，巳火为父母，父主印主权，1989年逢印旺官旺财也旺，世爻一样旺，故有升官之喜，且"子午卯酉"代表正职，小限行在五爻妻财子水君位上，主卦为六合，真可谓"天时地利人和，一应俱全，提升正职势不可挡"。

1995年提升为副处级是因为大限走在四爻兄弟戌土上，小限走在五爻妻财子水上，流年乙亥，太岁亥水为财，小限子水也为财，大限戌土兄弟发动化出酉金通关，金可生水，大限在四爻位置不错，故该年提升为副处级。

2003年提升为正处级是因为大限行在五爻妻财子水上，小限行走在初爻官鬼卯木上，流年癸未，未土逢值流年，不为空，卦中"亥卯未"三合官局，财官世同旺，又为升级之喜，三合官局力量大，所以能往上升。

目前感到工作压力大是因为火旺泄身（世爻）的缘故。太岁卯酉相冲，世爻官鬼有动之意，官鬼代表工作，所以工作方面想变动。

今年农历九月至十月指定有动态，说明水旺生世，世旺则动，势在必行。

推断6： 你在1998年、1999年期间，本来该提升的，但遇小人没能提成。一方面是时运不行，二方面是因为1999年你们家动了房基造成的。

反馈： 大师从八卦中也能看出我们家1999年动了房基？真神了。1998.1999年确实工作很不顺利，特别是1999年总有小人阻拦，提不成。

分析： 1999年己卯流年，大限走在四爻兄弟戌土上，小限走在三爻妻财亥水上。流年卯木入世爻逢值旺，大限小限在卦爻当中皆发动，戌土克制亥水，亥水不生卯木世爻，再说动爻戌土合太岁卯木官星，官被合之象，所以说戌土可看作是小人，事业的阻拦者。该年官旺本可提升，可是小限受制，提升不成。1999年卯木值旺，初爻官卯木旺，旺为动，二爻丑土化寅木，木旺回头克，亦有动土之象，初爻、二爻代表地基房屋，皆有动之象。

推断7： 2004年你工作上较为波动，不顺。上半年还换了工作单位。从参加工作到现在，你一共换三个单位了。

反馈： 是这样的。2004年四月份我换了一个工作单位。

分析： 八卦中一般可以将四库看作工作单位。去年甲申流年，官爻与日月及流年构成"寅巳申"三刑，不利工作，所以在巳月份有工作调动之事。为何是换了三个单位呢？卦中卯戌相合，为换一个单位；亥卯未三合，又为一个单位，亥水动化出辰土，也为一个单位。

推断8： 从2007年往后还有6年的好时光。可以升到正厅级，应该没问题。

反馈： 如果像李大师所说，那是求之不得的，我会好好把握的。

分析： 2007年往后的6年期间，大限走在财爻子水及官爻寅木上，财官并旺，流年亦为水木，财官同旺，无其它因素阻碍，所以说升至正厅级应该没有问题。

推断9：你近两年工作压力大，在这三年内（2004年—2006年）最好能稳下心来，好光景还在后头呢。你一生的贵人多，提拔相助有力。

反馈：的确如您所说。2004年换单位，今年心情不定，您说明年也无多大起色，看来我得忍耐一番等待时机了。

分析：近两年工作压力大是因为流年申、酉克世爻卯木之故。

世爻自化财爻子水，主卦中亦有亥、子水，且亥水发动，卦中的子水亥水皆为贵人，所以说一生中的贵人多，提拔相助有力。

推断10：你家境风水好。家里有一位非常贤惠的妻子，夫妻和睦。

反馈：与妻子一直相处很好。

分析：《贲》化《噬嗑》，二爻为家，临青龙，兄弟丑土逢值，外卦化出艮卦，变卦四爻为子孙酉金，这种格局是标准的、典型的"犀牛（丑）望月（酉）"格局，大吉之格。起卦得"犀牛望月"，不但说明家境风水好，而且妻子非常贤惠，主卦又为六合之卦，故夫妻之间能和睦相处。

推断11：你早年家境贫寒，母早丧。

反馈：在我十几岁时，母亲就去世了。家境艰难。

分析：取二爻兄弟丑土代表母亲，化官鬼寅木，逢日、月泄刑，无气；再说父母爻午火伏在二爻丑土下逢空，也代表母亲入土之象，不在人世间了。卦主十几岁走在二爻兄弟丑土上，故说卦主十几岁时丧母。大限为兄弟耗财之神，所以说早年家境贫寒。

推断12：你家兄弟姐妹应该4个，但有夭折的。

反馈：我一个姐姐一个妹妹，原来还有一个弟弟，但出生8个月大的时候夭折了，所以目前兄弟姐妹仅3个。

分析：世爻官鬼卯木在离宫，离主3数，故为3个兄弟姐妹，其中内卦中主卦离化变卦震，离为3，震为4，相差1，故有夭折之象，损失1个。

推断13： 看卦中你应该有2个儿子。但现在我国实行计划生育，也许你只有了1个儿子。

反馈： 大师，不瞒您说，我目前就是2个儿子。

分析： 主卦子孙爻申金伏于三爻妻财亥水之下，在离宫，三爻动化出辰土在震宫，辰为最大库，震也为长男，故说辰代表长子。四爻兄弟戌土动化出子孙酉金，酉金代表小儿子，子孙酉金是兄弟戌土所化出的，兄弟戌土在艮宫，艮为少男，故为小儿子。

推断14： 你的大儿子个性稳重，内向，而小儿子才出生不到30天。将来小儿子个性灵活好动。

反馈： 大师真神了，连儿子是刚出生的你都知道，真是不可思议！我的大儿子确实不爱说话，很稳重，斯斯文文的。小儿子尚小，出生刚满27天，还看不出来他的个性，不过我相信李大师说的准确无误。

分析： 代表大儿子的辰土临月、日相生，土旺，土在震宫受木制，故说个性稳重（土的特点）、内向（土受制约），代表小儿子的酉金与日、月相合为好动，临桃花，喜交际，金水主聪明、智慧，故说小儿子个性灵活、好动。为何说小儿子出生不到30天呢？变卦五爻未土逢旬空，未土在坤宫，也指腹部，腹逢空，腹下就是酉金子孙，为刚出世，孙爻酉金在离宫，离数主2.7，故刚出生27天，不满30天。

推断15： 2007年、2008年这两年会出现两个大贵人帮你，一个是年轻的副职提拔你，一个是稍大些年纪的副职提拔你，提拔你皆为副职，官职能升至正厅级。

反馈： 好！这两年我在这方面多留点意，谢谢李大师指点。

分析： 2007年丁亥，太岁入三爻妻财亥水，动生世爻官星卯木，能提升。亥在离宫代表年龄稍大一点的副职。2008年戊子，太岁入变卦妻财子水，回头生世爻官星卯木，又逢提升之喜。子水在震宫，代表年轻一点的副职。故在这两年内，官可达正厅级。

预测者问：李大师，我命苦，早年就丧母了。您看一看，现在我父亲身体状况如何呢？

推断16： 我细审卦象及卦中组合。然后对他说："如果我说错了请你别见怪。我断你的父亲已经休囚，永垂了。也就是说不在人世间了。"

再问：请您看一看我父亲哪年去世的？

推断17： "就在眼下这百日内。"

反馈： 双眼睁得很大，表情凝固了一般，一脸的惊讶。几妙钟回过神来，竖起大拇指夸道："全国的易界大师我走过好多家，但我从未遇到过像您这样敢直断的，简直就是铁口直断！我父亲患肺结核，断断续续将近三十年，后期变成肺钙化了，逝世到现在才40多天，我在家乡山东办完丧事后，昨天坐飞机回海南，今天就来找您测，没想到准确率是如此惊人！"

分析： 因为五爻妻财子水代表父亲，化未土逢空，不吉之象。妻财子水在巳月巳日休囚无气。再者，变卦六爻父母巳火临日月旺极，应爻兄弟戌土为火库在动，动则说明库是开着的，父母旺极入库之象。戌土也为坟墓，正在卦中发动，说明是刚发生的事，此墓为新坟，刚埋不久。戌为土，土数主5.10。因戌土临日、月巳火生旺，故按百日内断。从另一个角度看，主卦中离为3，艮为7，相加为10，即10天、100天，按常理推，父亡10日卦主不可能来问卦，故推断百日内亡故的。实际卦主父亲离世40多天。也符合5数，40多天即将近50日。再说兄弟戌土在艮宫，持勾陈，艮主坟墓，勾陈也代表坟，戌也主坟墓。代表父母巳火旺极无制，代表父母的五爻位置妻财子水亦无气且化空，……种种迹象皆表明其父亲已经亡故。四爻兄弟戌土也为肺的部位，戌土为燥土，为钙化不能呼吸之象，动化出子孙酉金在离宫受克也说明肺部疾病。所以他父亲是肺结核死亡的。

推断18：你家阴宅有三块地。是太爷的，爷爷的，父母的。不过，爷爷的坟现在找不到了。其中数太爷的坟最好，能出官人和有钱人。你有今天，也是太爷的荫庇。建议你们别轻易移动。父母的坟地上有一个夭折坟，对你们影响大，不利后代，建议迁走。

反馈：对！听父亲在世时说，爷爷当年去打日本一直没有回来，不知死在哪里，也不知葬在何处。太爷的坟地，以前父亲在世时请别人看过，也说好。至于父母的坟地，是有一个夭折坟，那是我姑姑的坟，约十几岁时就亡故了，与我母亲葬在一起。

分析：主变卦中共有四个库，其中丑土为湿土，在二爻，代表家中，不论作墓坟，可看作是家里供祖时烧纸钱用的盆。之所以说有三块坟地，戌、未、辰三个库也。辰为最大之库，为太爷的坟，坐震宫，震主大、主权力，辰又为财库，所以说此坟出当官之人，出有钱富翁之人。未为旬空，为爷爷之坟，空则有找不到之象，不存在了。戌在主卦中发动，为近期葬之坟。戌动化出子孙酉金持勾陈，子孙为年轻的，在四爻为阴，酉金为桃花，为阴、为漂亮女性，所以是姑姑夭折之坟。酉金冲克世爻官鬼卯木，所以说此夭折坟不利后代，特别是做官之人，迁走为宜。总的计算是有三块坟地。

推断19：你父母坟地左边有小沟，右边有小路，打坟前来，拐到坟前还分叉。此叉路不吉，需移走夭折坟就吉利了。

反馈：对！路在坟前分了叉。左边有一条小沟。

分析：应爻为向口，即墓碑。五爻妻财子水，代表细长，持腾蛇，代表小路，在主卦，主卦代表右边，故在右边有小路打坟前来。应爻临勾陈戌土，代表有沟，为干旱的沟。戌动化出酉金在变卦，变卦代表左边，故说左边有沟。变卦五爻兄弟未土与应爻兄弟戌土相刑，刑为动，动则有路；变卦三爻兄弟辰土与应爻兄弟戌土相冲，冲也为动，动则有路。未与辰之间隔着一个酉金，应爻为墓碑，为坟前面，所以说路拐到坟前便分叉了，为叉路。此叉路不吉，是因为未与辰之间夹着酉金，酉金代表天折坟，迁移走后，可吉利。

推断 20： 你家祖坟风水非常好，将来出高官，能拜见中央领导。你日后升官至正厅级后能常见中央领导。并且家中常有显贵官人来往。能见大贵人之象。

反馈： 真是这样，我定不忘拜谢李大师您的。

分析： 主卦二爻兄弟丑土与五爻妻财子水相合，五爻为皇帝，即将君子（五爻）接到家中（二爻）来，家里常有贵人临门，能见大贵人就是这个道理。

推断 21： 你家祖坟虽出高官，但财聚不住。有钱也难聚之象。钱财来去匆匆。

反馈： 我有此感觉。觉得财来得很多，但大都不聚，难有积蓄。

分析： 八卦中世爻与应爻之间谓之明堂。明堂广阔平坦，能容千军万马，即聚财。此卦世应之间为财爻亥水发动，化出兄弟辰土，说明钱财得来后不断向外流。二爻为家，为兄弟丑土，也为耗财之物。不但家里六亲耗其财，财也向外投资流失。所以是财来财去，但不忧钱财，官能高升。

第三部分
一卦多断的综合运用

第一章　关于学习的要领

一、一卦多断是紫竹公司独家首创的断卦技法和特色卦术理论。断卦准不准看动态，看八卦，满盘皆是用神。神，来自于数字；数字，来源于爻位；爻位定于五行。动爻是事情的经过，变爻是事情的结局。

二、在学习时，每达到一个提高点，就出现迷糊的现象，这个现象很快会过去，这是提高的征兆。

三、书最少看三至五遍，带着问题学习，有疑问先作记号，最后在学习班上提出疑问，一律给予解答。看书做到每看一遍都有问题提出，每看一遍都有问题得到解决，这样才扎实，进步快。

四、不论学什么要学精髓，一定多看多分析，特别的难点，可以通过电话或信件答疑。

五、练功有助于悟性。但特别注意培养的是你的学习方法。断卦要看思路，掌握卦理的技法，如何下手。

六、六爻八卦上测天，下测地，中测人，宇宙万事万物都离不开五行八卦，吉凶尽在其中。

七、故要学好八卦，一定要牢牢地打好基础，稳扎基本功。本着认真、客观、求实的态度，多实践，多总结，不能好高骛远，急功近利。

八、学习，要善于打破原来形成的固有观念，才能吸收新的知识，有进步。

九、要认清一个人的成功，非一日所为，要有量的积累才能有所悟道，有所成就、成名。但愿同学们多读书，多思考，多实践，终会有成功之时的。

第二章　十二地支的运用

第一节　十二地支歌诀

子遇太仓衣食足，衣禄得利不辛苦。

犀牛望月一场空，多败少成不理想。

二虎相争有一伤，坎坷道路不须当。

玉兔东升喜事交，连续好事喜眉梢。

辰龙求雨好运开，财官两旺防小人。

巳入龙宫肝肠断，枉费心机白搭功。

午马朝天文书喜，半吉半凶要注意。

羊出洞府凶杀来，受克桃花两院来。

猿猴向果百事顺，求财旺官不费劲。

金鸡化凤忧愁开，困鸟出笼任意飞。

戌狗还家喜运伴，日月相刑有危难。

野猪跳圈有一惊，亡神入命祸非轻。

注解：

（1）子遇太仓

子水在内三爻与财库相合而旺，如子丑，子辰合，办事顺利，财运好。这里的子水旺衰要根据卦宫来看，而不是根据日、月。如卦中有金爻动生，也论旺。

（2）犀牛望月

酉金在日、月，丑土在卦中，是库被日、月合走，求财一场空。

如丑在日、月，酉金在卦中，则是吉象，有财，就不是一场空。

（3）二虎相争

寅木临白虎在内卦，家中有病灾，在外卦主刑伤。寅木在内卦，外卦有爻临白虎与寅木相合，也是麻烦事多，灾气大。寅坐震，灾更大，因震主动，冲出。

（4）玉兔东升

丑土临月日，卯木旺相在内卦临用或临官、财、父，为玉兔游宫。男测财临，女测官临为最吉。

丑土在五爻，内卦中有卯木，为玉兔东升，双喜临门之吉。

（5）辰龙求雨

申子辰合财局旺相，定得财。如果辰坐震、乾为真龙，发大财。但如卦中寅午戌合局成功，或午火发动，则称为青龙折足，为犯小人，破局，不成功。

（6）巳入龙窝

巳火进入内三爻，再好的家庭，也有灾，特别在二爻。在内三爻旺相逢冲，肯定有灾，无论其临何六亲。二爻巳财为妻子，灾气大；子孙临巳火为小孩有灾，巳火为牙齿，肛门。

巳化亥，外痔（冲则流血之故），巳化子内痔，巳化丑也是内痔，巳化辰，为手术开刀。

求财，巳火多起坏作用，因巳化亥冲，亥为财与巳冲。巳火出现则多为血光之灾。

（7）午马朝天

外卦午火，如《天雷无妄》《雷天大壮》之卦，主文上之喜。午火在上卦不动，日、月临未土，午未合成太阳，也主文上大喜，午火在五爻动化未土，或午火在四爻动，五爻临未土发动（主变卦皆算），也为午马朝天。如未土在五爻动化午火，则不算。

（8）羊出洞府

两院来，是指结两次婚，进两家门，坤卦中，未土不宜发动，动则十有九凶，因坤为入土之象，主伤人，或为桃花之事而倒霉，因未土动，则卯木入库，半合，半合入库，为受克桃花，不吉。

坤化艮多主死人，因艮为鬼门关。

戌未相刑（戌未都动或都旺相），也为羊出洞府，为凶气，婚姻不顺，如未戌刑，二爻卯木动入未库，主妻子跟外人跑了。

桃花在内卦为内桃花，外卦称外桃花，临三、四、五爻为路边桃花。

（9）猿猴问果

申金临子孙在五爻（持世更美），卦中亥卯未合局，内卦（主变卦都算）有坤，为财源滚滚。亥卯未旺，亥卯半合，卯未合也算。主求财得利，有贵人相助。

（10）金鸡化凤

酉金在八月当令，卦中卯酉冲，卯或酉有一个临财爻，运气就开。

酉金在外卦，卯木在内卦，一、三爻，为逢冲出去，为金鸡化凤。酉在一、三爻，卯木在外卦，坐巽兑为更美，说明有人为你出谋划策而得财。

如卯酉不临财也可，主家中或其他人为你策划。

（11）戌狗还家

戌在内卦为戌狗还家。如卯在内卦，戌在外卦卯戌合，把戌合入内卦，也为戌狗还家，定有贵人相助。

但如日月刑，则不吉。

（12）野猪跳圈

巳亥冲，为野猪跳圈，野猪，指外卦亥水，其亥在内卦也凶，但外卦更凶，特别在五爻，车祸伤灾，十有八亡，一个不亡断儿郎（本人不死，也死儿子）。

巳或亥有一个动就冲，静卦巳化亥冲为手术之灾，动卦主打架斗殴，车祸之灾。

（13）十羊九不全

多指婚姻不好。实践当中发现：1955年，1967年生的羊（尤其是1967年的），婚姻多不利。庚戌年狗，女孩子婚不好。1963年兔，男多外遇。1974年虎，女多表面稳重，内花心。

例、江苏某男，其女儿（1977年生）摇卦求测运气：

	辰月	癸未日	（申酉空）
	《泽天夬》	《泽风大过》	六神
	兄弟未土、、	兄弟未土、、	白虎
	子孙酉金、世	子孙酉金、	螣蛇
	妻财亥水、	妻财亥水、世	勾陈
	兄弟辰土、	子孙酉金、	朱雀
父母巳火	官鬼寅木、应	妻财亥水、	青龙
	妻财子水○	兄弟丑土、、应	玄武

推断与分析：

(1) 此女皮肤白，长相好，聪明，口才好，多才多艺，唱歌跳舞都擅长，上学时数理化成绩好，尤其是外语特别好。有外交才能，翻译口才好，按道理应出国留学，但却去不成。

反馈：确实人长得漂亮，皮肤特别白，口才好，外语好，上学时成绩数一数二，上高中为重点中学学生会主席，那时就经常参与组织与日本、英国等国学生互访交流活动，确有外交才能。但很多比她差的同学都出国留学，只有她没有走成。

分析：

酉金坐兑，金白，兑为喜悦秀气，故漂亮。世临螣蛇，人聪明，兑主西方国家主说，故外语好。多才多艺，子孙临世居五爻，才气出众，成绩好。世爻临五爻，本应出国，但内卦辰旺，合住酉，合为绊住，为走不成。辰酉合虽主龙凤呈祥，合中带贵，但此处合住则出国难成，且官父旺利学业，此卦父母没上卦，没出国机会。

(2) 她学业不成功，只有大专毕业文凭。

反馈： 因病中断学业，高中都未完成，后续考大学，虽考上而中途因病再缀学，仅有大学毕业证，相当于大专生。

分析：

官鬼寅木刑巳火，世爻被财爻泄气，所以学业不成功。

(3) 1994 年脑神经有病，世在外卦为中邪，为邪病，是蛇缠身。家宅风水不好，外邪入宅。宅基下为水塘，河流之地，是在河流之上垫起而盖的房子。

反馈： 1994 年脑神经病发作，病发时，5 天 5 夜不喝水，人卷缩在床上，脸发青不能讲话，浑身如被东西束缚住，自述有物附在身上，虽坚持学习，但病情越发严重，被迫辍学。

分析：

1994 年戌年，三刑临白虎（丑未戌），未在六爻，未为木库，木为神经，故脑神经有病。父母巳火伏二爻，临龙，内卦变为巽，巽为蛇，龙为大蛇，世爻在五爻临螣蛇，为蛇从下盘到上之象，故为蛇缠身之外邪病症，此卦财居兑乾得卦气而旺，泄世爻之气，故医药无效。

内卦初爻子化丑临玄武，二爻临青龙，为地基有水，且初爻阳化阴，临玄武，是下空之象，故为河上面垫水泥板盖房子之象。

实际为在河上盖石板，建起五层楼房。

1994 年甲戌，父母入库，也是停学之象。

(4) 1996 年好转，1997 年走动之象，学业、事业皆有好转。

反馈： 1996年得某密宗法师持咒诵经，解除了蛇缠身之症，此年就读高二，考上了大学。

(5) 1998年不好，身体发病，家中有灾，破财。

反馈： 此年病情复发，母亲做大手术，爷爷去世，学业中断。

分析： 1998年，寅巳刑，故母亲做手术。学业中断也是寅巳相刑之故。

子水为爷爷（按飞宫法）酉金处绝地，子水无生且库于月，自化回头克，故此年爷爷去世。

(6) 2000年，有生死大灾，可能为三次。2001年上半年不如下半年事业好。2002年事业不错，身体可以。2003年不好，病情又发。2004年不错，事业好。

反馈： 2000年病发，自杀三次，最厉害是吃安眠药后从楼上跳下，均抢救而安然度过。2001年下半年身体恢复，进入父亲所开的公司。2002年还去了趟日本考察。2003年病情反复，出走外地，与父亲闹意见，多方寻找才找回。2004年阳历1月1日，父亲下定决心，另寻房子居住。现在病情已好转，在父亲公司正常工作。（年薪6—7万）

分析：

辰年土旺收水，辰合酉入库，因辰收水为血液，亥子水旺见辰为血光之灾。土多土旺，库门始终开着，辰旺合酉，世爻有被合走收走之意，土多金埋，金入库不生水，寅亥合，亥入辰库，有世爻随鬼入墓之象，故断此年大难，差点死了。

2003年，未土旺，在六爻，临白虎，不吉，此卦见土之年多不吉。

2004年申金泄土，故今年吉利。

其余为后记情况，供参考：

1999年在家养病，2003年送精神病院56天，2003年出走去上海找她的男同学。父亲这几年业务财运不错，2003年做了1.2亿美金进出口业务。

子孙持世，求财不成，就算有，也是昙花一现。但有名气，特别是在四爻以上，有时也可为官。子孙持世，一生坎坷不平，事多，伤灾病灾多。子孙持世，以偏财为重，如艺术、旅游等行业。交际广、智慧丰富，但不稳定，变换工作单位多。性格不稳定，爱走动。

108 阵法之一

三刑逢合为绝处逢生。

如卦中见子化午冲，又见子丑合，先论冲还是论合？

应先论合，贪合忘冲。如未月或未日，未冲丑，未合午，此时子水解脱，对午火伤害，即使在4、5月也一样，因未合午，午为泄气，子冲午还没有改变。

第二节　十二地支的性质

1. 亥水

为大水，在外卦为大江大海之水，若在内卦为大河、水库、池塘之水。在人体上为血液、心脏、大动脉、大静脉、心血管。若临世爻，代表此人聪明俊俏。一般文化程度高，心慈，事业有成，交际广，走动大，可动中生财，工作调动多，动中升官。最大特点是异性朋友多，心胸宽广、足智多谋，事业型人。亥水胖白，子水瘦黑。

2. 子水

为小河、小溪、鱼塘，测家宅代表下水道。若出行逢亥水多为双人同行，子水则为一人。子水的伤害力不如亥水大。子水易犯桃花，但不长久。

亥水大方，子水小气，水旺必白，水衰必黑，子水临世或用，谋事成功率低，也主人思维不开阔，心眼小，在感情上易吃醋。办事爱拖泥带水，实效力度不大，但嘴会说，利求偏财，易走歪道，好胜，钻牛角尖。

亥水有桃花但也重情，子水犯桃花且无情。

3.四土（四墓库）

丑土：

如子丑合，合中带克，要看水量大不大，如自旺或酉金来生，克不住，合也合不住。测婚，子丑合婚姻有毛病，因合不住之故。丑中也有水，为小水库。

七月份以后，即下半年金水旺，丑克不住水，也合不了水，丑土易犯桃花，因丑中金水相生主淫荡。

丑辰土在七月之前，都是干土，未戌土在七月份以后，也为湿土，也可生金。

如果卯戌合，七月之前，为火旺，桃花旺，测婚主偷情。如果是冬天，则卯木制土，不进库，主两人说话。谈恋爱卯戌合，上半年准成，热恋。下半年则慢，迟缓。

丑土人小聪明，辰土大聪明，丑土性格温和，辰土人大气，能全盘考虑，周密，实干性强。丑土爱耍花招，不踏实，人来就干，人走就歇。

辰土是最大之库，四库之王，如辰戌冲，最后吃亏是戌土。

辰未之间也有刑冲之意。

辰泄火功能最强，可化解木的力量，可制水收水，为万物之库。

土不论月破，逢冲为旺，为库门开。四库都如此。

四库为财库，若在艮、坤、巽多为农业银行，震乾为交通银行。

兑：工商银行，若辰土坐乾，也为工商银行，离卦，商业银行。坎卦，为中国银行（水流八方），建设银行在震或坤，临未戌土则是。

断家宅、厂子，丑土为河沟，小渠，下水道，小水坑，与子水差不多。蛇临丑土为小河沟，有水与否看卦宫或卦中动态。丑土之人阴诈，爱占小便宜，说假话。

辰土：

代表机井、水井，大河流，水库。辰土善解人意，交际广泛，大度大方，有修养，做人正派。在人体，辰土主胃。丑土代表泌尿系统，子宫；戌土为脑袋，未土为脾，戌土在六爻，如不是脑神经有病，就是神经衰弱、血压高，人迟钝，不聪明，难上大学。

辰土主天庭内院，楼房客厅。丑土主歪斜三角，细长弯曲；辰土方长。丑浅辰深，戌土为圆高。主烟囱，高压线（特别是戌坐震、离），未土为小烟囱，戌土为大烟囱，戌坐乾、巽为电线杆，坐震为高压线，乾也为高压线。

未土：

主圆滑、空洞、为地下室、墓穴、地下停车场。测坟为穴位，人厚道信佛，稳重。

戌土：

暴躁，性子急。一般不进病房则进监狱，在卦中表现多为入未、戌库，四库在身体为肿瘤。丑土在下面为子宫肌瘤，瘤的大小看旺衰，丑土代表妇科，未戌土坐艮坤为热性肿瘤为癌症，不治之症，辰丑土为良性，有治，测病如未戌土在卦中发动多为难治之症。

如丑化申、酉，一般申酉金难入丑库，如正二月，丑化申不进库，因金为绝地破损；相对四、五月，金虽受制，但金需火炼，金还有作用，卦中金在四、五月发动制木。四、五、六月金入库，七、八月则临月而旺，不入。即在丑化申、酉之情况，只有四、五、六、九、十、十一入库。

如遇未日冲丑库，如金衰也不出库，但寅卯日冲金则必定出库。

申化丑，都入库。即使子日合丑土，还是进库，只有寅冲申日不入库。遇戌刑丑，丑土力量加大，申金也不出库，反加重刑罚。申酉金入库，测事多有判刑之象。

如申子半合，子可随申一起入丑库。

申化丑，入库，申金力量减一半。

卦中动爻丑土，申酉旺相，申酉逢冲暗动，财进库，但如遇寅日冲申，有卦中巳火来合申，则被合不入库。

日合卦爻，可以合起。

巳午火在戌月不论入库，戌日论入库，如在辰月辰日，则都论入库，丑月申酉金不论入库，论旺，巳午火在戌月，不动不入库，动则入月库。丑月也是，如果申酉金动，则论入月库。

看父亲的事业状态论五爻，因五爻主外，主动，主权威，主父亲在外边做的事情。

看父亲的身体、家庭、家宅，论初爻，兼看父母爻。

六亲如得位，如父坐乾宫在五爻，初爻，临阳爻阳位均为得位，可直接以此父母爻论父亲，不必再看其他爻位。

应爻主妻子的动象，目前的运程，财爻主家庭情况，财爻两现，哪个位正，哪个就得力。

如官爻持世，大方。男财爻持世，小气。

测父母，父母爻不上卦，直接看爻位，不看父母爻。

如《兑》卦，未土父母临六爻，阴爻，直接取为母亲，但如不得位，则看爻位。

测有利本人之方位应按中国地势来分。如东方为胶东半岛一带，西方为西安一带。

4. 寅木

世爻临寅，不论是什么爻，特别是兄弟或官鬼爻，求财时，最怕巳火，如寅动化巳，此年肯定破财，卯木则不怕巳火，寅木不生巳火为刑。求财，被刑在内卦是自己运作出问题，在外卦是合作伙伴、别人、对方出问题，导致不利。如遇寅申巳三刑更不利。

寅木临世爻或用神主仁慈、心地善良、拿得起、放得下、办事干净利索，虚荣心强，守信用，实干力强，与佛有缘，但脾气暴躁，性直，但讲理。女性临之，最恨丈夫对她说假话。

寅木人个头长得好，身材适中，但脸不好看，头发黑中有黄，女的以家庭为重，事业心强，多为上班族，男的是事业心强，知难而进，不顾家，打江山不坐江山，开拓力强，思维能力强，多指有事业，有理想，有志气，策划力强，易患心脏血压高之病。很会安慰妻子，会耍手段。

5. 卯木

为花草之木，但得众多人欣赏与爱护，爱美，注重发型。穿衣打扮素质高，有气质，有文化修养，做事稳重，但缺乏计划性，易改变主意，耳朵根软，社交能力强，能说会道。异性朋友多，无论男女，易有外遇。

男同志则实干力强，会找窍门，有艺术天赋，才华横溢，能干大事，能做高官，贵人星旺，驿马星旺，做生意发财快，败财也快，自信心强。如是女的，在商场上为交际花，会赚钱，贵人多，有艺术天赋。女性为方长脸，个头高挑，清秀之美女，多婚之象，婚姻不稳。

卯木坐坎化坎或兑临子孙爻，官鬼爻，能喝酒。

三爻卯木，家门有铁栏杆，卯木为硬木，主门为铁门（三爻）。

卯木为富贵豪华，卯木在二爻，妻漂亮，家庭装饰也漂亮，卯临父母多为豪华车。

卯木人灵活，寅木有点死板，卯木思维宽阔，但心计多，点子多，如想治你，则往死里整，但做得隐蔽，有阴险性。

卦中见卯酉冲为大灾、大车祸，为直线对冲，寅申冲则多为翻车，卯酉车对冲撞毁损严重（因寅申为斜冲，卯酉为直冲）。

6. 巳火

为阳火，太阳之火，午火为月亮之火，午未合为太阳之火。

巳火在卦中危害性大，巳火在内三爻，家庭不安宁，有手术之灾；在四、五爻易出车祸、伤灾；在六爻逢冲，主头脑有病，有疤痕，硬伤，严重了还要开刀，巳火为手术刀。

巳火在内三爻，家中阴气重，特别临官爻，阴盛阳衰有灾。测病，官临巳火持世，不好治，多为邪病。

巳火在三爻，看阳宅，如大门顶上有灯，主败运（床顶上有灯照身，也不吉，为无影灯，病灾之象）。

巳火做官比午火大，如果是副职，权利也大，巳为蛇为龙，为文昌位，文武双全，办事先策划，有步骤进行，野心大，能做大事，做大官，常为一件事，不择手段。临吉则吉，不凶也暴，走极端。

巳火人大度，能放开，但也记仇，两重性格，拿得起，放得下，能做大事。（巳火本身有阴阳两重性）

巳火临五爻，断凶死为勒死或吊死。

世爻在四、五爻，此人必定走动大，走动多。

巽为文昌，此为大文昌，对每人都有作用。看城市，西北有塔，东南有塔，可以引龙，为文化城市，出人才，因乾为飞龙，巽为盘龙，西北水往东南去，西北为官为权，东南为文，文武双全。

论文昌，以个人出生年份的最后一个数字计算：（出生年按农历计）

逢4文昌在东南，逢5文昌在正南，逢6文昌在西南。逢7文昌在正西，逢8文昌在西南，逢9文昌在正西。逢0文昌在西北，逢1文昌在正北，逢2文昌在东北，逢3文昌在正东。

7. 午火

外柔内刚，性格暴躁，口快心直，欲望高，但易走极端化，好冲动，缺乏稳定性，抗上不压下，关心下级，爱抗上级，但往往有独到的见解，能摆出合理化建议，吃软不吃硬，信佛。容易三起三落，起得快，败的也快。

能白手起家，自创自立，讲情分，交游广，控制力强，爱面子，讲名誉，看名誉重于一切。

8. 申金

申金硬、杂，酉金软、纯。申中三个十字架，主医院，手术，申在五爻多为戴眼镜之人，代表飞机（在掌相上，飞机纹近似于申金之形）。

断伤病如临申、巳，多为做手术，住院。

9. 酉金

皮肤白，心地善良，同情心强，无论男女，以家以事业为重，美观，漂亮，嘴能说，事业成功率高，易成大事。酉为桃花，爱美，爱打扮，命局中见双酉，一般运气不错，必有一发。酉金在日、月上主贵，为月亮。

例、某人摇卦测婚：

辰月壬午日　　　（申酉空）

《火风鼎》	《火山旅》	六神
兄弟巳火、	兄弟巳火、	白虎
子孙未土、、应	子孙未土、、	腾蛇
妻财酉金、	妻财酉金、应	勾陈
妻财酉金、	妻财申金、	朱雀
官鬼亥水○世	兄弟午火、、	青龙
子孙丑土、	子孙辰土、、世	玄武

推断与分析：

(1) 对方 30 多岁，兄弟 5 个，第一胎女孩，前几年运气一般。1998 年破财在车上，1999 年挣钱。

应坐离，日生，临月旺，故为 30 多岁。（属鸡）兄弟五个，未土 5 数（日月不克，如数）。头胎女孩，世爻未土临子孙坐阴爻在离宫，酉金为我生，为孩子，也在离宫，虽然被月令合，阳爻代表第一胎（为第一胎符号），如子孙临着阴爻则为二胎。

看头胎男女，一看爻之阴阳，其次看卦宫，乾震为老大。

1998 年，寅申巳三刑，破财，巳火得益，申金吃亏，寅木为父母爻，故此年车祸（中巴车出车祸破财），因寅木为父母为车，用神应在五爻，主在路上求财，故断车祸。

1999 年，亥卯未合局，下半年亥水旺成局（亥水上半年不旺则难合），求财要官旺时才得财，才成事，故断为下半年。

(2) 1999 年发财，是与人合作得财。

三合局主合作，酉金为财，巳酉丑三合，辰酉合金，所以有丑、辰、未三方合作。辰为官库，为兑库，故辰土为国家银行放贷款之人。

(3) 2000—2003 年财运一般。

辰年亥水入库，巳、午、未三年官星都不旺，故一般。

(4) 今年见不到效益（如合作），明年才可以。

因申巳相刑，明年酉金无刑。世爻化午火与应合，为与对方合作求财之象。

第三节　十二支与身体

辰丑为肉，未戌为皮，寅木为神经，卯木为血管，申金为脑壳、脊柱、颈椎、手指、脚趾。酉金为大骨、腿肌、臀骨、肋骨。亥水为心血管、大动脉、大静脉、心脏、子宫、膀胱、肾。子水为毛细血管，泌尿系统，子水在上爻为毛细血管（有问题，如脑溢血）。巳火为脑神经、手术刀。午火为眼睛、心脏毛细管。

巳、午火在五爻，眼睛有病，只有亥子水为正常，炯炯有神。亥化子，一眼大一眼小；亥化亥，双眼皮；子化子，眼有神，但不大，亥为大眼睛，美丽。

申化酉，近视，在五爻，为一个度数高一个低，为眼镜。测行人为坐飞机走。木临父母为火车，空亡为误点，入库，暂时走不了，巳午火土为汽车。巳化申，先汽车后飞机……另看卦宫，乾、震为飞机之象。

断公里数，兄弟数，参看卦宫数而定。

第四节　论地支三合局

寅午戌三合局：正月不成局，因火土都弱；辰月土旺，火加力成局，二月可以合局，但土还有力度。正月则必须午火发动，则可以合成局，如寅月巳、午日，火旺生土，可以合。四、五月，如寅木不动，不论合局，但午戌半合，子水冲动午火，如子水在巳午月发动冲午火，受伤为子水，如子水临日动，则两败俱伤。

六月未戌刑，寅入未库，不能合局，七、八月，寅午戌中，寅月破，火晦，不成局，但如日辰为亥子日，寅卯日，或卦中亥子水发动生寅木，也可成局。如卦中卯木动，则金木交战，必有灾，此时需子水通关才可解。

九月至十二月寅午戌都合局成功，即使子月冲，也冲不破三合局。

如巳酉丑三合，申巳合，巳亥冲都在卦中，先论三合，次论申巳合，最后看冲。

如申巳合，巳亥冲并见，先论合，合大于冲，只有寅日不合，因寅冲申成三刑，且寅合住亥。寅申巳三刑只有巳酉丑三合，把三刑破掉。

库逢三合，六合，库都有动象。

丑未戌三刑，多用亥卯未破其刑，用巳酉丑不行，因戌未还相刑，因亥卯未，卯合戌，合掉未土，才可彻底解三刑。

子丑合在午日，如果节令在秋冬，则午冲不开子丑合，只论有午火破坏。合能否冲开？要看月令定旺衰。

卦中辰戌丑未四土俱见为凶卦，辰戌丑未为四冲，逢吉也变凶；辰戌丑未为四库刑，十事九不成（主变卦日月都算，特别是卦中见四土）。

第五节　论寅申巳三刑

春天，寅木最旺，巳火得利，申金受伤。

夏天，巳火旺，寅木受伤最重。

秋天，申金旺，巳火受伤最重。

冬天，也是申金受伤最重。

如自测打官司，见三刑于卦中，肯定要输。如寅申巳三刑在秋天，巳火受伤最重，巳火为父母，则说明律师或状子不得力而败。

寅申巳三刑见艮、乾、坤、坎主车祸。

子卯刑，力度很小，一般不考虑，多指小不顺，但事仍可成。（子卯刑，不论刑动）

下面举例说明断疾病思路：

例、问父病有救否：

亥月　　辰日

《天雷无妄》

妻财戌土、

官鬼申金、

子孙午火、世

妻财辰土、、

兄弟寅木、、

父母子水、应

不要只考虑用神，全卦都是其父的动象。

先分析旺衰之爻，最旺最衰为病，定出病的部位，五行定病症。

卦中最弱为子孙爻为医药，说明医药无效。戌土暗动，午火入库，午火为病，最旺为水，最衰为火，水主血液，火主心脏，六爻辰戌冲，为脑出血昏迷，心脏血管之病。子孙爻无力，不制官鬼，没救，六冲卦主快，上下卦相加，5天内就死。

看病的程度来定是否有救，而不是单纯看用神之衰。

六冲卦测牢狱，进去就出来。

子孙持世，只有辰土持世不破财，因其为财库，土生金，金生水，水还是归辰库，申酉也归辰库。

卦　数：	乾	兑	离	震	巽	坎	艮	坤
卦　数：	1	2	3	4	5	6	7	8
时序数：	149	429	327	483	538	16	5710	8510

测行人多取内卦的第一个数，也可把时序数逐个相加，如兑为429，4＋2＋9＝15（如测某物多重，都可如此加）。

第六节　十二地支在风水上的运用

亥子水，子水代表三尖地，长窄之地，或两头宽，中间宽，下有河沟。亥水主房基方正，是水塘、河流填起来造房。也主屋四周有大路，但弯曲。

初爻临寅木，房四周有树木。卯木，两家地皮连在一起，临巳火，房后不透风，被高大东西挡住。午火，前大后尖，向口宽，靠山窄。

临申金，两头窄中间宽，宅前后有路，左右狭窄房前房后有铁物，如铁架、旗杆、药店或医院。酉金，四方开阔。

临辰土，横长竖窄，附近有池塘、水沟。戌土，主横长或三尖地，不成方，地势不高。丑土前小后宽，未土为方地。

冲合刑：初爻逢冲，地势高，但地有缺陷，不成方；相刑，地有残缺或缺角、低洼；逢生合，主此地有风水，好地；如三合与日、月刑克，地基有一方缺陷不成方，三刑为三尖地。六合为中间高四周低。六冲，有马路或巷口冲宅。

第三章　爻位细论

初爻：

初爻为宅基，旺相，主地基宽大，休囚，则狭小。阳爻成方，阴爻，半圆形。临乾、艮、震地基高，坤、坎、兑地基低洼（为沼泽、池塘之基）。艮为四周有坟墓之地，震巽旺相，住地是园林化小区，巽为郊区，震为闹市区。震巽弱为农村，巽四周有果园、菜园或小花园。离卦和乾卦，代表房子朝阳、通风，离卦四周有高压线、变压器，烟囱或冶炼厂。坤主房低开阔，指郊区或农田造房。

二爻：

二爻为房屋，水井（一般不考虑了），为厅堂（客厅）。

二爻临父母、兄弟，为房屋，财代表厅堂，官也代表房屋。二爻坐官旺相，主房基大，院子大或楼房厅大。

财爻为妻子，为家中财气，为仓库、厨房。

二爻临子孙，则代表走廊、书房、厢房。男摇卦，子孙旺居二爻与外爻合，代表在外有情人，女测也如此。因子孙为喜悦，生财（这都符合找情人的实况）。

子孙爻为制官之神，本身也代表大官，掌权者，另外子孙代表小，年轻，情人多为年轻者。

二爻临兄弟：

（1）代表门对窗或窗对门，不吉。

（2）窗多、门扇多，漏气，不聚财。

（3）残墙破壁，新旧不一。

（4）四合院也主门楼破旧。

二爻逢冲刑，门破烂有洞。刑为旧，冲为烂。

女摇卦，二爻兄弟临桃花外合，主勾引外人来自家，外姓人入屋，有奸情。

男摇卦，二爻兄弟动，破财，逢冲刑，家中失盗（要综合考虑），破财。

兄弟爻临土、火，门为木门，临金、水、卯木，为铁门。

二门兄临玄武，厕所在门边。兄临青龙动，主家中常有贵人来访（指男测卦，女测为外情）。

二爻兄弟休囚、入库，带冲克，空亡，主家中有伤残之人，房子三年内要搬迁，不迁，则家败人亡。

二爻宜静不宜动，动则必伤人，破财。空、刑、冲都不吉。二爻空伤掌门人，阴盛阳衰，女人多，见血光之灾。宅爻休囚、刑冲，都是绝户宅，败财损人丁，二爻临财动合外爻，主妻子与人私奔或破财。

二爻旺为好（官爻除外），但如二爻鬼化父母，临青龙，旺相也好，主家中有官，有名气，但女同志多，为女强人，交际广泛，女人当家。

二爻临土主病。二爻临水，水生木，官父化，或子化财，财化子，为好。木、水好，临金见水为好。

宅旺主家中经济好。荣昌发达，宅休囚，冲，主很快要搬迁，宅休囚入库，家中有人亡。宅临绝地（刑加冲），早卖为好，不可住。

木化土在二爻，家中有投资，土化木为破财。水化火，逢火年发财。火化金，逢金年开始转运，发财。宅爻所克为宅之财。

二爻木化木主要买房或重建。

二爻空临虎动，家中六畜皆很快就死，也主损人丁。

二爻空动，主房低，偏房高，若二爻父母休囚，主屋为残墙破壁；二爻父化父，家住楼房（取房上加房之意）；父化兄为平房（取房平局之意）；父化子，为拆旧盖新；父化财，拆改厨房；财旺厨大，财休囚，厨房小，灶台不净。父化官，厅堂新装修，官衰则凶，旺指家中有做官的，官化父，为鬼宅，不吉；父化兄也有重新安装大门之信息。

二爻，父伏子孙下，偏屋做正房（因子孙为厢房），父伏财下，主房与厨房相连；父伏兄下，两家人合走一个大门，父伏子下，也主偏屋高，主屋低；父伏官下，地下有坟地，若官父相合，家中有骨灰盒。

勾陈为辰戌之方，腾蛇为丑未之方，朱雀为前，玄武为后，左龙右虎。故勾临辰戌之爻，为凶神得位，凶上加凶。

二爻官化官空，厅堂小。官化官旺相，主餐厅与大厅相连，为两厅并一厅（因二爻也主厨灶，代表餐厅）。带煞气，夜做怪梦，如有刑冲，家中必打官司或重病灾。

二爻官化兄，家中失盗（店铺为已被盗过）。旺相带冲，合，为外贼。不旺，不冲合为家贼。

官化父，家中伤人，出坐牢人，家中闹鬼，阴魂附体，多有口舌是非，家人不和睦。

兄化兄，主两门相对，有官司缠身之灾，易有呼吸气管毛病（肺病、咳嗽）。

兄化鬼，既打官司又破财，妻身体不好。

财化鬼，家中女人不守本分。遇此，主家中中邪，破财，妻外遇。可将家中所养宠物送走，即可破解。

财化父，主卧室狭窄，夫妻不和，若财动于二爻，主克双亲，与父母关系不好，婆媳不和，妻多，主动挑起事端。

子化子，屋多，人少，阴盛阳衰。

子化兄，住地不安宁。

子化官，损儿郎。

二爻朱雀动，家中出念佛之人，有佛堂。

西偏房高于主房，家中易出羊癫疯；主房门对厕所，也易出脑神经衰弱、羊癫疯之人。遇此，可用火烧白虎头之法化解。

一般厕所门对着什么都不好，可用磨砂玻璃做推拉门挡煞气为好，不会搅动煞气。

一般以世爻为坐山，世爻前两位为宅前，为前面邻居，世后二爻为宅后。只有归魂卦，以一、二爻为前，四、五爻为后。

如世爻动或日冲暗动，以世爻前一位为坐山，如前爻为辰，则为辰山戌向（月冲世爻不算）。

如世前一位克世爻，则世爻不为坐山，反为向口，如世子遇克，则断午山子向。世空，以冲世之爻为坐山。

世应之间爻，生世合世（与世为生合关系）为左邻，冲世克世为右邻。

以上所论前一爻，后一爻，均从世向应方向为坐标来看。

日辰临鬼，冲克世爻者，房子必然有路冲，或附近有庙，可用青石一块，在上面刻着"泰山石敢当"五个字，埋在路对冲面之处，石碑落出半尺高。

房屋的形状：

乾圆坤方，艮为复式或跃层（即房内有楼梯的）。兑主缺角，离主虚，明堂大，坎主房间小，震主长，巽主直。

勾陈临父母爻，房子半新半旧，螣蛇临父母，大屋连小屋，朱雀临父母爻，门对窗户。白虎临父母爻，旧房破损。青龙临父母，有长短之屋，大屋套小屋，蛇临父母，也主旧房。

虎临父母动，房屋有改动，青龙克白虎，左高右低（依此可类推八方）。

勾陈克父母，中间高，四边低，犯冲天煞，青龙弱白虎旺，西高东低，右窄左宽。

父爻旺，财动相合，主宅基大，房子宽敞，父临蛇，衰为破旧房，旺临青龙为新房。

内卦乾、兑，逢亥子水动，房子附近都有河流或水。

虎临兄在内三爻动，家中常有赌博、打麻将之人。

初二爻鬼库，屋前屋后有坟，三、四爻鬼库，两肋（左右）有坟，五、六爻有鬼库（开门见坟地），又寅申巳亥坟在四角，子午卯酉，坟在四正方，辰戌丑未，故在两肋。

卦中鬼临白虎暗动，刑父母爻或刑二爻，主家中有阴气，鬼在初爻暗动，屋后有煞气，在二爻，屋中有邪气。三、四爻，门前有煞气，五、六爻，左右两边有煞气，若临蛇鬼而动，主家中有邪妖。

一般，上半年占卦，蛇虎临鬼动，指妖邪，下半年为阴气。

鬼临月、日旺相，或与日、月合，为神佛。生世有益，克世为冲犯神仙。鬼不旺不衰，为仙家。鬼衰入库，为阴气（鬼），来自何方看卦宫，出何怪异看地支，六神。

如鬼为丑土，坐巽坤，丑为子库，小洞，可断蛇、鼠、狼之类，未必为牛精。丑在艮为刺猬，艮在外卦为黄鼠狼、狐狸，依其活动范围，习性而定。

朱雀坐离，震为乌龟，龟为火性。二爻官临白虎旺，为狐狸，衰为黄鼠狼、猫。

测去何方工作吉，以十二支配卦宫，结合而断。

三爻：

内三爻为宅，外三爻为人，如二爻克五爻，再内卦克外卦，不吉。

三爻为门，与世相生合主大吉，与日辰冲，与二爻冲，主门向不对，不吉，三爻临财，临青龙主吉门，主人口安宁，财路通门户。

三爻不能临空、破、白虎，主是非门。不能被日、月冲，如三爻兄化兄相刑冲，门上必出寡妇、破财、口舌、是非。

三爻化合，父化父，主有二扇之门。三爻冲，门破。三爻动，门前是非多。三爻冲四爻，二门相穿不聚财。四爻冲克三爻，家中败财。门对窗，主病灾。

四爻：

四爻为房为门户，四爻官鬼临玄武，为门破损；遇财福青龙吉，与二爻生合者，其门楼新。如官鬼朱雀临之，有官非讼事临门。

四爻临兄弟子水玄武，必有池潭水侵家宅。兄弟临螣蛇，邻居有坑厕妨碍。

四爻居旬空日破之地，当无大门或破门。四爻为中门，临吉神动吉，凶杀动凶。

四爻临青龙不空，得长生帝旺，为新建房屋。生旺在休囚之中是修旧装新门之象。临兄新修门户。

四爻临官鬼，家不宁，有官非口舌之事。螣蛇动于四爻，主有妖怪和梦惊之事。

五爻：

五爻为路为人，与世合，与二爻合大吉。冲则大凶，出灾祸。五爻与六爻冲，房子破败，不可住。测宅以六亲都上卦为吉，六爻安静为吉，不喜动爻。

五爻合二爻，门前必有路，五爻冲二爻，有偏门或后门。

看宅先看二爻，再看官爻。测宅如卦中一片火土之旺，不可住，易得癌症。

六爻：

六爻临卦身或世爻者，必主离祖成家。若临酉金，被日月冲之，其家不安有破锅。

六爻临财遇旬空（旺不为空，临月建不为空，日辰生之不为空），妻妾无力。若遇日冲，有亡之事。

六爻临木为父，阳爻为桥梁，阴爻为庭柱。土爻为墙壁。旺相或临青龙是新建之屋。休囚死绝临白虎为破败之宅。六爻得月建日生，临虎为新建。

第四章　爻位六亲六神总论

初爻临父母为旧坟堆或指旧宅基地，没风水。临兄弟，地皮只给了一半钱，或地皮一部分占用别人，将来会因此而起纠纷。

初爻逢空，房子十年内要搬迁，不长久。比如开发，修路等。如果临兄爻逢空，亏本，将来征地补偿少。

初爻兄化子，此地以前为庙地，初爻坐鬼，为大忌，为坟地，初爻子化子为吉地。初爻入库，日月刑冲，休囚，断儿绝孙之地，人不长寿，败地。

初临鬼休囚入库，不但绝子孙，还有意外死亡、车祸、刀枪伤灾、横祸。

申化酉，吉；申化申，吉；酉化申，不吉；子化子、亥化亥，不受制也好，临青龙更吉。初爻水化土克，下水道不通，堵塞或是池塘填起来，地下有浊气。寅化卯，卯化卯，好，旺者好，有龙气。如卯化卯衰，下有坟、棺木。

初爻父化父临青龙克世，不吉，主房子东西地下有东西，如铁器一类为害。

初爻临白虎，父化父发动，此房买下后会打官司，不是一卖二家，就是偷将别人之宅转卖于你，被骗之象。

初爻临财爻，地基低洼，宅基不净，阴气重（因财生鬼，泄子孙气）。

二爻克初爻，说明地基小、狭窄；初爻克二爻，说明地基不方正；三爻、四爻克初爻，说明家门冲着别人家坐山之墙；五爻克初爻，有路冲家门；六爻克初爻，有房煞冲自家梁上，主人脑神经衰弱，脑血管病，女人偏头疼、头晕、睡觉不好。

如初爻与应爻合，特别是应临兄弟爻，主自家地基被别人占用。

初爻临勾陈，地有浮尸（指二年以上，七年以内的死人）阴气重，特别是勾临鬼，宅中问题更大。

初爻临螣蛇，地基为死地，无风水，不聚气藏风，也主有古坟，古墓，主阴人倒霉，易患腰腿痛病，妇科病，扭伤腿脚。

初爻临蛇，也主此地没大道，只有小路，土路，交通不便，地基低洼不平，弯曲不直。

初爻临蛇，打井好打，打几米就见水，初爻申化酉，主地下石头多，井不好打，但一旦出井，水甜而清。

初爻土化土，水为苦水，也不好打井，人吃此水易得肾胆结石。

初爻临白虎，是地势一边高一边低，右高左低，地基不平，不聚财；逢冲，主附近有桥梁（立交桥、高架桥），为白虎压头，罢官破财，车祸伤灾。桥梁为白虎煞。

初爻临朱雀、青龙为好地，有好风水，地脉水法好，能旺子孙，能近官利贵（但盖时要符合风水原则），交通发达，将来会成为热闹市区，因朱雀主人气旺，青龙为娱乐。开饭店、朱雀、青龙临旺地，官鬼爻在四爻上最吉，说明贵客临门，财爻利在二爻。朱雀地尤利于开酒店，主阳气盛。青龙主贵人，利娱乐场所或庙地。

初爻临玄武。为浊水、污水，水质不好。如盖好的房子，则说明地下流的都是浊水。玄武水逢冲，主房地下有污水管横穿而过，加重阴气，不吉。如二爻巳火发动，初爻临玄武，为玄武盘蛇。因玄武为龟蛇之象，玄武逢冲临旺相，败财大，主大伤灾，凶灾，不宜坐车，凡事忍耐，不然有血光之灾。因玄武为流血，玄武逢冲，其灾和螣蛇一样大。

玄武所出灾情，多为说不清，道不白，两败俱伤，因玄武也主暧昧。

青龙逢刑冲，克世克用，也是大灾，龙加刑为龙挥爪，如辰戌未，辰戌丑，为刑加冲，临青龙，或卯化酉加青龙，主官司缠身，伤筋动骨。

青龙克世，主大官整治你，出车祸，青龙为大车。青龙逢冲在四爻以上，也主车祸。

比如某日测卦，初爻官卯化兄未，卦中丑冲未，故断此楼下为墓地，每到晚12点以后，就有不明响动（迷信说法为有鬼出来），此楼每年死二人。（丑冲未，鬼库开，鬼出库，闹事，卯克丑土，丑为兄弟，死的人多为年轻人，多为凶死。）

三、四爻腾蛇发动，主蛇在门户出入，或宅门口长满藤萝、野草、庭院荒废，死掌门人，绝户。

蛇信号不好，蛇化龙主大蛇，居乾卦为大蛇精。

火、土在六爻刑冲，主头发稀少，戌化未有白发。未化丑、辰化丑头发也不好。寅化卯则发质好。

例如：某立交桥下一酒店，门冲桥柱，结果头一个老板二年后死了，第二个老板不到一年也死了（车祸）。因桥柱为虎牙，门冲之为入虎口。不但如此，长而大之楼梯，如电影院、娱乐厅之梯，所冲对方，也为虎牙。太岁如果到此方加力，就伤人。

火车轨道杀伤力更大，为活虎，下山虎，杀伤凶。

又如：某老板自厂子搬入桥下，厂里出伤灾、撞车，自己被人排挤降职。化解之法：用大铁牌挡住铁桥，上画大瀑布对厂门，为金生水。财对门，门槛修成鱼背式，里面埋大铜钱49枚（门坎可避煞）。院门内放大肚佛，化煞气，变成财路通门户。

再在东北开一个气口，西南处建一个喷水池，与气口呼应，此为化解之法。

第五章　论房屋吉凶的方法

看水泥路与土路，四库临青龙为水泥路（青龙代表官，为官道，为美观之路，螣蛇则为土路，多弯曲。）

乾在内卦，也要考虑部位可能为头，乾中寅化巳，有可能是头部有病。

看阳宅重点看大门（楼房也如此），其次看内五行，再看外五行，"穷改门，富造坟"。

八卦看风水，刑、冲，合皆说明问题，大门为主，其他房间为宾朋，按内五行来定君臣，外五行指外界之煞气。

如北方四合院：

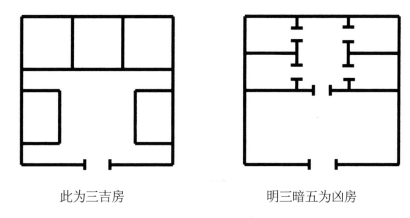

此为三吉房　　　　　　　　　明三暗五为凶房

房后不能低洼，不能有沟、河、水塘。前高后低不吉之房。

屋后为福禄寿三山，人站门口，面朝外，按从左到右的顺序定三山。

坐南朝北之房，西边地势高利财，东高则不吉，因水应从西往东流，为顺，反则犯黄泉大煞。东边水为败水，主男女私情，财外散。

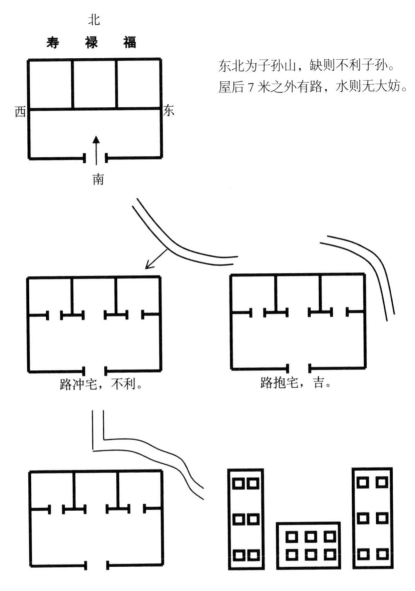

东北为子孙山，缺则不利子孙。
屋后 7 米之外有路，水则无大妨。

路冲宅，不利。

路抱宅，吉。

不吉，长蛇吐信，家有凶伤之灾。

二郎担山，不吉，破财，病灾。

　　宅之门前不宜明水，有则为朱雀投江，为血盆口，家中血光，打官司，小孩偷抢扒拿。

明堂中心，有水，水破天心，东南方打水井为吉。

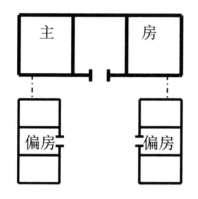

主房与偏房距 5 米为大吉，
最少不低于 3 米。

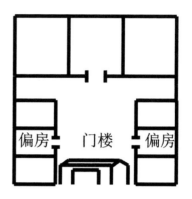

门楼压偏房，门楼水滴到偏房
顶，为马鞍楼，不吉，门楼要
单挑，离房 5—7 米为吉。

标准之四合院，大门内有影壁墙，避免大门与主房门直穿，此为一箭穿心。

院子里出水口不能从大门底下过，为破财，水应从侧而绕门而过，从西往东流最好。

明三暗五凶，易犯高血压，脑血栓肝病。七间房数不吉，"七间必有二间空"必伤两口人。

东边为子孙山，不能缺空，西边空则无妨。青龙不宜空。

下卦坤艮，主男性功能不强，财过旺则生鬼，女人易有外情。

酒店、公司与民宅不同：

住家门前有水不好，但酒店、工厂则门前见水为好，如外明堂大，可设置喷水池。明堂小则在内部大厅中设水池，因水为明财，见水则旺财。

大厂子，门最少开两个，前后呼应，即使后边无路，也要开假门为吉，串气场。

旗杆应在门左，3.5 都可，取阳数，旗杆象塔可抗煞引龙，招财。

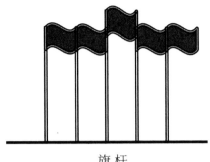

旗杆

宜中间高，如下面形状。

路也很重要，厂子里路西边要修水沟，路要通，水要通，为明路暗水（明龙暗财），主兴旺发达。

看厂子如路水通，则有生机。

民宅之厨房，不管大门朝哪里，都宜在南方、东南、东方为宜。置乾，对掌门人不利，易患心脏病、肾虚、脑血栓、血脂高、如女偏头疼、妇科病。

放北方一般，是火水未济。放东北方，大忌，俗称"儿子失去爹和娘，不伤儿子母必亡"，主儿子损伤，妻病灾，灶放西南则不利母亲。

灶以灶门为向口，液化炉，以开关为向，灶门利朝西、朝北、西南，最吉应朝西，朝北。

西北角有高压线、变压器，都为火煞，不利。

工厂烟囱与民宅不同，利于在西南、东北、东南、南。不宜在正东、正西和西北。

工厂的喷水池，一定偏左为好，为青龙见水必发。池形以圆或椭圆为好，不宜见方，此为正门。后门、偏门之水池则方形为好，圆进水，方收水，方为地库之意。

工厂之浴池不宜在西，西北或东方，正西方配娱乐休息之所，图书馆为好。

民宅或工厂，前高后低都为不宜，为倒流水，不聚财。

2004 年以后，门利开东北，为进生气。

路巷直冲宅，为大凶。

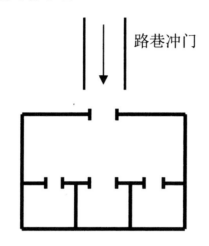

路巷冲门

此为鸭颈宅（鸭脖子形），主手术、恶梦、脑神经病。男以腰疼、破财、车祸、受骗、坐牢。

前高后低，前宽后窄，鸭颈宅，为三不遇宅，大凶，即使调理，也难人财两全。

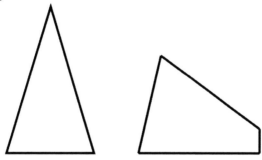

地基、房形、为凶，前尖伤人惹官非，后尖破财，被盗，左尖伤儿，右尖伤女。

高架桥下，如房门冲桥下为大忌，破财、伤人、出大祸。

如附近有坟、治炼厂、铸造厂有火炉之厂，其住宅门不可向，对着火门易得脑出血、高血压、车祸、血之病症。

公检司法单位之门，也不可冲之。

门角射楼，官非口舌，车祸（即三角煞），家宅门左见水为好，水正冲门，不好，主儿女学业无成，门右见水，儿孙有夭折，坐牢。

解灾铜器，青铜最上，其次黄铜，最次是红铜。

解灾破鬼用火为最好，蛇仙等用道法，用铜器。

门对门，必伤人；门对窗，必遭殃。遇此，宜在门上贴"福"字，（贴福字的门后贴一张符）此为内置符法，或在门内放置大肚佛，面朝门口，收煞。

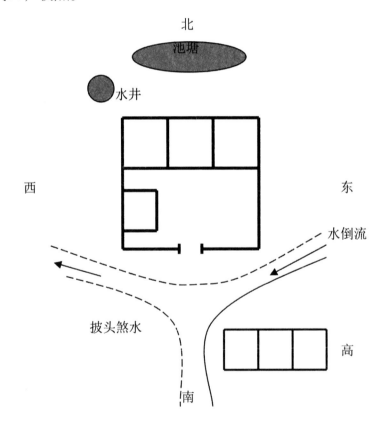

此房父母在50多岁死，母死于肠癌，父脑充血死，本人高血压、心脏病，儿子进监狱，妻妇科病。

三山高，东高西低，倒流水，又犯披头煞水。

第六章　看房秘诀

第一节　房屋十字煞

子丑上有房煞，车祸损长子。

艮寅位伤子孙，哭泣悲伤。

卯乙上缺儿郎，人财耗散。

辰巽巳口舌生，无财招殃。

丙午丁损阴人，灾祸难当。

未申坤招官事，火盗牢房。

庚辛酉多奸育，人财损伤。

戌乾亥有房煞，家有残伤。

壬癸位有房煞，灾祸漫天。

分析：

房煞：下水道，交叉路，烟囱，河流，十字路口，楼角煞，高压线，低洼凹坑。

子丑位：主损长子与男丁，如老大为女，老二为儿，对老二伤害更大，水经东北向西流，主损长子，大儿子伤灾婚不顺，为女人犯桃花，破财、牢狱、官司、车祸。家中女人易患神经衰弱、妇科、手术伤灾。东北方低洼有水，主儿子无职业或生意不景气，没文化，上学成绩不好，爱拈花惹草、打架、不务正业、酗酒、败财、官非。

艮寅位：此处有缺或挂角不吉，如下列情形。

楼梯不宜在白虎方上楼，为白虎架金桥。另外西边不宜设置铁梯。

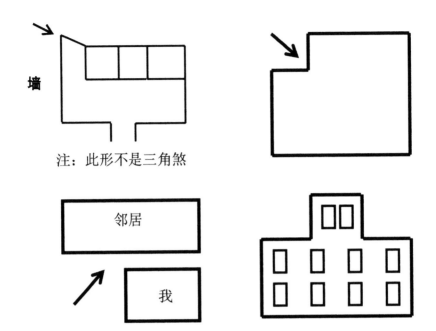

注：此形不是三角煞

东北有桥，西北有桥都凶，伤灾不断，不聚财。东北有水又有桥更凶。为白虎张口，主有血光之灾，恶疮，手术，孩子打架。

主房矮，偏房高，一代不如一代，后代没官没财，男女犯桃花，红杏出墙。

卯乙位：

东方不能有残墙破壁、高压线、高烟囱、水坑、坟地（坟地即使迁走，阴气仍在）。

辰巽巳：

东南有池塘、水河为好，无妨但忌水倒流。见烟囱、十字路口、缺角、路冲不吉。因此方为文昌位，有煞容易损伤打官司、不利子女学业。

家中见蛇不吉。主家中将有大灾来，请高人化解为好。（可用烧硫磺之法化解）

丙午丁：

最怕直路冲门，或烟囱对人窗户、对巷口，主女人血光（手术），脑神经有病。

未申坤：

有煞主失盗、牢房、打官司、被骗。

庚辛酉：

主为桃花而财败、受伤、口舌争斗。

戌乾亥：

主残伤、牢狱。

坟地三害：

有坟或曾有过坟之处的墙壁皆反潮，不干燥，不管阴晴，见墙上似有泼过水一样印迹，主下面有坟。

坟靠东，靠南，易出神经上问题，临门，易伤掌门人。

某人盖房掘出尸骨，弃之路上被车碾，三天后心疼，但检查无病，后来暴死。

某人床下有坟，起卦得官克世制身，很快就得神经病，胡乱说鬼话，最后死了。

处理办法：

（1）先把尸骨迁走，择地安葬，或买一个大瓷坛子，装尸骨埋入深山，或烧化骨灰撒入大海。

（2）换土：把挖出的坟土运走，深挖为好。

（3）净坟地：用少量朱砂，高度白酒3—5斤，白公鹅血少许，少量琥珀，放在一起搅和，泼洒坟穴泼一半，留一半点着，往坟中一泼，四面着火，阴气尽散。没鹅血，用黑狗血代替也可。

家中闹鬼有坟：

用上面配方，放入盆中，先在客厅点，再移到大门口烧，直到烧尽。（火中可放55元硬币），完后将盆和盆内一切物一起丢弃十字路口。

也可用十个青石子，放盆中替代硬币。

也可用五色线拴桃木桩，木桩上沾朱砂，挂在家中，桃木选朝南或朝东南的为好，拇指粗细就可。

坟穴也可用桃木，以免反复。

第二节　房屋吉凶信息

天延伏位吉雄建旺，

五祸六绝命凶多灾殃。

宅气旺多发福，子孙财盛，

若气衰偏生祸家败人亡。

爻象中带刑煞，耗财人伤，

阴阳书断祸福看在何方。

重阳房损阴人，重阴折阳。

房头顶梁柱冲，必有重车三伤。

房山头若开门，乃四兽张口，

招官司惹口舌，暗算财伤。

宅背后若流水，金柜无底。

大门内开阴沟，财耗畜伤。

路抱宅发福广，人财两旺。

坟对宅生灾灾，男女夭亡。

注：凡坟宅水路冲，一忌皆忌。

若隔河、烟囱，路分，百步无妨。

纯阳房损妻财，刀伤病难治。

纯阴房伤长门，儿坐牢房。

论宅气，阴阳分，财官俱旺。

观地形，四兽活，人强马壮。

断祸福，定吉凶，天机至宝。

搜定经，通天窍，妙诀参详。

分析：

（1）纯阳房：子午向，大门和主房门一线穿。主女人心脏病，神经衰弱，妇科肿瘤，若在内五行不好，喝毒药，上吊。

纯阴房：卯酉向，门与门成一条线，主伤掌门人，长子官灾牢狱。若设影壁或中间有盆景阻碍，则无妨。

（2）宅气旺：指抱气。

门要新，破旧漏洞则不聚气。门以木制为好。铁门，防盗铁门，动则叮嗡响，家中邪气多，主夫妻不和，败财。宜用中间夹钢之木防盗门为好。

残壁破墙为泄气。

窗户多，门扇多，门对门，门对窗，泄气。

第一道门对窗户，主人坐过牢（或家中有坐牢之人）。

门窗对，门大窗小，子孙有牢狱，窗大门小，主人有牢狱。

人少屋多不聚气，为一虚。

（3）四兽

门左一定干净，不可堆土、石、垃圾，商品房门内左边（面朝门外定左右），不要放鞋柜，应放花等吉祥物。平房左边可种花草，如葡萄。院门左种竹好，除灾，此为青龙位。北方可置龙龟，南方可放鸡和龙，为龙凤呈祥。

家中工厂、酒店不可放鹤，不吉。

（4）坟对宅

开门见坟，为阳赶阴，主人夭折，病灾；屋后有坟，阴赶阳；左右有坟，小鬼推磨，阴盛阳衰。

坟后水两边流为披头煞、黄泉煞，家人多犯血液上病，破财伤灾。

（5）隔河烟囱：若煞气隔河则无妨，无河，百步之外无妨。

（6）房山头开门：在坐山之横向西边开门，为四兽张口，主小孩半残，耳聋眼疾，伤四肢，偷盗、官司、牢狱，招小人暗算。

九星：祸 天 延 五 生 六 绝 左辅右弼

世爻：一 二 三 四 五 四 三 六

游魂 归魂（左四阳卦，右四阴卦）

用法：如《水火既济》，世在三爻，则为延年卦，延年宅。

测宅以大门和房子之门组合成卦，起卦知何处是凶，何处是吉。归魂、绝命宅，三年以上，肯定出毛病，女多男少，男人不旺。

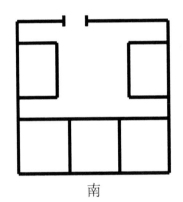

南

如此四合院，看整个宅子如何，起卦：门向（乾）＋坐山（离）门如在西，泽火革，五鬼门，说明在西半部是坟地，家中不宁，阴气重，闹鬼。

以八卦法找生气，天医等好门。

测灶口，可用门配厨房定吉凶，厨房内以厨房门与灶口朝向定吉灶位。

铺床位，以人起床后面朝方向定，而不是按头朝那里来定位。

财神要放在吉位，弥勒佛，水晶球放凶方化煞之用，水晶球为化煞，化牢狱官司之物，不可置于财位。公司负责人、大老板的办公室桌上放水晶球可避煞，放床头可避邪。

八纯卦为吉宅。

乾坤艮兑，四卦内部互配都为吉。

坎离震巽，四卦内部互配也都为吉。

但六冲配则为凶卦。

商品房选购法：

1.先定整个小区哪幢楼好？以小区门，配八卦方位，吉方楼优先选。（如下图一）。

2.再定楼的哪个单元门的房更吉。以八卦与门配卦，择吉而从。（如下图二）

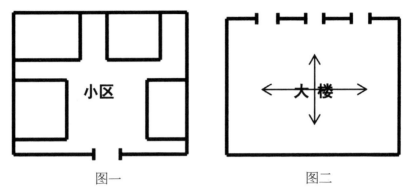

图一　　　　　　　　　图二

不吉之位可化煞，如摆放水晶球，如改房间之门，用房间之门与大门配卦，配出吉卦来解。

3.定某一小区的单元内哪套房更吉。

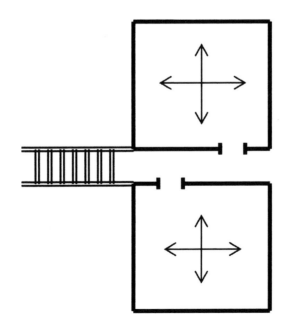

以楼梯（单元楼梯之卦）配住房门之卦定吉凶。

住房门之卦，以宅之中心为太极起罗盘定卦得出。

4.定一套房中哪个房间，哪个方位为吉。

大门

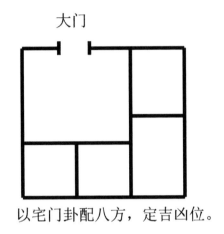

以宅门卦配八方，定吉凶位。

不吉之位可化煞，如水晶球，如改房间之门，用房间之门与大门配卦，配出吉卦来解。

第三节　九星应验定位

五鬼应在寅午戌年，六煞应在申子辰年。

延年绝命巳酉丑年，天医祸害应在土年。

生气吉星亥卯未，左辅阴木合局论。

唯有右弼无生克，休囚翻随向星云。

五鬼贼火要乱动，阴人必定要伤亡。

文曲来临疾病伤，灾祸明暗人残伤。

投河落井伤小口，刑克败财损人丁。

寡妇房中多孤鬼，逆奸盗家亦不荣。

祸害阴人多不利，主死人口有二三。

子孙秃瞎病生病，家中怪惊多恶梦。

兄弟必然不和睦，地冲天克主大凶。

绝命星发伤长房，必有灾祸把心伤。

官司牢狱来破财，火灾逢盗一起来。

明三暗五人口稀，红狗蛇虫多凶顽。

生气贪狼得五子，宅中子孙渐渐荣。

官位几品遇青龙，龙入此宅喜事多。

福禄财运定亨通。

天乙旺相造此宅，三子相生又相克。

只可二子在宅中，三断家中必有喜。

财官亨通读书生，圣谢苍天念佛人。

春风门庭多得意，贵人相助喜气生。

延年武曲定有喜，宅中必发少年人。

小儿得志老安康，观音佛前多烧香。

房间数吉凶：（不算卫、厨）

一吉、二宜、三生、四煞、五鬼、六害、七凶、八难、九伤人。

如何净宅：（水法、火法）

凡家中阴气大，有坟地，搬新房，都宜净宅。

（1）水法

用小米3斤，红公鸡血，高度酒（最少一斤），朱砂、雄黄拌好，撒在屋里各处，三天后清扫。

（2）火法

①酒火法：见前述之净宅法。

②硫黄火：每间房用一块硫黄点着去邪。各类仙家见此而避。

③自己盖的平房，可在房四周浇煤油一圈后点燃，进行净宅。净宅宜子、午时进行。

乾宅（坐山为乾），门开坤位，富贵门，利进财进官进贵。开艮、兑门，发家致富。

坤山乾门，夫妻恩爱，主男女有事业有官位。艮兑门，世受皇恩，主家出做官之人，为旺官门。

震山巽门，门家出大文人，加官进禄。震山午门，子门，利财，事业平步青云（为依靠自己能力上去）。

巽山震门，家出宰相之人（大官）；巽山坎、离门，文彩出众（博士、硕士）。

坎宅午门利求财，库满金银；子山，震巽开门，子孙满堂利求子。

（在主房卧室中，床也按此去铺，按宅向而铺，锦上添花。如坎宅，应头朝北，或头朝西为吉床。）

商品房之坐山，如孤形，以主人房定坐山。

风水实例：

××省某县公安局长之宅。其父、母、妻皆得羊癫疯，家中养狗、鹅，均不久就口吐白沫而死，其风水图如下：

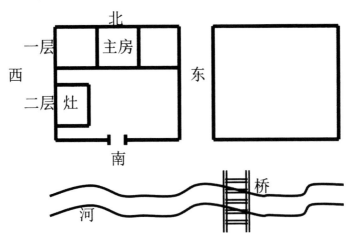

此房白虎高，偏屋高过主屋，西边一层为灶房，以门向和灶炉起卦，得《风泽中孚》《风地观》均是五鬼房，门前紧挨河，狭窄，与周围环境又形成鸭颈房，故有不吉。

《周易一卦多断精解》之卦例详解补充：

己卯年　　　丙寅月　　　己巳日　　　（戌亥空）

《火雷噬嗑》	《雷地豫》	六神
子孙巳火○	妻财戌土、、	勾陈
妻财未土、、世	官鬼申金、、	朱雀
官鬼酉金、	子孙午火、应	青龙
妻财辰土、、	兄弟卯木、、	玄武
兄弟寅木、、应	子孙巳火、、	白虎
父母子水○	妻财未土、、世	螣蛇

推断：

1. 大门朝东南

分析： 世爻未，卦中见辰戌，世爻旺等于动，土爻只要三土相见，可作动爻看（只有土才如此）。

世动，看世前一位，应为酉山卯向，参考二爻化巳火，定为东南门。

2. 丈夫死了。

分析： 初爻父母子水化土，临蛇，宅基不吉，没龙脉，三爻（辰土：大蛇）蛇动，二、六爻见巳火，初临蛇，不吉。

初爻为长男，五爻为长男，五爻为丈夫，财化鬼为凶（鬼化财吉），此卦伤掌门。

二爻寅巳刑，寅临虎，坐震，因震卦中见寅巳刑，故震卦所主之人有灾。震化坤为化库，震为长男，故家中丈夫有伤。

卦中木火最旺，最衰为金水，五爻官申见三刑。

内卦化艮，化坤，多伤掌门。

卦中土财相刑，反没有财，财多阴气大。因财生官鬼。

卦见巳申合，巳酉半合，将丈夫合走之象。

3. 东南有大烟囱。

分析： 六爻巳化戌，戌坐震为烟囱，因土主四角，所以是东南位有烟囱（不是东边），卦中动态震卦午申戌是火上升之象，因门向东南，故门前见烟囱，不吉。

4. 西南有大坟场。

分析： 初爻父母动化未，在坤卦，父化财，为宅下不干净，五爻未化官鬼，综合论西南为坟场。

5. 左邻是寡妇带一个儿子，其夫死于1998年的车祸。

分析： 间爻申酉与世爻有生合关系，故为左邻，金上下为土，土多金埋，酉合辰，合入震，震化坤，入土之象，其人死后也埋在西南坟场里。

酉化午，午在震，故为小男孩，寅申巳三刑为马星，寅在震主车，震化坤为货车（坤主肚，引申为货车）。

为何断1998年死？卦中动态，二爻寅虎相见，二虎相见有一伤，又带刑，且寅年木火土旺，埋金之象，而卯年，卯未卯辰有合克之象，故土弱。故断寅年。

6. 门前是个大铁桥，东边有个小花园。

分析： 白虎在初、二爻，附近有桥，震主闹市，不可能为木桥，且卯木主铁，在门前临玄武水，为水上铁桥。虎在二爻，上面卯木为铁架桥，为白虎架金桥，凶。

卯坐坤，坤为木库，故为花园，卯为东，故东边。

7. 此宅为刀把宅。

分析： 初爻子化未，子细长，未坤为方，故为刀把宅。子化戌也当此论。又震主细长，坤主宽方，也为刀把之象。

108阵法

第四部分
风水调理之一零八阵法摘选

第一章　企业与民宅调理

一、工厂调理

门前有没有煞气。进门最好有水池，或办公楼前有喷水池。工厂一般要有前门、后门（民宅不宜），从前门进从后门出。工人下班，应从偏门而出。喷水池以椭圆为好。

旗杆在办公楼左前方，锅炉在西南、正南为好，不可在西北方。

董事长、厂长办公室之门，要开四正方（子午卯酉位），背后不能有窗。办公楼前的明堂要开阔。办公楼大厅宜用山水画。植物以有干枝的为好。

老板办公室放凤尾竹，巴西木适宜，企业接待室，则放置凤尾竹、发财树、摇钱树为好。窗台可放仙人球、仙人剑。

企业、酒店明堂要见水，无喷水池，也要做风水车、滚水球。

财神以放 1.3 米以上关公为好。如此选用的含义：首先，主义气；以和为贵，交八方之友，财源八方；其次，压煞避邪；再者，增加财气，宜放在大厅对门口之处。公司在楼上的，可对着楼梯口，或对公司大门摆放。

看厂子里的路，一定要成行，要直、要通，忌斜、歪。厂里不宜有十字路，如果有，则易出工伤事故。

食堂要在东方，宿舍楼在北或东北方，仓库在西方，西南为好。

墙头墙角要完整无损。

二、酒店调理

1.酒店调理关键在大堂，收银处不要直冲大门，应稍偏位，和门成45度角为好，收银台以半圆形为好。

2.酒店大堂宜见山水，绿化之物。如：凤尾竹，水池或滚水球。

3.大厅之财位宜放钢琴、古筝，拨动财气。

4.大堂经理坐位宜面对收银台。

5.酒店里的咖啡厅，安置在一楼右侧为好。这样的咖啡厅生意定然好，因为左为上水，右为下水。

三、住宅小区调理

大门开生气方位，天医方位为好，有水池，游泳池。花园小区路的西边宜有花园。

花园小区忌有石山、土山、土堆，主煞气。如假石山加水池无妨。

路要通，小区西北，东南宜建凉亭，六角，八角为好，不可修四角（四角亭有棺材气）。

小区禁放鹤的塑像，小区前花园，左边栽种以有树干的高大植物为好，右边种植花草为好，这样阴阳分明，大吉大利。

如海口新世界花园，风水格局好。前有喷水池，后有游泳池；青龙位高，有八角亭；白虎位低，有高尔夫球场。青龙方还有娱乐中心、美容院、医院、四兽分明。四兽活，宅地旺。

董事长要坐文昌位，对谈生意签合同有利。接待室贴八仙过海图画或竹子画为好。八仙过海，八方来财，公司员工能各显神通之意。竹子主文，节节高。

公司里，财神一般摆设于财务室，并加放金蟾；董事长，总经理办公室放金钱龟为好。

四、民宅调理

1. 简单定财位法

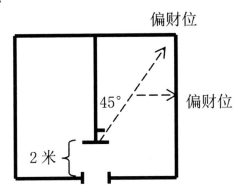

偏财位

45°

偏财位

2米

门朝西，离门2米，左手斜指45°，调理应在偏财位进行。

凶宅用武财神，屋大人少，上下两屋用武财神，家宅小用文财神；文化产业、中介、印刷等用文财神，公检司法、饭店、酒店、公司、工厂，用武财神，其能量大。

用武财神，不能正放财位上，要偏一点。只能坐北朝南或坐东朝西（所有神位均应如此安放）。

武财神如放在偏财位上，反起坏作用。正财位可放黄金布袋佛，两边放招财麒麟。前边左放金蟾，右放金钱龟，中间放貔貅。吉祥物需开光后才可用。财位墙上两边挂风水匾。桌子中间放香炉，烧香用五根。

经济宽裕的，可在门口左边放一条龙，头朝里，为龙气往里进，青龙临门，龙的位置放在门顶上，因门上为天位，入土三寸之下就是黄泉。

门对面有煞气，除了挂凹镜，还可以再挂一个葫芦。

门门相对，在门里放笑佛，脸朝大门。十二属相则不可乱摆，摆错起反作用。

聚宝盆宜放主财位：

一般招财阵法，用聚宝盆。具体作法如下：用铜盆（无则用不锈钢代替），接半盆水最好是无根水，放在铁架上。不可直接置地上。如无根水不便取，用自来水也可。北方待到冬天立冬后，下雪时，取9碗雪，放入盆中，此为阴阳水；南方可用立冬后的雨水。

铜盆中置49枚铜钱，铜鲤鱼二条，烧一道五鬼招财符，灰烬倾入水中。

点五根香，夜子时画符，在香头上，把符左转三圈，右转三圈，以红公鸡冠血点符四角，再点符中心，用火柴点燃，烧成灰（在一个空碗里烧）。然后，把碗倒扣入铜盆水中，使灰入水中。

水干了要及时添水，添自来水三碗，开水三碗也为阴阳水。

2. 伤病灾调理

常用化煞物：笑佛，对门放，关公也是如此，笑佛旁放葫芦，再放铜羊。

病人床边放龙龟，长寿之意，龙龟背上的盖打开，放入大米、茶叶和一套五帝铜钱，盖好，然后放床头柜上。

邪病，病人床头挂铜剑，放五根鹅毛（选鹅翅膀上最长的），尖头蘸朱砂，放床头枕边（代表五行）。在病人床头挂一个葫芦也好。

找一个白瓷瓶，里放一斤半至二斤粗盐，盐粒越大越好，放温开水加满，置此瓶于病人床头柜上，可解病。

调理法举实例说明：

画符要心静凝神，一气呵成，舌抵上腭，净笔，净墨，净纸。然后烧纸，笔墨纸要从火上过一遍为净。

例 1、河南学员摇卦问母病情，请求化解。

巳月	庚寅日	（午未空）
《山地剥》	**《山水蒙》**	**六神**
妻财寅木、	妻财寅木、	腾蛇
子孙子水、、世	子孙子水、、	勾陈
父母戌土、、	父母戌土、、世	朱雀
妻财卯木、、	官鬼午火、、	青龙
官鬼巳火 × 应	父母辰土、、	玄武
父母未土、、	妻财寅木、、应	白虎

推断与分析：

二爻为母，二爻官动又化父母辰土。二爻在坤卦动，主母亲之事。戌年母不利，为母亲患心脏病而死。

父亲则亥子年木旺有灾，如能过亥年，则可活到卯年。

调理方法：

要泄火土之气，官坐二、三爻，不是灾就是祸。

取八方土化泄火气，用瓷盆放置，每一个方位取一斤半，八个共 12 斤。取少许香灰和土（起引子作用），再取 1 斤半谷子或小米，混入土中，拿铜钱 49 枚，7 枚一摆，摆七星阵，在铜钱边上烧七根红烛，烛边再放七根香，连烧七天。每天子时烧一个小时，配一道长寿符贴墙上放盆前。

用朱砂加龙胆草加蛤蟆砂（温州有卖），加一点鸡冠血调和，于黄纸上画符。每夜晚，待烛与香烧完，将盆塞入床下。床头柜上另有摆放。左放一个八卦葫芦，一个铜羊，右放一个猪，一鸡。

（按卦左右而定，摆放左面的铜葫芦收午鬼，羊收寅木，金鸡泄土生水，增加人体血液流量。）

以上瓷盆里的东西放置到 2006 年后，都扔到十字路口或池边。

另买四只龟，带回家养 10 天，放生二只，二只一直长期喂养。

例 2、巳月，庚寅日，广东学员问宅化解。

巳月	庚寅日	（午未空）
《山泽损》	《风泽中孚》	**六神**
官鬼寅木、应	官鬼卯木、	螣蛇
妻财子水 ×	父母巳火、	勾陈
兄弟戌土、、	兄弟未土、、世	朱雀
兄弟丑土、、世	兄弟未土、、	青龙
官鬼卯木、	官鬼卯木、	玄武
父母巳火、	父母巳火、应	白虎

推断与分析：

房屋坐艮向坤之房，东北有小沟（丑为小沟），西北路斜着来（丑未戌三刑）。刑为斜为弯，冲为高低不平。

五爻为长子，财化绝地，子丑合在兑宫，临青龙，是吃喝赌博败家。

妻偏头疼，巳火指肠，也主心脏病，因财子化巳为绝地，戌土克子水，2003 年妻心脏病，有大灾。实际上，2003 年妻子差点死，急救才醒。

母亲右腿损伤发炎，8 个月还未好，寅巳刑，初爻巳火为母，寅巳在主卦，为右腿。

化解之法（摆阵法）如下：

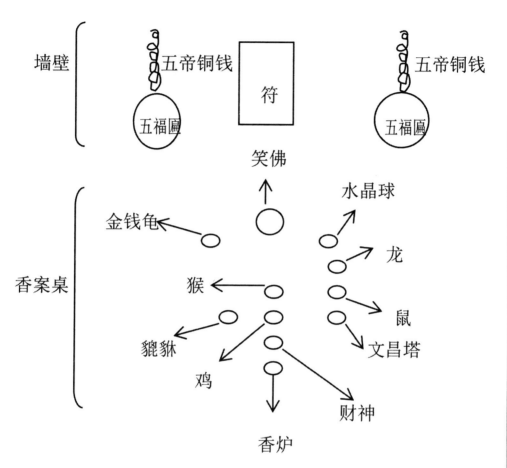

以上吉祥物，摆在桌上面朝大门。五帝铜钱、五福匾挂桌边的墙上，符贴两个五福匾的中间。

符的画法如下：

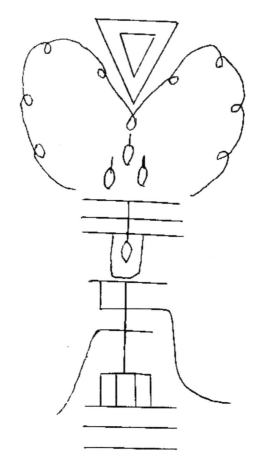

例 3，北京学员测儿子考研究生（推荐生）能否成？求化解。

巳月	庚寅日	（午未空）
《雷风恒》	**《山泽损》**	**六神**
妻财戌土 × 应	兄弟寅木、应	螣蛇
官鬼申金、、	父母子水、、	勾陈
子孙午火〇	妻财戌土、、	朱雀
官鬼酉金〇世	妻财丑土、、世	青龙
父母亥水、	兄弟卯木、	玄武
妻财丑土 ×	子孙巳火、	白虎

官爻为金，父爻为水，金水相生有情，主考理科（正是）。外卦午戌与日支合成寅午戌火局，但火库戌动，午火入戌库不克官爻。到了秋天，戌土生金，内卦酉丑与月令巳火合金局成功。

布置阵法：

如下：

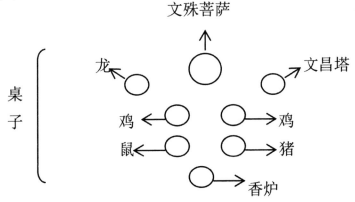

此阵法放在儿子宅中或家中客厅文昌位。孩子房内可按出生年排小文昌，客厅用大文昌。每天辰时烧香（考学、升官，要选择辰时烧香）。

注：升官、考研究生，用9层文昌塔最好。初中升高中，宜用7层文昌塔。13层塔是用于压煞的。

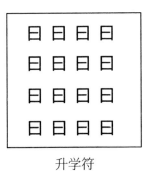

升学符

升学用文殊菩萨（考研），普贤菩萨（考一般大学用），文昌塔，调升学重点是加大官、父之力。

放生红鲤鱼二条，阵法摆好后放一次，临考研究生时放一次，即将公布前放一次，共三次。

升官升学都放生鲤鱼，为文星，鱼跃龙门，多放为吉。

病人治病可放生龟或放家养着，病人宜在佛前烧香念佛，使其皈依。再放生。

例4， 某男测打官司，求化解。

壬午年　　壬子月　　戊辰日　　（戌亥空）

《艮为山》　　　　《山地剥》　　　　六神

官鬼寅木、世　　　官鬼寅木、　　　　朱雀

妻财子水、、　　　妻财子水、、世　　青龙

兄弟戌土、、　　　兄弟戌土、、　　　玄武

子孙申金〇应　　　官鬼卯木、、　　　白虎

父母午火、、　　　父母巳火、、应　　腾蛇

兄弟辰土、、　　　兄弟未土、、　　　勾陈

推断： 此人为官，目前出了经济案件，公检司法正在追查，举报人为其妻，原因是夫妻不和，他在外有情人，情人文化高，家庭好，情人在帮他处理此事。

分析： 六冲卦，事态在变化，说明六个爻都在动。官鬼持世旺，动在应爻，为所问的事，发动冲克世爻，目前，申金弱，克不住。子孙临白虎，为公检司法，官鬼持世临朱雀，打官司。

为何断其为官？财旺生世，世旺，有官职。临寅为副职，财旺、官旺、世旺。临朱雀为带文印，雀见木为木火通明。财生官，根气旺，故此人为官。

申金弱但冲世寅木，朱雀暗动，心不安，是何官司？辰冲戌，戌

土暗动劫财，寅午戌有会局的趋势（午破暂不合局），世爻和兄爻半合克财，为经济案件。

此事是谁举报？应爻子孙化卯木，克世，应为妻，但仅凭此一点还不能完全确定，从婚姻看，世应冲，临白虎，为母老虎，婚姻不美。应坐内卦，为家里人，何人？申为子孙管官者，应为其妻。

世下财爻子水临青龙，子水桃花为漂亮，青龙居五爻说明是才女，家庭背景好，书香门第。子水坐艮宫，艮为年少，说明为年轻漂亮的女子。

财爻在五爻为美，临水，非常漂亮，水灵好看，一等漂亮；临金，二等漂亮，白；临木，三等漂亮；临火，四等；临土，丑陋。

财为一等漂亮，官鬼二等漂亮，子孙三等漂亮，父母四等漂亮，兄弟最丑陋。

此卦应妻申为尖脸，化官鬼，为脸上破相。此人（世爻）现在外逃。子水化申，情人帮忙。午火破，证据不足。但明年立春，午旺，寅午戌合局入库，巳火与世爻构成寅申巳三刑，未年为木库，必然坐牢。

子克父午火，此女帮助销毁证据，子午冲，情人希望他与妻离婚。

此人为贪官，寅戌半合，戌为兄弟劫财，兄临玄武，不正当来财。

卦为艮，寅在艮中，艮的官星为寅木，寅坐艮，为位正，估计为财政方面官员。

寅午戌合局，上下通气，关系多，午火毕竟临太岁，不能说月破，只能论不得力。

明年可化解，未合午火，合住证据，解灾则加大戌库的力量，让证据入库，加大子水力量，泄申金的力量。

子水是世爻的贵人（即其情人）。

化解方法两种：

1.取东北方位土5斤（丑土），西北方位土5斤（戌土），西南方位土 5 斤（未土），取香灰半斤。

土放盆中，放在床下或床边。盆内靠西南方放一个铜羊，东北方放一个铜牛，一个铜狗，49 枚铜钱，7 枚一堆，摆放成北斗七星状，中间摆一个铜龟更好。

2. 生辰八字写于红纸上，家乡何处。盖在盆上，放五色杂粮：红豆、黄豆、绿豆、黑豆、大米各三斤，共 15 斤，夜里 12 点后，在杂粮上插 5 根香，连烧 49 天香。

丑为金库，丑在艮宫，收申金入库，午在艮宫放狗收进入库。七星生水（子水）。

用豆要选圆滑的，取办事顺利之意。

例 5, 测财运及化解。

壬午年	壬子月	己巳日	（戌亥空）
《泽地萃》		**《坎为水》**	**六神**
父母未土、、		子孙子水、、世	勾陈
兄弟酉金、应		父母戌土、	朱雀
子孙亥水○		兄弟申金、、	青龙
妻财卯木、、		官鬼午火、、应	玄武
官鬼巳火 × 世		父母辰土、	白虎
父母未土、、		妻财寅木、、	腾蛇

推断 1：此人是做的医药方面的生意，而且是与人合伙的。合伙者是医院的领导或者是教授，是本人出钱，对方出技术。

反馈：是和对方合伙的项目，对方出技术，自己出钱。

分析 1：巳火临世爻，动化辰土又临白虎，巳火为手术刀，六亲为官鬼，此鬼为医院，白虎也主医院。应爻为合作伙伴也是合伙的项目，五行属金，酉金也为医药、医院。再看应爻酉金处五爻、六爻未土、世爻动化辰土，自身动化的戌土三土生合，土在卦中为父母爻，父母主文主技术；五爻是君位，故对方不是医院的领导就是教授。三父生应爻，所以是对方出技术。

推断2：此项合作不成功，结局以失败而告终，破财并有官司口舌。

分析2：卦中巳午未三会火局，说明不是自己一个作主。三合火局在子月，火在三冬为处绝地，子水月令又正冲午火。三合局中神受冲，中神午火又不旺，所以此合局不成功。破财的信息是卯木财爻化出午火官鬼，此鬼与巳火世鬼为比劫，此财被劫为破财。官司口舌的信息是变卦中的寅申与世爻构成寅巳申三刑，世应相冲，临朱雀白虎。

此卦的化解调理方法：（包括人事调理和化解调理）原理是加大酉金和巳火的力度，形成巳酉丑三合局，使酉金入库。酉金为办公室应调到西南角的坤方，坐西朝东（制人，但生财），世爻应坐在东南巳方或西北乾位，是其正气场。